지금 나에게 모든 것을 걸어라

Bet On Yourself: Recognize, Own, and Implement
Breakthrough Opportunities
by Ann Hiatt
Originally published by HarperCollins Leadership,
an imprint of HarperCollins Focus, LLC., Nashville,
a division of HarperCollins Publishers, LLC., New York.

지금 나에게
모든 것을 걸어라

앤 하이엇 지음 | 신솔잎 옮김

BET
ON
Yourself

비즈니스북스

옮긴이 **신솔잎**

프랑스에서 국제대학을 졸업한 후 프랑스, 중국, 국내에서 경력을 쌓았다. 숙명여대에서 테솔 수료 후, 프리랜서 영어 강사로 활동했고 현재는 외서 기획 및 번역을 병행하고 있다. 다양한 외국어를 접하며 느꼈던 언어의 섬세함을 글로 옮기기 위해 늘 노력한다. 옮긴 책으로는 《습관의 알고리즘》, 《마스터리》, 《무엇이 성과를 이끄는가》, 《1년에 10억 버는 방구석 비즈니스》, 《더 리치》, 《반대의 놀라운 힘》, 《최강의 인생》, 《유튜브 레볼루션》, 《나는 직원 없이도 10억 번다》 등 서른 권 이상의 역서를 작업했다.

지금 나에게 모든 것을 걸어라

1판 1쇄 인쇄 2022년 11월 1일
1판 1쇄 발행 2022년 11월 8일

지은이 | 앤 하이엇
옮긴이 | 신솔잎
발행인 | 홍영태
편집인 | 김미란
발행처 | (주)비즈니스북스
등 록 | 제2000-000225호(2000년 2월 28일)
주 소 | 03991 서울시 마포구 월드컵북로6길 3 이노베이스빌딩 7층
전 화 | (02)338-9449
팩 스 | (02)338-6543
대표메일 | bb@businessbooks.co.kr
홈페이지 | http://www.businessbooks.co.kr
블로그 | http://blog.naver.com/biz_books
페이스북 | thebizbooks
ISBN 979-11-6254-310-8 03190

◆

◆

인생의 변화를 꿈꾸는
세상의 모든 모험가들에게

◆

◆

당신의 위대함을
스스로 일깨워라

2006년 구글의 한 채용 담당자의 끈질긴 전화를 받기 전까지 앤 하이엇은 스칸디나비아학 교수를 꿈꿨다. 구글 수석 보좌관chief of staff, 연사, 리더십 전략가는 그녀의 인생 계획에 없었다. 채용 담당자는 박사 과정 중에 있는 하이엇에게 부담갖지 않아도 된다고 말하며 그저 구글 캠퍼스 투어에 참여 동의를 얻으려고 세 번이나 더 전화를 해야 했다. 결국 집요함이 빛을 발했다. 이후 하이엇은 자신이 구글 역사상 가장 중요한 미션을 성취하는 데 필요한 인재라는 말에 모험을 시작하기로 했다. 그녀의 과감하고 대담한 결정은 내 커리어와 구글에 지대한 영향을 미쳤다.

나와 함께 일하기 전에도 하이엇은 명성이 자자했다. 그녀는 탁월한 능력과 겸손한 성격을 갖추고 늘 조사하고 대비하는 사람이었다. 주변 사람의 능력을 몇 배 끌어올리는 것으로도 정평이 나 있었다. 아마도 아이다호 농부 출신이자 알래스카에서 F-4 팬텀 전투기를 몰았던 조종사 출신의 부모 아래에서 일곱 자녀 중 맏이로 자라며 키운 자질일 것이다. 그녀는 런던과 뉴욕에서 프로젝트를 진행하는 동시에 캘리포니아의 구글 본사에서 팀을 지휘하는 등 한 번에 여러 곳을 관장할 수 있는 사람이다. 게다가 팀원들이 탁월함을 갖추도록 용기를 북돋을 줄 안다.

하이엇이 어떻게 모든 일을 할 수 있는지 궁금했다. 하지만 이 책을 읽고서 그녀만의 방식과 헌신을 마침내 이해하게 됐다. 각 장마다 그녀가 일하며 경험한 케이스 스터디와 비즈니스 교훈이 등장한다. 또한 독자들에게 'ROI 실전 전략', 즉 기회를 인지하고Recognize, 자신의 것으로 만들고Own, 실행하는Implement 방법을 알려주며 업무나 일상에서 보람찬 삶을 꾸려나가도록 독려한다. 그녀가 실리콘밸리에서 배운(나 또한 익히 아는) 내용을 토대로 정리한 ROI 실전 전략은 어느 분야에서나 적용할 수 있다.

새로운 목표를 성취하기 위해 자기 자신을 새롭게 만들 기회를 원하는 사람이라면 이 책이 정말 도움이 될 것이다. 하이엇은 나와 함께 일한 지 3년이 되자 커리어의 다음 단계로 나아가겠다는 목표를 갖고 나를 찾아왔다. 그녀는 수석 보좌관의 역할을 할 준비가 돼 있었다. 보통 하이엇은 6개월 또는 1년의 분명한 목표를 미리 설계하곤 했지만 그때는 좀 달랐다. 당시에는 수석 보좌관이라는 역할이 존재하지 않았기 때문이다. 결국 그녀가 직접 그 자리를 만들었다. 수석 보좌관의 업무는 물론, 기업 운영을 한 단계 끌어올리기 위해 자신이 개발할 스킬에 관한 로드맵을 만들었다. 이 책을 읽고 나서야 자신이 기여할 수 있는 새로운 기회를 찾기 위해 그녀가 남몰래 얼마나 많이 노력했는지 확실하게 깨달았다. 굉장한 양의 스프레드시트 작업을 했다는 사실도 알게 됐다. 그녀가 제시한 템플릿을 통해 비즈니스 분야와 관계없이 커리어를 주도적으로 관리하고 자신의 성장을 기록하는 법을 배울 수 있다. 이제 테크놀로지 업계에서 수석 보좌관이라는 역할은 당연한 존재가 됐다.

●

새로운 도전은
당신을 성장하게 한다

이 책에는 우리가 저지른 실수를 소개하는 이야기도 담겨 있다. 심각한 실수도 있고 이제는 웃고 넘어가는 실수도 있다. 책 후반부에는 하이엇이 회복력을 기르려고 지키는 리추얼을 소개한다. 그녀가 매일 아침마다 운동을 한다는 이야기를 보고 한 가지 일화가 떠올랐다(아마도 그녀가 나를 배려해 책에 싣지 않은 것 같다). 나는 구글에서 일할 당시에 하이엇을 따라 새벽마다 고강도 인터벌 훈련 수업에 참석했다. 수업은 출근하는 직원들이 오가는 주차장에서 이뤄졌다. 그날 직원들은 내가 몸소 '일찍 실패하고 자주 실패하라'라는 구글의 정신을 실천하며 해가 떠오르는 곳에서 고군분투하는 모습을 지켜봤다. 다음 날 나는 운동을 거르려고 했지만, 하이엇의 말처럼 회복력은 자신의 도전 의식을 자극하는 일을 할 때 생긴다. 우리 모두 새로운 도전이 필요하다.

10년간 구글의 CEO로 지낸 후 2011년 구글의 의장이 됐을 때 내게도 회복력이 필요했다. 새로운 역할을 맡은 것을 계기로 리더십을 재해석하고 싶었다. 나는 내 직속 부하 직원 모두에게 새로운 역할을 부여했다. 단 한 명만 예외였다. 하이엇은 내게 직접 보고하는 유일한 직원이 됐다. 그녀는 훗날 내가 '당황스러울 정도로 훌륭하다'라고 말할 만큼 굉장한 팀을 만들었다. 이 책에선 그녀가 팀을 구상하는 법, 팀원을 뽑는 과정, 협업과 정보 공유의 철학까지 모두를 상세히 볼 수 있다.

우리가 한 팀에 속해 있고 서로의 편이라는 확실한 믿음을 갖는 것은 매우 중요하다. 2017년, 프랑스 대통령으로 선출된 에마뉘엘 마크롱의 뒤를 이어 연설해야 할 일이 있었다. 당시 하이엇의 눈에 내가 평소답지 않게 긴장한 것처럼 보였던 모양이다. 사실 정말 긴장한 상태였다. 많은 관심과 주목을 받는 중요한 자리여서가 아니었다. 전 세계가 커다란 변화를 겪고 있었고 모두가 미래에 대한 불확실함에 사로잡혀 있었기 때문이다. 많은 사람이 우려하고 있는 사안에 대해, 특히나 빠른 속도로 진보하는 과학 기술을 두고 언뜻 실감할 수 없는 '희망'에 관한 메시지를 전달하고 싶었다. 하이엇의 침착함과 우리가 한 팀이라는 안정감 덕분에 나는 가장 필요한 시기에 필요한 메시지를 전달할 수 있었다.

실리콘밸리에서 가장 영향력이 큰 임원진 몇 명의 코치였던 빌 캠벨Bill Campbell은 내게 '당신을 관리자로 만드는 것은 당신의 타이틀이지만, 당신을 리더로 만드는 것은 당신의 팀이다'라고 가르쳤다. 재창조의 기회와 함께 포스트 팬데믹 시대를 향해 방향을 전환해나가는 현재, 세상에는 좋은 리더들이 필요하다. 하이엇은 자기 자신과 주변 사람들의 위대함을 끌어내기 위해 자신의 커리어를 바쳤다. 이 책 《지금 나에게 모든 것을 걸어라》 또한 다른 사람의 위대함을 일깨우고자 하는 그녀의 대의에 더없이 충실한 결과물이라고 생각한다.

지금 이 순간, 우리는 무엇을 포착할 수 있을까? 누구나 궁금할 것이다. 우리에게는 조언이 필요하다. 내 전 수석 보좌관이자 소중한 친구인 앤 하이엇은 이 책을 통해 '터닝 포인트는 그 의도와 무관하게 모든 삶과 커리어의 일부다'라는 사실을 일깨워주고 있다. 변화는 끊임없이 일어난다. 포스트 팬데믹 시대로 옮겨가는 지금의 터닝 포인트는 역사적으로 중요한 의미를 갖겠지만 우리 삶의 마지막 변화는 아닐 것이다.

이 순간을 기회로 삼으려면 무엇이 가능한지를 생각하는 새로운 전략이 필요하다. 기본 원칙을 되돌아보고 우선순위를 재정립하고 우리가 추구하는 가치와 그 이유를 스스로 물어보는 과정도 필요할 수 있다. 물론 어려운 일이다. 그런 의미에서 하이엇은 매우 시의적절한 시기에 이 책을 내놓았다. 그녀는 변화와 도전, 목적이 가득한 삶을 훌륭하게 그려내며 동시에 의미를 찾는 실재적인 방법도 알려준다. 또한 너무나 많은 일이 걷잡을 수 없는 상태에 빠진 사람들에게 필요한 조언을 이야기해준다. '지금 자신에게 모든 것을 걸어라'라고 말이다.

_에릭 슈밋 Eric Schmidt
(슈밋 퓨처스 Schmidt Futures 창립자·구글 전 CEO)

당신은 삶의 주인공으로
살고 있는가

2003년, 제프 베이조스는 나 때문에 목숨을 잃을 뻔했다. 하지만 다행히도 그 사건 이후 내 커리어는 끝나지 않았다. 나는 이 책을 통해 그 어느 곳에서도 듣지 못할 이야기들을 들려줄 예정이다. 나는 아주 특별한 시기에 유일무이한 인물들과 함께 흔치 않은 커리어를 쌓아왔다. 십수 년 동안 세 명의 영향력 있는 CEO와 함께했다. 아마존과 구글의 기틀을 세운 사람들이다. 아마도 당신은 굉장한 영향력을 발휘하는 기업과 인물들의 비화와 실리콘밸리의 특별한 환경에 대한 이야기를 듣고 싶은 마음에 이 책을 집어 들었을 것이다. 하지만 그보다 이 책에서 당신의 삶과 커리어에서 무언가를 일깨워줄 교훈과 영감을 얻길 바란다.

세계 최고의 CEO들은
어떻게 일하는가

이 책은 세 명의 CEO, 즉 제프 베이조스, 마리사 메이어Marissa Mayer, 에릭 슈밋이 위험 부담이 크고 무서운 속도로 성장하던 시기에 자신들의 비전을 실행하는 오른팔로 나를 선택한 이유에 대한 답변이기도 하다. 그들이 대단한 영향력을 발휘하고 최고의 성과를 낼 수 있도록 내가 어떤 방식으로 일하고 협업했는지도 들려주려 한다. 우리들의 파트너십이 어떤 기폭제 역할을 했으며 그들이 전설적인 성공을 거두는 데 내가 어떻게 일조했는지도 다룰 예정이다. 이제는 내가 '당신에게' 그런 역할을 할 수 있길 바란다.

이 책의 근간이자 중심은 개별 기여자individual contributor(상사의 지시나 협업 없이 혼자서 특정 업무를 수행하는 사람—옮긴이)에 관한 이야기다. 나는 개별 기여자로서 스스로 나만의 지침을 가지고 움직였고 내 인생을 바꿀 기회를 만들어 나갔다. 이 책을 통해 당신이 자신의 운명을 좀 더 주도적으로 이끌어나가고 자기 자신에게 더욱 현명하게 시간과 에너지를 투자하며 더욱 멋진 모습으로 재탄생할 수 있다는 자신감을 얻길 바란다. 자신이 무엇을 찾아야 하는지만 안다면 기회는 어디서나 발견할 수 있다.

현재 리더십이 필요한 독자라면 내가 다양한 CEO들에게서 배운 훌륭한 리더십과 모범 사례가 도움이 될 것이다. 팀을 위해 어떤 직원을 합류시켜 동기를 부여하고 어떤 점에 투자해야 하는지도 깨달을 수 있다. 이 책을 읽고 나면 당신의 능력을 몇 배로 끌어올려 주는 멀티플라이어 역할의 누군가가 필요하다고 생각될 것이다. 내가 구글에 몸담았던 12년 은 테크놀로지 업계에서 100년과도 비슷한 시간이다. 회사 밖에서 발전 혹은 학습의 기회를 찾을 필요 없이 나 스스로 꾸준히 자신을 재창조할 수 있는 환경을 만들었기에 오랜 시간 이 업계에서 일할 수 있었다. 이 책은 학습과 성장을 원하는 직원이 지속적으로 성장해나가며 눈부신 성 과를 낼 수 있었던 환경이란 무엇인지 알려준다.

•

지금 당신의 꿈을 향한
문을 열어라

이 책은 나의 시행착오에 관한 이야기이기도 하다. 인터넷 시대가 열리 던 시기에 역사의 순간을 그저 지켜보기만 했다면 내 역할을 만드는 여 정을 시작하지 못했을 것이다. 물론 운과 특혜가 내 커리어에서 큰 부분 을 차지한다는 점을 분명히 인정한다. 내가 공부할 수 있게 지원하고 투 자해줄 수 있는 가정에서 태어난 것은 큰 복이다. 나는 문만 열고 나가 면 혁신을 목격할 수 있는 멋진 동네에서 자랐다(자세한 배경은 뒤에서 다 룰 것이다). 모두 내 노력의 결과가 아니다. 하지만 내 커리어를 쌓는 데 도움이 된 노력과 실험, 터닝 포인트 중 일부는 당신의 출신이나 배경에 관계없이 당신의 여정에 적용할 수 있고 영감을 줄 수 있다고 믿는다.

내가 베이조스의 생명을 위태롭게 만든 2003년의 운명적인 날에 대해서는 뒷장에서 다시 이야기할 것이다. 그에 앞서 그날의 일과 관련해 한 가지만 말하자면 힘든 시련을 맞아 도전과 실패 앞에 움츠러들 수도 있고 회복력을 발휘해 상황을 이끌 수도 있었다. 선택은 내 몫이었다. 지금껏 나는 내가 상상했던 것보다 어렵고 힘든 모험과 도전, 괴로움과 당혹감, 승리를 경험했다.

당신의 꿈을 향한 문을 열기 위해서 또는 세계적인 CEO의 방식을 배우기 위해서 실리콘밸리에 터전을 잡거나 억만장자 CEO들의 직속 부하가 되거나 아이비리그 대학을 다녀야 할 필요는 없다. 큰 꿈을 지닌 사람들 또는 단순히 자신이 더 큰 무언가를 해야 할 운명이라고 생각하는 사람들에게 필요한 이야기들을 이 책에서 만날 수 있을 것이다.

당신은 지금 색다른 무언가를, 더 큰 도전을 갈망하고 있는가? 이제 막 사회생활을 시작했다면 어떻게 해야 자신이 맡은 일을 꿈꾸는 미래의 디딤돌로 활용할 수 있을지 고민 중일 수도 있다. 아니면 어느 정도 경력을 쌓아 마침내 승진을 눈앞에 두거나 리더로서 인정을 받고 싶다고 생각 중일 수도 있다. 어쩌면 당신은 더 많은 권한을 얻고 존중받고 자신의 기여도를 인정받고 싶을지도 모른다.

혹시 당신은 주변에서 아무도 제대로 이해하지 못하는 대담한 꿈을 꾸고 있는가? 그렇다면 지금부터 그 꿈을 이룰 수 있는 방법을 만나게 될 것이다. 선택권이 별로 없다고 생각되는 상황에서 발전의 기회를 발견하고 탐험할 수 있는 방법도 알 수 있다. 두려움 없이 변화를 이끌어내는 마인드셋을 받아들이고 큰 꿈을 꿀 수 있는 자신감을 얻고 그 꿈을 이루기 위해 담대하게 나아가는 방법도 알 수 있다.

　이 책에서는 내 커리어를 케이스 스터디로 삼고 있다. 결코 내가 완벽하기 때문이 아니다. 엄청난 성공을 이룬 사람들의 이야기는 공감대를 형성하기가 매우 어렵기 때문이다. 그들이 이룬 성과는 너무나 대단해 보여 그들의 여정을 따를 시도조차 망설여질 수 있다. 그래서 나와 같은 평범한 사람들이 비즈니스계에서 가장 성공한 사람들의 사례를 어떻게 따를 수 있는지 보여주고자 내 이야기를 들려주는 것뿐이다. 그들이 따르는 리더십 원칙들은 실제로 당신의 목표와 커리어에 직접적으로 적용될 수 있다.

●

당신만의 성공 스토리는
지금부터 시작이다

이 책은 내가 함께 일한 CEO 상사조차 당신에게 줄 수 없는 특별한 시각을 담고 있다. 나는 굉장한 성공을 거둔 테크 기업 선구자들이 유례없는 도전과 역사의 순간들을 어떻게 헤쳐나갔는지를 바로 옆에서 목격했다. 그리고 그들의 모범 사례를 관통하는 공통 요소들을 종합해 이 한 권의 전략서를 만들었다.

　이 책은 대단한 영웅을 칭송하는 책이 아니다. 내가 함께 일했던 기업과 리더들은 완벽하지 않았다. 그들이 완벽했던 것처럼 꾸며내고 싶은 마음도 없다. 그들과 함께 일하면서 대단한 결과물을 만들어내는 보편적인 진리를 몇 가지 발견했을 뿐이다. 그렇다고 해서 사람들의 관심을 끄는 유명인사들의 가십거리를 다룬다는 말은 아니다. 내가 아는 이야기도 없다.

내가 이 책을 쓴 이유는 인터넷이 가진 정보 공유의 힘을 믿기 때문이다. 나는 소외된 사람들의 목소리를 널리 퍼지게 만들어야 한다고 생각한다. 또한 성공이 많은 사람에게 공평하게 알려져야 하는 개념이라고 생각한다. 실리콘밸리에서 이룬 성공의 비밀을 엘리트만의 전유물로 남겨둬서는 안 된다. 그들의 모범 사례는 현재 자신이 놓인 성장 단계에 관계없이 누구나 스스로 잠재력을 일깨우고 위대한 성취를 이루는 데 도움을 줄 수 있다.

지금 세상에는 그 어느 때보다도 당신이 필요하다. 당신만의 미래를 펼쳐나가길 모두가 기다리고 있다. 희망과 즐거움, 평화가 가득한 미래를 만들기 위해서는 더 많은 목소리와 더 많은 관점, 더 많은 통찰력과 더욱 다양한 경험이 필요하다. 당신이 빨리 합류할수록 모두에게 이로운 세상도 더 빨리 찾아올 것이다.

몇 가지 일상 습관을 꾸준히 지킨다면 당신이 꿈꾸던 삶을 만들 수 있다. 당신이 자부심을 느낄 당신만의 유산을 만들 수 있다. 현재 당신이 속한 집단이나 커리어 단계에서 기회가 별로 없다고 느낄지라도 당신이 사랑하는 삶을 만들어나갈 방법은 분명히 있다. 앞으로 이 책을 읽어나가며 당신의 삶과 운명의 주도권을 쥘 수 있는 몇 가지 도구를 발견하게 될 것이다.

이 책을 통해 당신은 일곱 가지 교훈을 얻게 될 것이다.

- 자신의 마인드셋에 집중하고 완벽한 수행보다 학습을 중시하며 일에서 더 큰 의미와 만족감을 찾는 법을 배운다.
- 현재 당신의 권한이 적거나 없다 해도 더 큰 영향력을 발휘하고 자신의 가치를 보이는 방법을 찾는다.
- 계산된 위험을 감수하는 당신에게 도움과 영감을 아끼지 않는 동료 및 멘토 네트워크를 만든다.
- 당신이 가진 리더십의 강점을 깨닫고 그 가치와 더욱 일치하는 프로젝트를 맡아 성장해나가는 과정을 통해 열정을 기반으로 더욱 충만한 삶을 살 수 있다.
- 전문 지식과 자신감, 경험을 탄탄하게 다지는 법을 배우고 이를 통해 커리어에 더욱 힘을 얻고 분명한 방향성을 찾을 수 있다.
- 더 이상 승진이나 당신의 시간, 노력 등의 투자, 리더십 발휘의 기회 그리고 당신이 열정을 느끼는 프로젝트에서 배제되지 않는 방법을 깨닫는다.
- 상사와 성공적인 관계를 쌓는 법, 당신과 당신의 잠재력을 리더십 팀과 동료들에게 명확히 보여줄 방법 등을 배운다.

이 책은 일곱 가지 교훈을 당신이 인지하고 자신의 것으로 만들고 실행하는 방법을 담고 있다. 당신만의 ROI 전략을 실천함으로써 당신이 지닌 야망을 인정받고 리더로 인식되고 올바른 지지자들과 멘토를 주변에 모으는 방법을 찾을 수 있다.

도전을 시도하는 법, 실패를 다루는 법, 나의 가치를 증명하는 법 등을 다룬 각 장의 마지막에는 주제에 특화된 ROI 실전 전략을 소개한다. 내가 들려주는 비즈니스 교훈을 오늘 바로 자신의 삶에 적용해보기 위한 과제들이다. 테크 기업에서는 일정 기간 동안 복잡한 목표를 설정하고 성취하고 유지하기를 반복하는 방식으로 업무를 수행한다. 마라톤을 할 때는 장거리의 목표가 부담스럽고 어디서부터 시작해야 할지 막막하기 쉽다. 하지만 단거리 경주라면 부담감이 덜하다. 더욱 큰 목표를 향해 하나씩 단계별로 꾸준히 나아가는 방식이기 때문이다. 각 장의 ROI 실전 전략을 통해 당신만의 문샷moonshot(원대하고 혁신적인 프로젝트—옮긴이)을 역공학(소프트웨어 공학에서 만들어진 시스템을 역으로 추적해 도안 또는 설계기법 등의 데이터를 얻어내는 일—옮긴이)적으로 접근해 일에서 더욱 큰 만족감을 얻을 수 있다.

이 책을 통해 당신이 꿈꾸는 커리어를 쌓는 방법과 자랑스럽고 능력 있으며 행복한 미래의 자신을 향한 로드맵을 만드는 법을 보여주고자 한다. 당신은 당신 삶의 주인공이자 주변 사람에게 영감을 주는 존재가 될 것이다. 준비가 됐는가? 이제 스스로 모험을 시작할 때다. 그 여정을 시작해보자.

제 1 장

주어진 환경에
지지 않고
불가능을 꿈꾸다

피하고 싶다는 생각이 드는 순간
맹렬히 맞서 싸워라.
그 순간 기회는 당신의 편이 된다.

나는 우리 집에서 농사를 짓지 않은 첫 세대다. 그 대신 세계에서 가장 영향력 있는 테크 기업 여러 곳에서 커리어를 쌓았다. 오래전부터 의미 있는 일을 하며 사는 삶을 꿈꿨고 그 꿈은 예상치 못한 계기를 통해 실현됐다. 그 덕분에 전 세계에서 가장 부유하고 대단한 영향력을 발휘하는 CEO들과 함께 일했다는 사실이 지금도 믿기지 않는다.

행복은 힘든 일을 해나가며 즐거움을 찾는 과정에서 배운다. 어린 시절부터 행복의 원칙을 몸소 경험한 것은 행운이었다. 우리 가족의 역사는 극도로 한정된 자원을 창의적으로 활용하고 부단히 노력하며 즐겁고 의미 있는 삶을 꾸려온 이야기로 가득하다. 우리 가족 중에 굉장한 영향력이 있거나 부유한 사람은 없다. 다들 한결같이 자신이 가진 것보다 더 큰 결과물을 만들어내며 살아왔다.

나는 어렸을 때부터 노력과 큰 꿈이 합쳐질 때 굉장한 힘을 발휘한다는 사실을 배웠다. 어린 시절뿐만 아니라 예상치 못한 과정 속에서도 살아남아 결국 성공할 수 있도록 이끄는 기본 원칙이자 전략도 배웠다. 어느 삶에서나 어떠한 목표, 성장 단계에서도 큰 성과를 도출하는 데 적용할 수 있는 성공 전략은 다음의 세 가지다.

- 전략 1. 꿈이 아닌 안전한 길에 투자하지 마라
- 전략 2. '이것밖에' 못한다는 생각을 스스로 깨부순다
- 전략 3. 성공의 큰 그림을 먼저 그린다

투자할 가치가 없을 만큼 초라한 삶도, 투자를 시도해볼 수 없을 만큼 원대한 꿈도 없다. 커리어의 시작 단계에 있을지라도, 현재의 일이 자신이 꿈꾸던 직업과 거리가 멀다 해도 바로 지금이 자신의 앞날을 원하는 방향으로 나아가게 만들 최상의 순간이다. 발전의 기회는 늘 관심을 갖고 준비하지 않으면 놓치고 만다. 자신의 꿈을 향한 지도를 그려야 기회의 순간을 움켜쥘 수 있다. 뜻밖의 행운도 만들어나갈 수 있다.

내가 아마존과 구글의 CEO들과 성공적 관계를 맺을 수 있었던 과정을 이해하려면 먼저 나라는 사람과 내 배경을 조금 더 알아야 한다.

전략 1.
꿈이 아닌 안전한 길에 투자하지 마라

나는 몽상가 집안에서 태어났다. 부모님은 모두 감자 농장에서 농사를 짓고 양몰이를 하며 자랐다. 스칸디나비아와 스위스 출신의 조부모님은 더 나은 기회와 무한한 가능성을 펼칠 수 있는 삶을 꿈꾸며 아메리카 대륙이라는 신세계로 이주했다.

내 아버지도 큰 꿈을 지닌 분이었다. 그는 대학에서 공부한 회계학이 가족의 미래를 안정적으로 책임져줄 확실한 능력이라는 것을 알았다. 다만 자신의 열정과는 조금 다른 길이라고 생각했다. 아버지가 열정을 가진 일은 회계보다는 비행이었다.

전투기 조종사는 조종사 훈련에서 낙오하지 않은 엘리트 졸업생만이 될 수 있었다. 남들보다 뒤늦게 뛰어들어 전투기 조종사가 될 확률은 천문학적으로 낮았지만 아버지는 자신이 그 확률을 뚫겠다고 결심했고 또 자신 있었다. 그의 여정은 대담함, 목적의식, 용기란 무엇인지 여실히 보여주는 사례였다. 그는 자기 자신에게 익숙한 모든 것으로부터 벗어나 모험을 시작해야 했고 결국 그는 꿈을 이뤘다.

아버지는 훈련을 마친 후 F-4 팬텀 전투기 조종사로 선발됐다. 그리고 얼마 후, 플로리다주 탬파의 맥딜 공군기지MacDill Air Force Base에서 내가 태어났다. 군인 집안에서 태어난 나는 예상할 수 없는 일정과 임무, 여러 일들을 거치며 동생들과 함께 주어진 환경에 적응하고 자립적이며 용감하게 자랄 수밖에 없었다.

대담한 꿈을 좇을 때 인생이 달라진다

내가 한 살 때 우리 가족은 플로리다에서 알래스카의 앵커리지로 전출됐다. 당시는 냉전 시대의 끝자락이었다. 아버지가 속한 비행 중대는 알래스카와 소비에트 연방의 동쪽 끝 사이의 영공을 정찰하고 보호하는 임무를 맡았다. 어린 시절 나는 여동생 라던과 집 뒷마당에 서서 하늘을 가로지르는 전투기들을 올려다보며 어디에 아버지가 타고 있을까 추측하곤 했다.

우리가 알래스카에 머물 당시 한 영화사에서 전투기 조종사들의 이야기를 다루는 대본을 제작하고 있었다. 영화사는 사실성을 높이기 위해 미 공군 측에 실제 조종석에서 오가는 대화가 녹음된 자료를 요청했다. 공군은 영화사의 요청을 승인했고 아버지가 속한 전투 비행 중대 호넷 Hornets의 대화 기록을 전달했다.

그 영화가 바로 〈탑 건〉Top Gun이다. 아버지의 호출명은 구스Goose였다. 나는 영화 덕분에 작은 전설이 된 매버릭, 아이스맨과 함께 어린 시절을 보냈다. 구스의 딸로 자라면서 배운 것들이 있다. 나는 주변 사람들, 혹은 자기 자신조차 이룰 수 없을 거라고 말하는 대담한 꿈들을 좇는 법을 배웠다. 또한 뚜렷한 목적의식을 갖는 법과 불가능하더라도 도전할 만한 가치가 있는 목표를 이루고자 매일 열심히 노력하는 법을 배웠다. 무엇보다 나는 용감해지는 법을 배웠다.

아버지는 같은 비행 중대 동료를 여럿 잃었다. 우리 가족이 관사에 살던 당시 훈련 중에 사고로 군인들이 목숨을 잃기도 했다. 어머니는 정복을 갖춰 입은 장교들이 관사를 찾아올 때마다 느꼈던 공포를 이야기하곤 했다. 자신의 차례가 아니길, 정복의 장교들이 집 앞에서 걸음을 멈추지 않길 바라며 두려움에 질린 얼굴로 문을 열었다는 이야기들이다.

어머니의 경험은 하루하루를 소중히 여기고 시간을 어떻게 쓸지 의식적으로 선택해야 한다는 동기를 내 안에 심어줬다. '단 하루도 허투루 낭비해선 안 된다.' '매일 아침마다 나누는 입맞춤과 포옹일지라도 빠짐없이 소중히 여겨야 한다.'

어린 시절에 나는 엄청난 도전뿐만 아니라 더없는 모험을 여럿 경험했다. 내 성격은 타고난 성향과 유년 시절의 양육 환경으로부터 많은 영향을 받았다. 공군 아버지 밑에서 자란 환경은 내 성격과 본능에 큰 영향을 미쳤다. 나는 거주지를 자주 옮겨 다니며 낯선 환경과 한정된 자원을 영리하게 활용하는 법을 깨우쳤다. 높은 적응력과 어떤 일에도 쉽게 동요하지 않는 법도 배웠다.

수줍음이 많았던 나는 낯선 무언가에 겁을 먹는 대신 탐험하는 법과 모험을 사랑하는 법을 배워나갔다. 원래 정답을 알고 있어도 학교에서 손을 들어 발표하는 학생이 아니었다. 성격상 완벽하게 정리된 의견이 아니면 생각을 말하지 않았지만 자라면서 이를 고쳐나갔다(지금도 계속해서 노력하는 중이다). 이렇듯 타고난 성격 중에는 강점인 부분도 있지만 지금까지도 적극적으로 고치려고 노력하는 약점들도 있다.

희생과 성장은 떼려야 뗄 수 없다. 우리는 훗날 더욱 위대한 일을 이룰 수 있다는 바람으로 현재 갖고 있는 것을 포기하는 용기를 내야 한다.

로버트 피어시그Robert Pirsig의 철학적 소설 《선과 모터사이클 관리술》에 잘 드러나 있는 원칙이기도 하다. 피어시그는 책에서 원숭이 덫Monkey Trap을 소개한다. 원숭이 덫은 원숭이 손 하나가 들어갈 만한 구멍을 뚫어 코코넛 속을 파내고 유인용 쌀을 안에 채운 것이다. 원숭이가 코코넛 안에 손을 넣어 쌀을 가득 움켜쥐면 손을 꺼낼 수 없다. 사실상 원숭이는 자신의 선택 때문에 덫에 갇히고 만다. 땅에 사슬로 묶인 코코넛으로부터 벗어나려면 손에 쥔 쌀을 포기해야 하지만 그러지 못한다.

인간의 본성도 이와 매우 비슷하다. 안전함을 희생하는 대가로 더 좋은 것을 보상받으리라는 기대를 갖기보다 익숙하고 덜 위험하다는 이유로 불만족스러운 일, 관계, 책임감에서 벗어나지 않으려 할 때가 많다. 원숭이가 쌀을 놓지 않듯 우리도 손에 무언가를 가득 움켜쥔 채 자유를 희생하고 있다는 사실조차 깨닫지 못할 때가 너무나 많다. 게다가 과거의 영광에 너무 오래 빠져 있다 보면 기쁨과 기회는 사라진다. 기억하라. 한곳에 정체돼 있을 때는 운동 에너지가 줄어들기 마련이다.

•

전략 2.
'이것밖에' 못한다는 생각을 스스로 깨부순다

내 야망은 항상 타고난 내 능력을 웃돌았다. 그 사실이 지금껏 내게 큰 이점으로 작용했다는 것을 최근에야 깨달았다. 나는 야망과 능력의 불균형 때문에 진정으로 원하는 것들을 얻고자 싸워야만 했다. 그 덕분에 성취하기 어려운 것들을 좇는 데 익숙해졌다. 만약 내가 선천적으로 굉장한 능력을 타고났다면 나의 재능을 뛰어넘으려고 나 자신을 밀어붙이는 대신 현실에 안주했을 것이다. '괜찮은' 정도가 주는 만족감은 '뛰어난' 무언가를 달성할 동력을 앗아 간다.

우리 가족이 미국을 가로질러 먼 곳으로 이사하면서 내 삶의 경로는 완전히 달라졌다. 부모님은 대도시에서 살고 싶어 하지 않았다. 결국 워싱턴주 레드먼드에 있는 에듀케이션 힐Education Hill이란 곳에 집을 샀다. 어쩌다 보니 1980년대부터 1990년대의 미국 테크놀로지 업계에서 새로운 디지털 시대를 이끄는 선구적인 기업인과 혁신적인 사상가로 꼽힌 사람들 틈바구니에서 자라게 됐다. 하지만 당시 부모님은 우리 집 근처에 훗날 세계에서 가장 성공적인 기업으로 성장할 몇몇 회사의 본사가 있다는 점을 조금도 신경 쓰지 않았다.

부모님은 자신들이 어렸을 때 농장에서 배운 직업의식을 내게 가르쳤다. 그들의 삶을 통해 완벽함과 큰 꿈을 좇는 투지도 심어줬다. 나는 아버지에게서 좌뇌형 분석력과 목표 설정에 필요한 대담함을 물려받았다. 어머니에게서는 정서지능과 창의적인 문제 해결법, 어려움에 빠진 타인에게 연민을 발휘하는 성격을 물려받았다.

완벽주의의 한계에서 벗어나기

나는 진지한 성격을 타고났다. 그래서 어린 나이부터 자기 비판적 성향을 내비쳤다. 종종 부모님이 세운 기준보다 스스로 세운 기준이 더 높을 때가 많았다. 학교에서는 좋은 성적을 받고 싶었고 학예회에서는 주인공을 맡고 싶었다. 완벽한 발레리나가 되고 싶었고 최고의 대학에 진학하길 바랐다. 이런 성향은 나를 자연스럽게 세계적으로 영향력을 발휘하는 직업으로 이끌었다.

처음에는 내 바람과 타고난 재능 사이의 간극 때문에 아무것도 하지 못했다. 친구들보다 두 배는 더 노력해야 그나마 뒤처지지 않는다고 생각했다. 그 덕분에 남의 시선을 의식하고 스스로를 의심했으며 눈에 띄지 않기 위해 항상 뒤로 물러서 있었다. 누구나 10대 때 겪는 일일 것이다. 하지만 내게는 유독 치명적인 일이었다. 뛰어난 재능이 없다는 생각에 다른 사람보다 더 노력해야 한다는 내적 동기를 품었지만 정작 중요한 자신감은 없었다. 이때 어머니는 새벽 1시에 알람을 맞추곤 했다. 내가 친구들과 어울리기 위해 밤늦게 몰래 집을 빠져나갈지 감시하는 게 아니었다. 내가 숙제를 하느라 밤을 새는 것은 아닌지 확인하기 위해서였다.

나는 자신의 하고자 하는 모든 일에 목적의식을 가져야 한다는 가르침을 지나칠 정도로 따랐다. 항상 무언가를 간절히 원했다. 좋은 조건이나 자원 없이 시작하는 사람들은 내가 느낀 감정에 더욱 공감할 것이다. 동트기 전에 일어나 소젖을 짜면서도 실제로 본 적도 없는 전투기를 모는 꿈을 꾸던 아버지의 모습을 10대 시절의 내게서 볼 수 있었다.

운이 좋게도 나는 아주 특별한 선생님 한 분을 만났다. 그가 없었다면 내가 정말 특별하거나 중요한 무언가를 하지 못할 수도 있다는 심각한 불안을 안고 평생 살았을지 모른다. 중학교 합창단 지휘자였던 론 마한 선생님은 내 인생에 큰 영향을 미쳤다. 그는 내 안에 있는 두려움을 알아보고는 내가 극복할 수 있도록 격려해줬을 뿐만 아니라 성장 마인드셋을 가질 수 있도록 도와줬다. 또한 재능은 고정된 것이 아니며 노력하면 더욱 나아질 수 있다는 믿음을 심어줬다. 8학년이 끝날 즈음 나는 사회 불안 장애로 고통받고 있었다. 그때 마한 선생님에게 학년 앨범에 메시지를 적어달라고 부탁하자 그는 미리 작성해둔 카드를 앨범 사이에 넣어줬다.

그 카드에는 '너는 이미 잘하고 있으니 자신감을 가져도 된다'고 적혀 있었다. 마한 선생님의 메시지를 보고 나는 어떤 도전 앞에서도 실패를 먼저 걱정하기보다 자신감 있게 부딪칠 힘을 얻었다. 그 전까지만 해도 나 스스로를 파괴하고 있다는 사실을 깨닫지 못했다. 실망스러운 역량을 가진 사람이라고 스스로에게 한계를 짓고 살아갈 거라는 사실도 몰랐다. 그의 메시지는 내가 완벽해야만 자신을 사랑스럽게 여길 수 있고 빛나는 사람이 되는 것이 아니라는 점을 깨닫게 했고 다음 해에도 수많은 기회를 만들어줬다.

실제로 그는 나 스스로도 과분하다 여겼던 합창단 솔로 파트를 내게 맡겼다. 나는 선생님에게 자랑스러운 모습을 보여주고자 실력을 쌓으며 열심히 노력했다. 내가 특별한 사람이 될 수 있다는 그의 믿음 덕분에 나도 그렇게 믿게 됐다. 어린 내게 굉장한 생각의 변화가 찾아왔다. 이제 나 스스로 행운을 만들어갈 수 있게 됐다.

이렇듯 어린 시절 나 자신을 믿는 법을 배우는 과정은 단번에 이뤄지지 않았다. 스스로를 신뢰하는 방법을 배워나가는 과정에서 나는 위험을 신중하게 계산하는 법을 깨달았다. 다이빙을 할 때 앞서 몇 번이나 배로 떨어졌음에도 불구하고 다시 한번 다이빙대에 오르는 용기를 내는 법도 배웠다. 그전까지만 해도 사다리를 다시 올라 한 번 더 시도하면 된다는 생각을 하지 못했던 것 같다. 목표를 이루기까지 한 번 실패했다고 해서 영원히 실패한 것은 아니다. 당신이 '그렇게 만들지 않는다면' 말이다.

인간은 본능적으로 부끄러움, 고통, 불편함을 피하고자 한다. 하지만 막상 그 감정을 느끼는 순간을 실제로 경험하고 나면 머릿속으로 그렸던 것보다 덜 끔찍할 때가 많다. 삶의 가장 커다란 기쁨은 자신의 안전지대라는 한계를 넘어선 대가로 위대한 성장을 이룰 수 있는 기회를 알아볼 때 찾아온다. 위험의 감수와 학습의 관계를 이해해야 남다르게 성장할 수 있다. 당신의 성장 목표와 삶의 만족 기준에서 학습을 가장 중요한 가치로 여겨야 새로운 시도 앞에 놓인 두려움을 이겨낼 수 있다.

낯선 도전에서 비롯되는 불편함은 새로운 것들을 두려움과 실패의 대상이 아닌 흥분과 보상의 대상으로 여기는 법을 학습함으로써 비로소 해소된다. 모든 근육이 그렇듯 한계치를 높이고 강도를 키우려면 시간을 가지고 무던히 반복해야 한다. 나는 이러한 사실들을 일찍 깨달았음에도 몇 번이나 다시 배우고 또 배워야 했다.

전략 3.
성공의 큰 그림을 먼저 그린다

나는 약간의 거짓말 덕분에 첫 '진짜' 일자리를 얻었다. 멜리사는 내 가장 친한 고등학교 친구 중 한 명이다. 1995년, 그녀는 스타트업이라는 개념을 아는 사람이 거의 없던 시절에 스타트업 기업에서 일을 하고 있었다. 그녀는 워싱턴에서 노스캐롤라이나로 이사를 가게 되자 자신이 하던 일을 내게 추천했다. 당시 나는 열여섯 살이었고 이제 막 운전면허증을 발급받은 상태였다. 그해 가을, 나는 방과 후 학교 연극 작품 활동과 파트타임 중 할 일을 선택해야 했다.

애초에 나는 대학 학비를 모아야 했기에 파트타임을 택했다. 기본적으로 요식업이나 계산대를 봐야 일은 절대로 하지 않겠다고 결심했던 터라 10대 청소년인 내가 할 만한 일은 별로 없었다. 그런데 멜리사가 자신의 뒤를 이어 뮤직웨어Musicware의 오피스 매니저 자리를 해보지 않겠냐고 제안한 것이다. 마침 우리 집이 있는 레드먼드에서 차로 10분밖에 떨어져 있지 않은 곳이라 잔뜩 신이 났다.

뮤직웨어는 하버드 경영대학원을 갓 졸업한 형제 두 명이 설립한 회사였다. 두 사람은 전자 키보드로 곡을 연주하면 악보로 전환해주는 소프트웨어 프로그램을 만들었다. 이 소프트웨어는 연주자의 피아노 연주를 평가한 뒤 어떤 연습이 필요한지 알려주는 기능도 제공했다. 당시가 1995년도라는 점을 감안하면 상당히 놀라운 기술력이었다.

멜리사와 나는 6학년 때부터 학교 합창단에서 활동할 만큼 둘 다 음악에 대한 열정이 있었다. 그녀는 뛰어난 피아니스트였다. 반면 나는 악보를 겨우 읽으며 한 손가락으로 간신히 건반을 치는 수준이었다. 그녀는 주 업무인 관리자 이외에 소프트웨어 베타 테스터 역할도 맡곤 했다. 멜리사는 나를 회사에 추천하면서 내 피아노 실력이 썩 좋지 않다는 사실을 밝히지 못했다.

능력이 없다고 주저하지 않고 배운다

내가 업무에 필요한 능력을 충분히 갖추지 못했다는 사실은 금방 드러났다. 뮤직웨어는 5인 사업장에 불과해서 나를 가르치거나 멘토 역할을 해줄 사람이 없었다. 하물며 나는 그동안 베이비시터 이외에는 다른 일을 해본 적이 전혀 없었다. 뭘 어떻게 해야 하는지 감조차 잡지 못했다. 나는 내가 열심히 노력하는 사람이라는 것과 어떻게든 방법을 찾아나갈 수 있다는 믿음을 가지고 묵묵하게 일을 해나갔다.

사무실을 관리하고 다양한 역할을 소화하는 법을 배우기 위해 애썼다. 하지만 정작 내가 관심을 가진 것은 두 형제 창립자가 기업을 운영하는 방법과 그 과정에서 무엇을 배워나가는지를 지켜보는 일이었다. 두 사람은 《하버드 비즈니스 리뷰》, 《포춘》 같은 비즈니스 매거진은 물론 1995년에 막 창립한 《패스트 컴퍼니》Fast Company까지 구독하고 있었다. 나는 생전 처음 보는 잡지들을 쉬는 시간마다 처음부터 끝까지 모두 읽었다. 맞다. 나는 좀 특이한 아이였다. 스타트업 창립자들과 일한 것이 비즈니스 세계를 경험한 첫 기회였다.

두 사람이 투자금을 최대한 활용할 방법을 상의할 때면 늘 귀를 기울였다. 너무 흥미로웠다. 또 소프트웨어를 '테스트'하는 척하면서 사실은 나중에 업그레이드될 소프트웨어 기능에 도움을 줄 수 있을 정도의 피아노 실력을 쌓으려고 연습을 계속했다. 뮤직웨어에서 2년간 일하면서 내가 천재성을 발휘해 전문가 수준으로 피아노를 연주하게 됐다고 말할 수 있으면 좋겠다. 하지만 그런 일은 벌어지지 않았다. 그래도 분명 피아노 연주 실력은 늘었고 그 과정에서 몇 가지 버그를 잡아내기도 했다.

내가 자신감을 쌓아가자 코스트코에서 영업 활동을 하는 업무가 추가로 주어졌다. 너무 두려웠다. 그때만 해도 나는 심각할 정도로 수줍음이 많았다. 심지어 모르는 사람에게 다가가 영업을 해야 하는 일은 조금도 재밌어 보이지 않았다. 영업자에게는 꿈같은 상황이 펼쳐졌을 때도 그 자리를 떠나고 싶었다. 뮤직웨어의 소프트웨어에 굉장한 관심을 보이는 잠재 고객이 다가와 소프트웨어로 배운 피아노 실력을 보여달라고 했을 때 내가 얼마나 경악했는지 지금도 기억이 난다. 게다가 내 피아노 연주 실력은 고객을 설득할 만한 수준이 아니었다. 결국 판매에는 실패했지만 그래도 거절당하는 것이 사형 선고가 아니라는 사실 하나만큼은 배웠다.

나는 뮤직웨어에서 일하며 기억하지도 못할 만큼 많은 실수를 저질렀다. 게다가 타고난 성격상 방법을 모르거나 실패가 예상되는 일은 피하는 쪽이었다. 그 덕분에 매일같이 건설적인 비판을 듣는 데 익숙해져야 했다.

하지만 제대로 할 줄 아는 것이 하나도 없는 일을 할 때 좋은 점이 한 가지 있다. 바로 그 일에서 도망칠 방법조차 없다는 것이다. 자신이 잘하는 일에만 매달리거나 자신 없는 일은 피하는 식으로 자신의 약점을 가릴 수조차 없었다. 그런 '호사'는 커리어가 좀 더 쌓인 뒤에나 부릴 수 있다. 다만 무언가를 피하고 싶다는 생각이 들 때야말로 그 충동에 맞서 가장 맹렬하게 싸워야 한다는 것을 배웠다.

나는 나 자신이 완벽하지 못하다는 사실을 받아들여야만 했다. 다시한번 '완벽함이란 사실 그리 중요치 않다'는 것을 깨달았다. 상사들의 눈에 비친 나는 그저 최선을 다해 일하고 빨리 배우는 직원일 뿐이었다. 나는 내가 완벽하지 못하다는 사실에 더는 겁내지 않기 위해 의식적으로 노력했다. 완벽함을 목표로 했던 기대치를 버리자 놀랍게도 해방감이 찾아왔다.

내게 터닝 포인트가 찾아온 것이다.

남들은 모르는 작은 일이 위대함을 만든다

나는 뮤직웨어에서 순발력을 발휘하는 법을 배웠다. 내게 주어진 일의 중요성을 이해하는 법도 배웠다. 나의 첫 업무 중 하나를 떠올리면 아직도 얼굴이 붉어진다. 두 사장은 내게 잠재 구매자와 고객에게 발송할 회사 자료를 정리해달라고 부탁했다. 서류 열 개를 출력해 순서대로 우편 봉투에 넣기만 하면 되는 일이었다. 그런데 하루는 프린터가 오작동을 일으키는 바람에 고객에게 보내기 어려울 정도로 흐릿하게 인쇄된 서류가 수백 장 출력되고 말았다. 문제는 내가 미처 알아채지 못했다는 것이다. 사장 한 명은 내게 다가와 서류를 전부 다 폐기한 뒤 새로 출력하라고 말했다.

당시 나는 어서 빨리 지긋지긋한 단순 노동을 해치우고 비즈니스 전략 회의를 엿들어야겠다는 생각에 정신이 팔려 있었다. 지금 내가 하는 일의 목적이 무엇인지, 조잡한 인쇄물을 받은 잠재 고객이 어떻게 뮤직웨어를 생각할지 조금도 고려하지 않았던 것이다. 한마디로 나는 회사의 가치를 대표하지 못했다. 오히려 회사의 자원만 낭비하고 말았다. 그 순간 나는 사고의 전환을 일으키는 깨달음을 얻었다. 실수를 통해서 말이다.

그때의 경험 이후 나는 업무를 맡으면, 특히나 자꾸 다른 생각이 떠오를 만큼 아주 간단한 일을 맡으면 일단 한 걸음 물러나 업무의 목적과 최종 결과 또는 최종 소비자라는 큰 그림을 떠올렸다. 그리고 눈앞의 업무가 아니라 업무에 담긴 미션을 어떻게 전달해야 할지를 생각했다. 그러자 아주 하찮은 일마저도 중요하게 받아들일 수 있는 동기와 집중력이 생겼다.

나는 일하면서 마틴 루터 킹 주니어의 말을 자주 떠올렸다.

"길거리 청소부의 일을 하게 됐다면 미켈란젤로가 그림을 그리듯이 거리를 청소하세요. 베토벤이 음악을 작곡하듯이 거리를 청소하세요. 메트로폴리탄 오페라 앞에서 노래를 부르는 레온타인 프라이스Leontyne Price 처럼 거리를 청소하세요. 셰익스피어가 시를 쓰듯 거리를 청소하세요. 천지의 주인들이 '자신의 일을 충실히 해낸 훌륭한 청소부가 여기 있었다'라고 말할 정도로 거리를 깨끗하게 청소하세요."

이것이야말로 한정된 자원을 가지고도 자신의 기회를 직접 만들고 인정받을 수 있는 방법이다. 이 교훈을 일찍이 배우지 못했더라면 이후 찾아온 인생을 바꿀 기회를 위한 준비를 하지 못했을 것이다.

내 삶이나 내가 맡은 책임, 이루고 싶은 목표가 너무 사소해 의미가 없다거나 투자할 가치가 없다고 치부하는 것은 실수다. 신중한 자세로 노력하다 보면 예전에는 감히 꿈도 꾸지 못할 위대한 무언가를 할 수 있는 운동 에너지가 생겨난다. 첫 다이빙부터 10미터 다이빙대에 오르는 사람은 없다. 더불어 자신의 운명이 평생 유아용 수영장 수준에 머물 것이라고 단정 지어서도 안 된다.

나는 뮤직웨어에서 내 업무가 회사의 미션과 어떠한 연관이 있는지를 이해하는 것의 중요성을 배웠다. 나아가 내 업무가 동료들이 최고의 업무 수행 능력을 발휘하는 데 그리고 재정적 독립이라는 공동의 목표를 달성하는 데 어떤 식으로 기여하는지 이해해야 한다는 것도 깨달았다. 팀으로서 에너지와 노력을 함께 발휘하는 것이 얼마나 중요한지를 처음으로 경험했다. 단지 내 업무가 어떤 문제를 해결하기 위해 필요한 것인지를 상사가 자세히 설명해주지 않았을 뿐이라는 것을 깨달았다. 결국 회사가 달성하고자 하는 목표라는 큰 그림 안에서 내가 맡은 사소한 업무의 성공이 무엇을 의미하는지는 스스로 파악해야 하는 것이었다.

회사와 관련된 자료 발송 업무를 성공적으로 해내면 고객의 관심을 매출로 전환시켜 회사에 수익이 남는 결과로 이어진다. 이처럼 너무나 중요한 사실을 내가 이해했더라면 업무의 질에 더욱 신경을 쓰고 회사를 가장 멋지게 대변하기 위해 노력했을 것이다. 내 업무의 의미를 깨달고 나자 그동안 하찮고 전혀 중요치 않게 보이던 일들도 그날 하루 회사에서 가장 중요한 프로젝트처럼 느껴졌다.

나는 내 업무에 담긴 더 높은 목표를 파악하기 위해 올바른 질문을 던지고 스스로 의미를 부여해야 한다는 것을 깨달았다. 이는 내가 운 좋게 커리어의 초기에 얻은 교훈이기도 하다. 또한 훗날 내가 경험이 부족하거나 전문 분야가 아닌 일을 할 때도 꾸준하게 올바른 결과를 도출하고 혁신적인 해결책을 제시할 수 있었던 비결이다. 자신의 역할이나 직급에 관계없이 팀과 회사에서 없어서는 안 될 인재가 되고 싶다면 팀의 큰 목표에 자신의 일을 연관 지어 생각해야 한다. 그 의미를 이해한다면 주변 사람보다 더 열심히 일하는 것을 넘어 항상 영리하게 일할 수 있다.

큰 목표를 이루고 다양한 경험을 하기 위해 자신의 안전지대 밖으로 스스로를 밀어낼 때는 주도적으로 접근해야 한다. 창의성을 능동적으로 발휘하고 실험과 실패를 거치며 회복력을 쌓아나가는 과정을 겪어야 한다. 작게 시작해 점차 발전해 나가는 자신을 두려워하지 말라. 자신의 꿈을 실현하는 첫발을 내딛는 것이다.

- **인지하라:** 실패나 부끄러움을 겪을까 봐 두려운 나머지 자신의 능력을 스스로 제한하지는 않았는가? 자신에게 꿈이 있다고 아직 당당하게 말하지 못했거나 스스로에게 그 꿈을 좇아도 된다고 허락하지 못했는가? 당신의 가르침이나 도움이 필요한 사람이 당신의 팀에 있는가?
- **당신의 것으로 만들어라:** 열심히 일하고 전략적 질문을 하고 당신이 활용할 수 있는 재능과 자원을 창의적으로 사용함으로써 오늘 당신의 운을 스스로 만들 수 있는가?
- **실행하라:** 현재 당신의 역할과 책임, 프로젝트, 업무를 회사의 성과에 영향을 미치는 방향으로 재정립하고 당신의 일을 회사의 핵심 성장 분야에 연계시켜라.

제 2 장

때로는
머리가 아닌
직감을 따라라

작게 시작하는 것을 두려워하지 않는 태도가
곧 불가능해 보일 정도로
대단한 성공을 달성하는 비결이다.

BET ON YOURSELF

내가 대학을 갓 졸업하고 아무런 경력이 없었을 때 아마존의 제프 베이조스가 나를 직속 부하로 채용했다. 많은 사람이 궁금해하는 부분이다. 당시 나는 아마존에 연고가 전혀 없었다. 컴퓨터 공학 학위도, CEO와 일해본 경험도 전무했다. 이후 UC 버클리에서 박사 과정을 하던 중에 구글에 채용돼 마리사 메이어의 비즈니스 총괄 파트너executive business partner로 일하고 CEO이자 훗날 회장이 된 에릭 슈밋의 수석 보좌관 자리까지 오르자 사람들은 내 이야기를 더욱 궁금해했다. 무엇보다 왜 구글에서 나와 글로벌 CEO 컨설팅 기업을 세웠는지를 묻는 사람이 정말 많다. 단도직입적으로 말해 커리어 초기에 성공을 거뒀기 때문이다. 나는 압박감이 큰 환경에서도 남의 눈에 잘 띄지 않거나 과소평가된 역할들을 성실히 수행하며 인정을 받고 명성을 쌓아나갔다. 커리어 초기 시절의 행보가 지금의 나를 만든 밑바탕이 됐다.

내가 커리어를 쌓은 과정을 말하면 다들 말도 안 된다고 말한다. 하지만 나의 이야기를 개인이 아닌 하나의 케이스 스터디로 삼는다면 받아들이기 쉬울 것이다. 일반적으로 테크 기업이 지원자를 평가할 때 기준으로 삼는 가치와 방법론을 살펴본다는 차원에서 접근하면 많은 도움이 될 것이다. 아마존과 구글은 특정한 능력 한 가지보다 직원의 지성과 투지, 열정을 최우선으로 삼는다. 두 기업은 똑똑한 사람이라면 무엇이든 가르칠 수 있다는 철학을 갖고 있다. 하지만 개인의 야망이나 투지는 가르칠 수 없다. 내 커리어에 수많은 행운이 따랐다는 사실은 분명하다. 그럼에도 불구하고 커리어를 쌓는 기회를 만들기 위해 내가 가진 야망과 투지를 어떻게 발휘했는지 보여주는 전략은 이렇다.

- 전략 1. 안전지대에서 탈출할 결심을 하다
- 전략 2. 낯선 경험을 기꺼이 즐겨라
- 전략 3. 작은 시도는 성공의 연료다

나는 예상치 못한 커리어를 쌓으며 두 번 다시 찾아오지 않을 기회를 탐색했다. 끊임없이 탐색하며 운 좋게 기회를 발견했을 때는 나의 모든 것을 걸고 뛰어들어야 한다는 것을 배웠다. 앞으로도 내 인생을 바꿀 수 있는 기회를 마주한다면 나는 기꺼이 막대한 위험을 무릅쓸 것이다.

나는 정말로 존경하고 닮고 싶은 리더 밑에서 일하기 위해 노력했다. 그 과정에서 내게 다시없을 기회를 찾았다. 그 기회란 기업의 초기 직원으로 합류해 필연적으로 경험할 수밖에 없는 혼란을 기꺼이 수용하는 것이었다. 더불어 내 커리어를 더욱 깊이 있게, 더욱 빠르게 성장시키고자 필요한 전문 지식이나 기술을 배울 수 있는 역할이나 환경을 항상 우선순위로 삼았다.

또 직무 기술서에 적힌 내용보다 해당 직무에서 무엇을 배울 수 있을지에 초점을 맞춘 것이 내 커리어에 매우 중요하게 작용했다. 어떤 역할을 맡더라도 핵심 업무는 사람들이 생각하는 것보다 개인의 열정과 재능에 따라 달라질 수 있다는 것도 몸소 경험했다. 무엇보다 나는 내 일로 세상에 의미 있는 영향력을 발휘할 기회를 찾으려 노력했다.

나는 내 열정을 따라 충실히 일한 덕분에 경제적 이익이나 멋진 직함으로는 얻을 수 없는 발전과 행복을 더욱 많이 빠르게 이뤘다. 새로운 역할에 도전할 때, 다시 말해 이미 능숙해진 안전한 역할에 안주하지 않고 새로운 무언가를 시작할 때 더욱 큰 에너지가 발휘되는 법이다. 나에게 모든 것을 걸었던 중요한 순간들을 소개해보고자 한다.

●

전략 1.
안전지대에서 탈출할 결심을 하다

나는 2002년에 워싱턴대학교를 졸업하고 처음 구직 시장에 뛰어들었다. 당시는 닷컴 사태가 발생해 하룻밤 새 투자금 몇 조 달러와 기업 몇 천 곳이 무너지며 경제가 파산에 이른 지 고작 2년이 지난 후였다. 취업 선택지는 제한적이었다. 나와 함께 졸업한 동기 중 누구도 인턴십이나 입사 제안을 받지 못했다. 하지만 나는 앞으로의 인생을 시작하고 미지의 모험을 떠난다는 설렘에 부풀어 있었다.

나는 워싱턴대학교에서 국제학과 스칸디나비아학을 복수 전공하면서 교내 유럽 연합 센터European Union Center에서 학생들과 지역 주민들을 상대로 유럽 정책과 비즈니스를 소개하는 콘퍼런스를 주최하는 일을 도왔다. 유럽에서는 1999년에 유로 체제를 출범시켰다. 유럽의 많은 국가가 2002년에서야 정식으로 유로를 채택했다. 때마침 졸업을 앞두었던 내 대학 생활의 핵심 주제는 유럽의 상황이었다.

EU 센터에서 내가 매일 해야 하는 업무는 시시했다. 더구나 큰 옷장만 한 크기의 사무실을 다섯 명의 학생들과 함께 나눠 써야 했다. 하지만 센터는 학술적인 관점을 넘어서 세계 경제를 이해하는 관문 역할을 톡톡히 했다. 특히 더 큰 세상의 일부로 참여해 세계를 움직이는 일에 어떤 식으로든 동참하고 싶다는 나의 내적 열망을 일깨웠다. 당시 전 세계를 강타한 글로벌 경제 위기는 내 눈에 들어오지 않았다. 동료들은 하나같이 열정적인 학자들이었다. 그들 덕분에 나는 학문과 세계 정치가 문화와 지역 사회를 만드는 정책들로 어떻게 전환되는지를 배우며 새로운 세상에 눈을 떴다.

나는 EU 센터에서 활동을 시작하면서 내가 국제적인 관점에서 어떤 기여를 할 수 있을지 고민했다. 그 생각만으로도 가슴이 떨렸다. 당시 내 직함은 너무도 보잘것없어서 직함이라고 하기도 민망할 정도였다. 급여도 무척 적어서 학과 수업을 듣는 와중에 수잘로 도서관Suzzallo Library(워싱턴대학교에 있는 대학원생 도서관—옮긴이)에서 사서 업무를 도우며 수입을 충당해야 했다.

나의 원래 목표는 교수였다. 좀 더 전문적인 식견을 갖추고 지금의 세계가 마주한 경제적, 정치적 주요 사안을 바라보고 싶었다. 지금 생각해 보면 아직 학업 성취 면에서 뛰어나지 않았던 1학년 시절에 내 잠재력을 알아보고 지도해준 크리스틴 잉거브릿슨Christine Ingebritsen 교수와 로타 가발 애덤스Lotta Gaval Adams 교수를 만난 것은 정말 행운이었다. 나는 두 사람에게 멘토십을 적극 요청하고 수용하면서 마침내 대학교에서 요구하는 학업 수준에 적응했고 점차 발전하기 시작했다.

워싱턴대학교에서 4년간 공부하고 졸업할 즈음 나는 워싱턴대학교의 잭슨 스쿨Jackson School of International Studies 선정 최우수 졸업논문상을 받았다. 학자로서의 커리어를 꿈꿨던 나는 놀라운 변화를 경험하며 꿈을 이룰 수 있겠다는 자신감이 생겼다. 한편으로는 박사 과정을 시작하기 전에 '진짜 세상'을 몇 년 경험해야 하지 않을까 하는 생각도 있었다. 결국 그때의 결정이 나의 모든 것을 뒤바꿔놓았다.

내가 성장할 곳을 알아보고 뛰어들어라

나는 새로운 EU 센터장에게 졸업 후 커리어를 어떻게 쌓으면 좋을지 의견을 물었다. 그는 내게 되물었다.

"혹시 아마존에 지원해볼 생각이 있어요?"

마침 그의 아내가 아마존에서 채용 관련 업무를 하고 있다고 했다. 레드먼드에서 자랄 당시 내 친구들의 부모님은 대부분 테크 기업 경영진이었다. 그들의 삶을 보면 수입이 높다는 것 빼고는 딱히 재밌어 보이지 않았다. 하지만 당시 상황이 변수였다. 닷컴 사태로 시애틀 경제가 큰 피해를 입고 있었기 때문이다. 또 졸업 동기 중 대부분이 입사 제안을 받지 못한 채 졸업하는 모습을 보며 다양한 옵션을 고려해야 한다고 생각했다. 나는 깊이 고민하지 않고 아마존에 이력서를 넣었다. 그 결과 놀랍게도 주니어 어시스턴트 자리에 1차 면접을 보러 오라는 연락을 받았다.

지금 와서 그때를 생각해보면 내 자신이 놀랍기만 하다. 학자가 되겠다는 야망과는 전혀 맞지 않았을 뿐만 아니라 생각보다 낮은 직급의 일자리에서도 어떠한 가능성을 알아봤다는 사실 때문이다. 많은 사람이 커리어를 시작할 때 흔히 하는 실수는 직무 기술서만 보고 그 직업이 이상적인 직업이 아니라고 치부해버리는 것이다. 큰 성취감과 보람을 안겨주는 역할도 직무 기술서 상에는 그렇게 보이지 않을 수 있다.

다시 한번 곱씹어 생각해보니 깨닫게 된 것이 있다. 주니어 어시스턴트라는 직함이 별로 대단치 않아 보여도 일반 주니어 사원은 접할 수 없는 업무를 경험하게 해줄 가능성이 있다는 사실이다. 더구나 아마존이라는 기업의 운영과 성장, 성공에 핵심 동력이 되는 근간을 이해할 수 있는 자리라 생각했다.

주니어 어시스턴트라는 역할은 내가 생각한 장기적 성장 계획에 완벽하게 맞아떨어졌다. 당시 나는 어시스턴트 일에 대해서는 아는 것이 아무것도 없었다. 단 내 안전지대를 지속적으로 벗어나야 한다는 것만큼은 분명히 알고 있었다. 앞으로 굉장한 학습과 성장의 곡선을 경험할 수밖에 없는 환경에 내가 뛰어들었다는 사실 또한 분명했다. 이 배움과 성장이 앞으로 내가 되고 싶은 다양한 역할에 어울리는 사람으로 나를 준비시켜 줄 거라 믿었다.

아마존에서 치른 첫 면접은 규모로 보나 속도로 보나 아찔한 경험이었다. 아마존의 시니어 어시스턴트 전원과 연속적으로 면접을 봐야 했다. 면접 일정은 온종일 진행됐다. 심지어 점심을 먹으면서도 인터뷰가 계속돼 식사도 제대로 할 수 없었다. 면접이 거듭될수록 스스로 준비가 미진했다는 생각이 밀려왔다. 일반적인 면접 질문들은 사전에 대비했지만, 아마존이라는 기업 또는 이 기업이 마주한 문제들은 따로 조사를 하지 않았다. 면접관에게 질문할 내용도 준비하지 않았다.

면접을 기다리던 중 당시 아마존이 진출해 있던 5개국의 목록이 로비에 게시돼 있는 것을 유심히 본 것이 면접에 큰 도움이 되었다. 면접을 시작한 지 5분도 채 지나지 않아 면접관이 내게 아마존 이용자인지를 물은 뒤 자신들이 현재 진출해 사업을 확장 중인 지역을 아는지 물었으니 말이다. 내가 자신 있게 답한 덕분에 그 질문에 대한 답을 방금 전에 배웠다는 것을 들키지 않았다. 바로 전날에야 비로소 아마존 계정을 만들었고 아직 첫 구매도 하지 않았다는 것이 들통나지 않았다. 면접을 마치고 집에 돌아오자 몸은 말 그대로 녹초가 돼 있었다. 하지만 그곳에서 만난 멋진 사람들과 그들이 진행 중인 선도적인 프로젝트 이야기에 마음이 설렜다. 그곳이 마치 내 집처럼 편안하게 느껴졌다.

이후 아마존에서 별다른 소식은 없었다. 그렇게 3개월이 흘렀다. 나는 박사 과정을 준비하는 데 도움이 될 만한 여러 기회를 탐험하며 하루하루를 보내고 있었다. 그런데 놀랍게도 아마존으로부터 두 번째 면접에 참여하라는 연락을 받았다. 이번에는 면접에 대비해 아마존에 대한 기사를 전부 찾아 읽었다. 진화하는 시장 내에서 아마존의 성장과 도전, 이점 등을 자신 있게 답변할 준비를 마쳤다. 두 번째 면접은 아마존의 수석 부사장들을 대면하는 자리였다. 나는 아주 낮은 직급 채용을 위한 인터뷰 자리에 이들이 귀중한 시간을 쓰는 것이 이해가 되지 않았다.

인터뷰는 코드로 가득 채운 모니터에서 나오는 불빛과 한쪽 구석에 빙글빙글 돌아가며 여러 색의 빛을 발하는 이상한 조명만이 자리한 어두운 사무실에서 진행됐다. 면접을 진행한 임원은 내 한계점이 어디인지, 언제까지 울지 않고 버틸 수 있을지를 시험하는 임무를 맡았다. 면접을 진행하는 동안에는 그 사실을 몰랐다. 하지만 나는 독특한 면접 분위기가 테크놀로지 업계에 특화된 사람들의 특이한 기질에서 비롯된 것이라 여기고 별로 개의치 않았다.

면접 후 '또 한 번' 아무 연락 없이 3개월이 흘렀다. 이번에도 나는 아마존에 취직할 가능성이 전혀 없다고 생각했다. 하지만 또 얼마 후 최종 인터뷰를 보러 오라는 채용 담당자의 전화를 받았다. 마침 다른 곳에서 연구 보조원 자리를 제안받은 상태였지만 그리 마음이 가지 않았던 터였다. 나는 채용 담당자에게 굳이 소모적인 면접을 또 진행해야 하냐고 따졌다. 이미 나에 대한 주요 데이터 포인트를 스무 가지 정도는 갖고 있을 텐데 나를 원하는지 아닌지는 면접 없이도 판단할 수 있지 않으냐고 물었다. 또 다시 채용 결정을 차일피일 미루지 않았으면 하는 바람에

용기를 낸 것이다. 그러자 그는 길고 지난한 채용 과정을 사과하며 이번이 마지막 면접이 될 거라고 설명했다. 다만 그는 베이조스가 직접 면접을 진행할 것이라는 사실은 말해주지 않았다.

아마존이 야심 넘치고 헌신적이며 열정적인 사람들로 가득한 기업이라는 점을 나도 충분히 느끼고 있었으므로 마지막 면접에 참여할 생각이었다. 나도 그 사람들처럼 되고 싶었고 무엇보다 그들의 지식을 배우고 싶었다. 그들이 지닌 강점은 내가 개인적으로 발전시키고 싶은 부분이기도 했다. 비록 내 학문적 목표와는 다소 멀어지겠지만 아마존에서 경험하는 것들은 분명 가치가 있었다.

아마존에는 무언가 다른 점이 있다는 것을 느낄 수 있었다. 그곳은 다른 어떤 기업도 시도하지 않는 어려운 일들을 하고 있었다. 그곳에서 일한다면 다른 곳에서는 배울 수 없는 것들을 배울 수 있으리라 확신했다. 내 목표는 대학원 진학 전에 직장을 다니면서 확실한 비즈니스 경험을 쌓는 것이었다. 그렇다면 아마존 입사야말로 목표를 이루기 위한 완벽한 방법처럼 보였다. 결국 나는 세 번째 면접에 참여했다.

나를 막아서는 사람이 필요하다

10월의 어느 아침, 나는 편안한 마음으로 면접을 보러 갔다. 갑자기 회의실 문이 열리고 베이조스가 들어와 자리에 앉았다. 그는 자기소개도 하기 전에 특유의 호탕한 웃음부터 내보였다. 거의 매일 언론에서 보던 얼굴이라 보자마자 알아볼 수 있었다.

처음에는 혼란스러웠다. 관계자들이 나를 다른 회의실로 잘못 안내했고 베이조스도 아마 엔지니어나 중역을 면접하러 왔을 거라 생각했다. 하지만 아니었다. 내가 회의실을 잘못 찾은 것도, 그가 잘못 찾아온 것도 아니었다.

베이조스는 딱 두 가지 질문만 하겠다고 말했다. 첫 질문은 '재밌는' 수수께끼였다. 그는 화이트보드가 걸린 벽 앞에 서더니 펜 뚜껑을 열며 대뜸 "계산은 내가 할게요."라고 했다. 알고 보니 그곳은 베이조스의 개인 회의실이었다. 그 모습을 보며 나는 심호흡을 했다. 순간 겁이 났다. 이윽고 그가 질문했다.

"시애틀에 있는 유리창이 전부 몇 개일지 한번 생각해보세요."

지금껏 한 번도 받아본 적 없는 질문이었다. 나는 잠시 마음을 가라앉히며 그 질문의 동기가 무엇일지 되새겼다. 그는 내가 복잡한 문제를 작은 단위로 나누어 접근하는 모습을 보고 싶은 것이었다. '그런 거라면 할 수 있어'라고 생각했다.

나는 우선 계산하기 쉽도록 시애틀의 인구를 100만으로 설정하겠다고 설명했다. 계산하는 방향을 잘 잡은 셈이었다. 뒤이어 100만 명에게 각각 집과 교통수단이 있을 것이고, 이들이 속한 사무실 또는 학교도 있을 것이라고 말했다. 각각 전부 창문이 달려 있으므로 대략적인 평균으로 따져 추산할 수 있을 것이라고 제안했다. 그렇게 나는 베이조스와 함께 계산을 해나갔다.

우리는 실행 가능한 모든 시나리오와 집단, 변수를 떠올리며 예외적인 상황을 계산할 방법을 생각했다. 내 설명에 따라 베이조스는 화이트보드에 숫자를 가득 써 내려갔다. 꼬박 몇 시간은 지난 것 같았지만 정작 10분 정도밖에 되지 않았다. 그가 최종 추정치를 산출했을 때는 전율을 느꼈다. 그는 숫자에 동그라미를 치며 말했다.

"이 정도 숫자가 나올 것 같군요."

휴!

첫 번째 질문의 답을 마치고서 베이조스가 두 번째 질문을 이어갔다. 그는 내 커리어의 목표가 무엇인지 물었다. 지금이야 그가 어떤 사람인지 잘 알고, 왜 두 가지 질문만 했는지도 알고 있다. 그는 내 잠재력을 파악하려고 한 것이다. 질문에 답하는 과정을 통해 베이조스는 자신의 속도에 맞춰 달릴 투지와 용기, 동기가 나에게 있는지를 확인할 뿐만 아니라 꾸준하게 도약을 거듭하며 성장해나갈 만큼 용감한지를 보려고 한 것이다.

면접이 끝날 즈음, 비록 내가 주니어 어시스턴트 지원자이지만 성공을 이루기 위해서라면 무엇이든 할 준비가 돼 있다는 것을 우리 둘 다 깨달았다. 질문에 답을 마치고 나니 녹초가 돼 있었다. 하지만 진이 다 빠진 것과 동시에 희열을 느꼈다. 베이조스는 그 자리에서 나를 고용했다. 그리고 자신의 책상과 불과 1미터 떨어진 곳에 내 자리를 마련해줬다. 사내에서 그와 가장 가까운 자리였다.

베이조스가 나를 모험의 한가운데로 내몰고 대단한 기회를 준 이유를 이해하기까지는 몇 년이 걸렸다. 그는 자신이 밀어붙여야 하는 사람이 아니라 오히려 자신이 막아서야 하는 사람들만 곁에 두었다. 대단한 야심과 창의성, 결연한 의지로 자신의 부족한 전문 지식을 상쇄하는 사람들로 팀을 꾸렸다. 리더로서 팀원들의 에너지를 끌어내는 것이 아니라 팀원들의 에너지를 특정한 방향으로 이끄는 데만 자신의 에너지를 쓸 수 있는 환경을 만들고자 한 것이었다. 베이조스와 아마존이 일찍이 성공한 비결은 이렇듯 비범함을 끊임없이 추구하는 데 있다는 것을 배웠다.

꿈꾸는 사람은 현재에 오래 머물지 않는다

동기부여 강연가인 짐 론Jim Rohn은 '내가 가장 많은 시간을 보내는 다섯 명의 평균이 곧 나 자신'이라는 유명한 말을 남겼다. 나는 그 말이 사실이라고 생각한다. 다시 말해 우리는 깨어 있는 시간의 대부분을 일터에서 보낸다. 그런 만큼 직장 생활이 필연적으로 우리 개인의 삶에 영향을 미친다는 뜻이기도 하다. 직업이 더욱 높은 목표를 세우고 새로운 도전을 감행하고 더 높은 만족감을 찾아나가도록 동기를 부여할 수도 있다. 반면 우리를 소모시키고 파괴하고 기쁨과 에너지를 앗아갈 수도 있다. 결국 우리 주변에 누가 있는지가 중요하다.

아마존 이후 내 커리어를 쌓아갈 때마다 내 상사가 될 이들이 어떤 사람들인지 그리고 그들이 나를 어떤 사람으로 성장시킬지를 판단의 기준으로 삼았다. 커리어 초기에 깨달은 이 한 가지 지혜는 내 삶의 행복과 발전에 대단한 영향을 미쳤다.

나는 세계에서 가장 똑똑한 CEO들 곁에서 그들이 어떻게 사고하고, 행동하고 동기를 부여하고 의사 결정을 하는지 하나씩 배워나갔다. 커리어를 쌓아가는 과정은 내 인생 최고의 선물이었다. 아마존 CEO 곁에서 일하기로 한 결정은 내 인생 처음 스스로 굉장한 모험을 시작한 경험이었다. 큰 성공을 거두거나 완전히 무너지거나 둘 중 하나였다. 어떻게 되더라도 직접 확인해보고 싶었다.

아마존 입사 이후 나는 남들이 밀어붙여야 하는 사람이 아니라 남들이 막아서야 하는 사람이 되는 것을 목표로 삼았다. 내 능력치를 넘어선 일들에 도전하도록 자극하고 도와주고 영감을 주는 팀을 찾아다녔다. 내 목표와 도전 덕분에 내 직장생활은 더없이 만족스러웠다. 물론 엄청난 업무량이 뒤따랐다. 내게 주어진 업무를 처리하기에는 부족한 역량에 겁이 나기도 했고, 지속적으로 능력을 발전시켜야 한다는 부담도 컸다. 하지만 모두 충분히 해낼 수 있다고 느껴졌을 뿐 아니라 신나기까지 했다.

내가 만난 진정한 혁신가들에게는 한 가지 공통점이 있었다. 그들에겐 꾸준히 스스로 모험을 뛰어들게 할 의지가 있었다. 자신이 배우고 싶은 일, 세상에 기여하고 싶은 일과 더욱 가까워지는 갈림길을 마주한다면 그들은 어린 시절의 꿈에 얽매이지 않고 예기치 못한 경로를 택하는 데 주저함이 없다. 이리저리 쉽게 흔들리는 것이 아니었다. 오히려 그 반대다.

비범한 사람들은 진정으로 충만한 무언가를 경험할 수 있다면 가족과 사회의 기대, 심지어 어린 시절의 욕망까지도 포기한다. 자신의 정체성이 위태로울 때마저도 기꺼이 경로를 틀 수 있는 사람들이다. 이것이야말로 진정한 용기다. 또한 장기적으로 일과 삶의 만족도와 영향력을 예측할 수 있는 가장 중요한 척도다.

베이조스는 뉴욕의 디이쇼D. E. Shaw 헤지펀드 금융사에서 높은 연봉을 받으며 4년간 근무했다. 서른이라는 나이에 금융사에서 네 번째 부사장 자리에 올랐음에도 과감하게 그만둘 용기를 내었던 것도 같은 맥락이다. 그가 자신의 성과에 따라 후한 보상을 받으며 금융 업계에 계속 머물 이유는 너무나 많았다. 겉으로 봐서는 그가 모든 것을 버리고 밑바닥에서부터 시작해야 하는 창업이라는 대단한 모험을 감행할 이유가 전혀 없었다.

1993년, 베이조스는 상사에게 인터넷 기반의 서점 사업 아이디어를 제안했다. 그는 인터넷이라는 새로운 과학 기술에서 엄청난 가능성을 엿봤다. 오프라인 매장의 한계를 벗어나 말 그대로 수백만 개의 상품을 전시할 수 있는 상점이 그려졌다. 그는 미래를 내다본 것이다. 바로 혁신이 탄생하는 순간이다. 현재에 생각이 머물러 있는 사람들은 지금 당장의 문제만 해결하려 한다. 당연히 그들이 미치는 영향력은 작을 수밖에 없다. 하지만 베이조스는 미래 고객의 니즈를 해결하려고 했다.

회사 사장이 베이조스의 아이디어에 투자를 거절했다는 이야기는 유명하다. 스스로 모험을 시작하기로 결심한 베이조스는 금융 일을 그만둔 뒤 새롭고도 낯선 세상인 인터넷에 뛰어들었다. 결과적으로는 잘한 선택이지만, 그는 단 한 번도 해본 적 없는 일을 헤쳐나갈 수 있다는 스스로에 대한 믿음에 미래를 걸어야 했다. 심지어 세상 누구도 해본 적 없는 일에 자신을 내던진 것이다.

나도 아마존 입사를 시작으로 십수 년간 몇 번이나 스스로 모험에 도전하며 나만의 길을 개척하게 될 거라고는 예상하지 못했다. 뜻밖의 여정을 향한 첫 발걸음은 3년간 근무했던 아마존을 떠나 박사 과정을 밟은 일이었다. 나는 아마존에서 맡았던 일을 사랑했고 베이조스와 함께한 시간을 값지게 여겼다. 하지만 여전히 내 꿈은 학문의 길로 향해 있었다. 다른 꿈을 시작하기 위해 하나의 꿈을 떠나야 한다는 사실에 무척 고민이 됐다.

아직까지도 사람들은 아마존이 점차 수익성을 높이고 마침내 주가도 오르기 시작한 시점에 내가 회사를 떠났던 것이 현명한 결정이었는지 묻는다. 하지만 베이조스는 내가 UC 버클리 캠퍼스의 박사 과정 입학 허가를 받았다는 소식에 열렬한 반응을 보였다. 그를 보며 내 자신에게 투자하는 것만큼 가치 있는 일이 없다는 것을 다시금 확신했다. 월급을 받으며 다른 누군가의 꿈을 이뤄주는 일도 훌륭하지만 자신의 꿈을 이루기 위해 모험을 시작하는 것이 자신의 삶을 더 극적으로 변화시킨다. 베이조스가 그랬던 것처럼 말이다.

나는 낯선 세상을 향한 두려움에 차 있었지만 베이조스가 지나온 길을 따르고 싶었다. 훗날 내 자신과 내 꿈에 모든 것을 걸어보지 않았다는 후회를 최소화하고 싶다는 마음만은 여전했다.

•

전략 2.
낯선 경험을 기꺼이 즐겨라

박사 과정을 시작하는 데는 겸손함이 필요했다. 스칸디나비아학과에 입학한 지원자는 그해에 나밖에 없었다. 같은 시기에 같은 프로그램을 수행하며 같은 경험을 공유할 동기가 아무도 없었다. 이미 박사 과정을 밟고 있는 사람들은 대부분 나보다 선배였기에 나 혼자만 뭐가 뭔지 모르는 것 같았다. 아마존에서 배운 가르침 중 하나를 발휘할 수 있는 순간이었다. 경험이 전무한 신입의 자리를 편안하게 받아들이는 것이다.

첫 수업이 아직도 또렷하게 기억난다. 나는 버클리 캠퍼스의 중심부에 있는 드위넬 홀Dwinelle Hall 2층에 있는 텅 빈 강의실로 들어섰다. 강의실에는 책상 하나와 그 주변에 철제 의자 다섯 개만 놓여 있었다. 노트북을 가져온 사람은 나밖에 없었다. 교수님과 다른 대학원생 두 명은 책과 노트가 잔뜩 든 백팩을 메고 왔다. 교수님은 강의를 진행하지 않는 대신 내 옆 자리에 앉아 토론을 이끌었다.

내가 예상한 것과 다른 수업 방식에 당황했다. 대학생 때 내가 경험한 것과는 완전히 달랐다. 아버지가 석사 학위와 법학 학위를 수료했던 과정처럼 대학원에서도 내 발전 과정을 분명하게 보여줄 시험 제도가 있을 것이라 예상했다. 하지만 내가 참여한 수업은 어떠한 점수도 매기지 않았다. 엄청난 양의 정보를 소화한 뒤 세 시간 동안 논의와 토론을 거치며 통찰력과 관점을 찾아 나갈 뿐이었다.

마치 내가 강의실에 오기 1,000년 전부터 시작해 내가 떠난 후에도 1,000년은 더 계속될 대화 중간에 참여하는 기분이었다. 평가 기준이 될 시험이 없었기 때문에 나는 어디서 자부심을 찾아야 할지, 내가 성공적으로 잘해나가고 있는지를 판단하기 어려웠다.

첫 학기가 끝날 즈음, 그동안 읽었던 책들을 쌓았더니 내 키를 훌쩍 넘었다. 이런 환경에서 내 실제 성적을 어떻게 평가해야 할지 좀처럼 알

수가 없었다. 내가 잘해온 건지 어떻게 알 수 있을까? 내 기여도나 발전 정도를 측정할 수 없다는 사실은 매일 바보가 된 것 같은 기분을 느끼게 해주었다.

버클리에서 첫 학기를 지내는 동안 나는 형편없는 학자에 불과했다. 지나치게 분석적으로 접근한 탓에 학문의 개념을 이해하고 자연스럽게 새로운 관점을 흡수하는 기회를 누리기 어려웠다. 무엇보다 아마존에서 익숙해진 빠른 속도로 달려나가고 싶었지만 학과의 목표와는 맞지 않았다. 나는 시작도 하기 전에 앞으로 무엇을 배우고 경험하게 될지 알고 싶어 하는 데 반해 박사 과정은 전혀 그렇지 않았다. 당시 학과에서는 다른 동기에 방해받지 않고 새로운 프로세스와 시각에 마음을 여는 것을 목적으로 삼아 학습의 진정한 가치를 가르치고자 했다. 내게는 매우 낯선 경험이라 매우 혼란스러웠다. 나는 아마존에서 성공하기 위해 배웠던 모든 원칙들을 잊은 채 속도가 느리고 개념까지 모호한 학문에 적응하기 위해 애썼다.

나와 맞지 않는 것은 더 많았다. 버클리의 스칸디나비아학 프로그램에서는 기본적으로 많은 것을 폭넓게 다루지만 나를 제외한 대학원생들 모두 문학에 관심이 많았다. 나는 세계 경제와 EU 내 스칸디나비아의 정치에 관심을 두고 있던 탓에 따로 시간을 쪼개서 스칸디나비아학과 정치학 관련 공부를 함께 해나갔다. 시작부터 아웃사이더가 될 수밖에 없는 여건이었다.

나는 대학원에서 두 번째 학기를 보내며 내 강점들을 새롭게 활용하기로 결심했다. 중요한 생각의 전환을 맞이한 것이다. 교수님들과 다른 대학원생들은 문학 분야를 나보다 훨씬 많이 알고 있었지만 나는 강의마다 토론에서 다루지 않았던 정치적 관점을 들어 내 의견을 밝혔다. 다행히 토론은 새로운 국면에 접어들고 모두에게 더욱 유익한 대화가 오가기 시작했다. 시간이 흐르자 교수님들은 내 발언을 기회로 삼아 자료를 새로운 관점에서 분석하는 그룹 토론을 시작했다. 그 덕분에 나는 남들보다 내가 부족한 사람이 아니라 새로운 가치를 더하는 사람처럼 느껴졌다.

이 경험으로 나는 새로운 관점을 더하는 것의 가치를 깨달았다. 주변 사람들을 그냥 따라가거나 내 강점이 아닌 타인의 강점을 기준으로 최고의 점수를 받기 위해 내가 발휘할 수 있는 능력에 한계를 설정할 필요는 없었다.

구글 캠퍼스에서 찾은 새로운 야망

캘리포니아행을 앞두고 시애틀을 떠나기 전, 나는 아마존의 짜릿한 속도감이 그리워질 것 같았다. 마지막 출근 날에 캘리포니아주 팰로앨토에 있는 아마존의 검색 기업인 A9의 회장 우디 맨버Udi Manber에게 이메일을 보냈다. 내 도움이 필요한 일이나 베이조스처럼 사고하도록 훈련받은 내 특별한 기술이 필요한 프로젝트가 있다면 언제든 알려달라고 부탁했다. 우디는 곧장 답장을 보내왔다. 그는 버클리에 오면 팰로앨토에 있는 자신을 방문하라고 말했다.

이후 나는 매주 금요일에 우디 맨버 회장실의 특별 프로젝트 관리 업무를 맡았다. 전문가들의 의견에 의문을 던지고 이의를 제기하며 드넓

은 학문의 바다에 빠진 동시에 치열한 실리콘밸리 세계에도 몸을 내던
졌다. 두 세계의 조합이 내게는 완벽한 조화처럼 느껴졌다. 내 직감을
믿는 법과 나보다 우월한 사람들에게 거리낌 없이 이의를 제기하는 법,
내 시간과 할 일을 내 뜻대로 꾸려가기 위해 창의적으로 접근하는 법을
배울 수 있었다.

어느 금요일 날, 내가 A9의 사무실에 있을 때 회사 전화가 울렸다. 그
때까지만 해도 내 직장 전화번호를 아는 사람이 없는 줄 알았다. 나조차
도 그 번호를 몰랐으니까. 전화를 건 사람은 구글의 채용 담당자였다.
그는 여러 사람에게서 내 이야기를 들었다고 했다. 그러면서 구글에서
내게 어울릴 만한 역할을 알아보고 싶은 생각이 있는지 물었다. 하지만
당시에 나는 그럴 마음이 전혀 없었다.

우왕좌왕하던 박사 1학년 생활에 이제야 적응해나가던 참이었다. 마
침내 내 페이스를 찾아 수업에 기여하고 있었고, 박사 과정도 내가 발전
하는 데 큰 도움이 됐다. 버클리와 대학원 학과, 그곳 사람들 그리고 교
수가 되고 싶다는 내 꿈에 책임 같은 것을 느끼기도 했다. 채용 담당자
에게는 감사한 제안이지만 지금 하고 있는 공부가 무척 만족스러우며
면접을 볼 생각은 없다고 밝혔다. 그리고 그의 연락처를 묻지도 않고 전
화를 끊었다.

구글 채용 담당자는 여름 내내 몇 차례나 더 전화를 해 면접을 제안
했다. 나는 거듭 정중하게 거절했다. 2006년이면 비교적 구글의 초기
시절이지만, 나처럼 거절 의사를 밝히는 사람을 많이 보지는 못했을 것
이다. 당시 구글은 미국에서 가장 일하기 좋은 회사로 자리매김해 있었

다. 재능 있는 지원자들도 입사 경쟁을 벌이던 곳이었다.

네 번째 통화에서 그는 구글 캠퍼스를 둘러보며 사람들을 만나보지 않겠냐고 제안했다. 솔직히 말해 그때 호기심이 생겼다. 무료 식사와 배구 코트, 의사들이 상주하는 건강 센터, 마사지실, 낮잠 공간 등 다양한 시설이 있다는 이야기를 들었던 터였다. 심지어 반려견을 데리고 출근하는 것도 가능하다고 했다. 그런 환경에서 과연 일이 될지 궁금했다.

구글을 방문해 캠퍼스를 둘러본 후 좋은 인상을 받았다. 무엇보다 그곳에서 만난 사람들에게 충격을 받았다. 세계에서 가장 흥미로운 사람들이 모여 굉장히 멋지고 대단히 전문적인 프로젝트를 진행하고 있었다. 어느새 나는 전직 우주 비행사, 랜스 암스트롱과 함께 뚜르 드 프랑스에 참가한 사이클 선수, 인터넷 설립자 중 한 명인 빈트 서프Vint Cerf와 함께 점심을 먹고 있었다. 어쩌면 이 점심 식사 자리는 채용 담당자의 영리한 계획일 테지만 내 안의 야망과 완벽하게 일치하는 순간이었다. 나는 느낄 수 있었다.

나는 가슴이 두근거렸다. 마치 새로운 집을 찾은 것 같았다. 내 곁에 대단한 이력을 가진 사람들이 앉아 있었지만 내 자신이 아웃사이더처럼 느껴지지 않았다. 여기가 바로 내가 속한 곳이라는 것을 내 안의 무언가가 직감하고 있었다.

모든 일정을 마친 후 채용 담당자는 내게 학업을 그만두기 망설여지는 가장 큰 이유가 무엇인지 물었다. 나는 세계에서 가장 똑똑한 사람들과 매일같이 함께 일하며 세상에 변화를 가져오는 것이 꿈이라고 밝혔다. 그는 웃음을 겨우 참으며 말했다.

"학업을 그만두지 못하는 이유가 단지 '그뿐'이라면 구글이 무척이나 만족스러울 겁니다."

내가 구글 캠퍼스로 돌아오리라는 것을 그도, 나도 알고 있었다.

쉽지 않은 길에 배움이 있다

구글의 면접 과정은 치열하다. 구글 측에서 제안한 자리를 내가 수용하겠다는 결정도 내리기 전에 면접부터 시작됐다. 2000년 초반에 구글은 입사 제안을 받은 사람이라도 공식 면접을 보기 전에 입학시험을 치르도록 하고 있었다. 시험은 부서별로 달랐다. 나는 프로덕트 팀에 채용돼 로스쿨 입학시험에나 나올 법한 수수께끼와 복잡한 문제를 풀었다. 시험은 몇 시간이나 진행됐다.

원래 나는 시험에 그리 강한 편이 아니다. 하지만 놀랍게도 구글 시험에서 만점을 받았다. 대학원 과정을 그만두는 문제를 아직 결정하지 못한 상황이라 부담 없던 덕분인지, 아마존에서 복잡한 문제를 해결하는 능력을 배운 덕분인지는 아직도 잘 모르겠다. 이유가 무엇이든 수수께끼 같은 문제를 풀고 나만의 해결법을 설명하는 데 조금도 어려움을 느끼지 못했다.

아마존에서 베이조스와 함께 일했던 경력 때문에 나는 메이어의 비즈니스 총괄 파트너 자리를 제안받았다. 당시 그녀는 프로덕트 팀에서 검색 프로덕트와 사용자 경험 부문의 부사장으로서 구글 홈페이지, 구글 두들Google Doodle(특별한 의미를 지닌 날, 구글 홈페이지의 구글 로고를 일시적으로 바꾸는 서비스—옮긴이), 지도, 지메일, 뉴스 등을 책임지고 있었다. 프로덕트 팀은 유용한 도구를 만들고 유저를 불러들이는 역할을 담당했다. 구글의 상품과 서비스로 수익을 창출하는 가장 좋은 방법을 찾아내는 것이 팀의 목표였다.

캘리포니아 마운틴뷰의 구글 본사 빌딩 43에서 첫 번째 면접이 진행됐다. 나는 로비를 지나 거대한 원목 계단을 올랐다. 불과 2년 전에 안사리 엑스 프라이즈Ansari X Prize (민간 우주선 개발 프로젝트—옮긴이)에서 우승한 스페이스십 원SpaceShip One (첫 민간 우주선—옮긴이)의 실제 크기와 같은 모형이 계단 위 천장에 매달려 있었다. 당시에는 금속 지지 구조물에 정식으로 설치된 것은 아니었다. 천장에 매달린 거대한 가죽 벨트처럼 보이는 장치에 연결된 스페이스십 원은 무척 낮게 드리워져 있어 계단을 오르는 동안 머리를 꽤히 숙이게 만들었다. 메인 로비 바깥에는 구글 본사 근처에서 발견된 티라노사우루스의 골격을 본떠 만든 스탠Stan이란 애칭의 모형이 자리하고 있었다. 회의실에서 메이어와의 면접을 기다리는 동안 그 특이한 '장식품'들을 떠올리며 그 속에서 일하는 내 모습을 그려봤다. 이상할 정도로 쉽게 상상됐다.

뒤늦게 도착한 메이어를 보고도 나는 그리 놀라지 않았다. 앞서 진행한 전화 인터뷰도 세 차례나 일정을 조율했던 이력이 있었다. 메이어를 처음 만날 당시 비서가 합병증으로 출산 휴가를 갑자기 떠나게 돼 그녀는 정신이 하나도 없는 상태였다.

나는 그녀를 보자마자 마음에 꼭 들었다. 웃음소리가 편안하고도 독특했다. 어찌나 특이한지 메이어는 별로 좋아하지 않았지만 그녀의 웃음소리를 벨소리로 저장한 사람도 있을 정도였다. 무엇보다 메이어는 진실하고 따뜻한 사람이었다. 굉장히 똑똑하고 일에 대한 열정이 대단했으며 단도직입적이었다.

사실 많은 사람이 그녀를 어려워했다. 그녀는 필요할 때는 엄격하고 까다로웠지만 그만큼 뛰어난 사람이었다. 팀원들은 그녀가 코드를 검토할 때도, 화소까지 따지며 프로덕트 디자인을 세심하게 파고들 때도 언제나 그녀의 의사를 존중했다. 그녀는 철저하게 완벽을 기했고 팀원들에게도 같은 수준의 꼼꼼함을 요구했다. 그녀의 이런 욕심은 나와 비슷했다.

나는 그녀가 어떤 사람인지 직접 판단하기 위해 편견을 갖지 않고 면접에 응했다. 사실 면접에 앞서 그녀를 조사하며 수많은 기사를 읽었다. 실제로 만나 보니 그녀는 아름다운 데다 명석함과 열정까지 갖추고 있었다. 아마도 그녀를 위협적으로 생각한 사람들이 가혹하게 평가했을 것이라는 생각이 들었다. 게다가 리더십을 발휘해야 하는 직책에 오른 여성 가운데 남성이라면 듣지 않아도 될 비판과 싸워야 하는 사람은 비단 그녀뿐만이 아니다.

그녀와 함께 일하는 것은 쉽지 않겠지만 분명 많이 배울 수 있을 것 같았다. 이것이 내 결정에 가장 크게 작용했다. 그녀는 훗날 CEO가 되기 위한 준비를 하는 중이었다. 실제로 몇 년 후 그녀는 야후의 CEO가 돼 자신의 목표를 달성했다. 나는 그녀가 만들고 있는 팀의 일원이 되고 싶었다. 구글은 창립 후 정말 짧은 시간에 천문학적인 성장을 이뤘다. 그해 구글은 5,000명이었던 직원 수를 1만 명으로 늘렸고, 87퍼센트가 넘는 연 성장률을 기록했다. 모든 사람이 무서운 속도에 맞춰 달려나갔고, 하나같이 아드레날린에 잔뜩 취해 있는 것 같았다.

이미 그녀의 팀은 세상 사람들이 정보에 접근하는 방식을 바꿔놓았지만 이제 겨우 시작 단계에 있었다. 직원들은 독특하고 발칙한 업무 스타일과 사고방식을 가지고 일했다. 의사 결정과 목표 설정은 철저히 데이터를 통해 이뤄졌다. 기업의 무자비한 속도와 대담한 목표, 기술의 미래를 만들어가는 데 핵심 플레이어로 활약하는 모습까지도 모두 내 머리를 아찔하게 만들었다. 그들의 흐름에 휩쓸려버린 나는 곧장 먼 바다까지 밀려나갔다. 더 이상 구글에 오기 이전으로 돌아갈 방법이 없다는 것을 깨달았다.

면접을 봤을 당시는 2006년 여름이었다. 8월 말이 되자 구글은 내게 정식으로 자리를 제안했다. UC 버클리의 교수님들과 학과장에게 취업과 관련해 상의하고 싶었지만 여름 방학 기간이라 연락이 닿지 않았다. 어떻게 결정해야 할지에 대해 부모님과 여러 차례 대화를 나눴지만 두 분은 그저 중립적인 조언만 해줄 뿐이었다.

교수가 되고 싶다는 내 꿈은 변함이 없었다. 대학원 프로그램에도 큰 애정을 갖고 있었고, 학문에 대한 접근법을 마침내 이해하는 등 큰 깨달음을 얻은 순간들도 있었다. 이제부터 학문을 향한 길이 좀 더 수월해질 것이고 더 많은 보람을 느낄 것이라 분명하게 예상됐다.

솔직히 말해 내 마음은 이미 결정을 한 상태였다. 단지 머리로 받아들일 준비가 되지 않아 갈등하는 중이었다. 나는 오랜 숙고 끝에 구글의 제안을 받아들였다. 동시에 학과 도서관에 있는 내 사무실 열쇠를 키링에 걸었다. 이후 10년간 매일같이 구글의 업무가 맞지 않으면 다시 돌아갈 곳이 있다는 사실을 떠올렸다. 구글에서 처음 몇 년간 쉽지 않은 시간을 보냈기에 당시에는 내게 그런 위안이 필요했다.

•

전략 3.
작은 시도는 성공의 연료다

나도 내가 구글에서 12년이나 근무하게 될 줄은 몰랐다. 구글을 떠나 전 세계의 CEO 고객들을 상대하는 글로벌 CEO 컨설팅 기업을 세우게 될 줄은 더더욱 몰랐다. 당시에는 사소해 보였던 터닝 포인트들을 거치며 배운 모든 것이 내 삶의 경로를 변화시켰다.

내 삶과 커리어를 특별하게 만든 가장 큰 요소는 바로 나와 함께 일했고 또 내가 모셨던 최고의 인재들이다. 꼭 억만장자인 CEO 밑에서 일하거나 일류 테크 기업에서 일해야만 자신의 능력이 향상되는 경험을 할 수 있는 것은 아니다. 다만 어떤 사람들 곁에서 함께 일할 것인지 자신이 주도적으로 만들어나가야 한다.

나는 직함이나 연봉 등 그 무엇보다도 어떠한 사람 밑에서 일하고 싶은지를 최우선으로 고려했다. 그런 상사야말로 내가 되고 싶은 사람으로, 내가 되고 싶은 리더로 나를 이끌어 줄 수 있다는 사실을 알았기 때문이다. 내 주변, 일에서 즐거움을 찾고 영향력을 발휘하는 관리자와 CEO를 보면 이들 역시 명석하고 호기심 많고 친절하고 협동적이고 결과 지향적인 일류들로 팀을 꾸리기 위해 노력했다는 것을 알 수 있다.

커리어의 다음 단계를 위한 두 가지 질문

나는 지난 20년이 넘는 세월 동안 내 커리어를 향상시키기 위해 두 가지를 꾸준히 지켜왔다. 첫째, 내가 따르고 싶은 커리어를 밟고 있고 내가 갖고 싶은 리더십의 자질을 지닌 관리자를 찾는 것을 우선시했다. 둘째, 일류의 사람들과 함께할 수 있고 그들과 함께 성장해나갈 기회가 주어지는 자리를 선택했다. 물론 편한 자리에 머물며 글로벌 기업에서 경험할 수밖에 없는 스트레스와 괴로움을 피할 수도 있다. 만약 그랬다면 장기적인 성장과 행복을 희생해야 했을 것이다.

일터에서 지내는 오랜 시간을 안전지대에서만 머문다면 일에서 에너지를 빼앗기고 지루함만 느낀다는 것을 직접 경험하며 배웠다. 새로운 지식과 스킬을 익히거나 활력을 얻는 일은 결코 하지 못했을 것이다. 특히 내가 업무 시간의 80퍼센트 이상을 안전지대에서 머문다는 생각이 들 때면 새로운 프로젝트나 역할을 찾아다녔다. 스스로에게 '커리어의 다음 단계에서 무엇을 배우고 싶은가'라는 중요한 질문을 던지다 보면 커리어의 경로가 쉽게 그려졌다. 만약 내가 무엇을 배우고 싶은지 명확하게 알지 못한다면 자신의 능력을 시험하고 성장시키는 과정을 거칠 수 없을 것이다. 또한 자신의 일을 한 단계 높은 차원으로 발전시켜주는 역할과 프로젝트도 알아보지 못하게 된다.

아마도 내 관리자나 팀이 내 성장에 도움이 되지 못한다고 생각했다면 나는 곧장 일을 그만뒀을 것 같다. 다행히도 지금껏 내가 속했던 팀들은 내가 모험을 시작하도록, 나 혼자서는 감히 엄두도 내지 못했을 일들을 성취하도록 도와줬다.

지난 커리어의 궤적을 돌아보면 내게 성장의 경로와 기회를 만들어 준 것은 내 상사들이었다. 그들이 상황을 조성하고 환경과 조건을 만들었으며 목표를 세웠다. CEO든 아니든 내 상사들은 협조적인 환경 속에서 내게 성장의 기회를 제공하고 나를 끊임없이 시험하며 내 능력을 개발시켰다. 내게 주어진 기회를 활용하는 것은 온전히 내 몫이었다. 그들은 무엇보다 결과를 바랐고 나는 어떻게 해서든 그들이 원하는 결과를 가져다줄 각오가 돼 있었다.

2005년 스탠퍼드대학교의 졸업 연설 자리에서 스티브 잡스는 성장과 기회에 대한 자신의 철학을 밝혔다. 나는 그의 연설에 크게 공감했다.

"앞을 내다보면 내 인생의 전환점이었던 이 점들의 연결성을 찾을 수는 없습니다. 뒤돌아봤을 때 비로소 그 연결성을 이해할 수 있습니다. 따라서 그 점들이 어떤 식으로든 당신의 미래와 연결될 것이라고 믿어야만 합니다. 직감이든, 운명이든, 삶이든, 카르마든 무엇이든 믿어야만 합니다. 이러한 믿음이 제 기대를 저버린 적은 단 한 번도 없었고, 제 삶의 모든 변화를 만들어 냈습니다."

그제야 그동안 앞뒤가 안 맞아 보였던 내 커리어의 선택들이 이해되기 시작했다. 구글에서 일하기 위해 극적인 커리어의 변화를 결심했던 일이 떠올랐다. 그리고 그 이후에도 내게는 인생에 단 한 번뿐인 기회를 잡기 위해 스스로 모험을 시작한 적이 여러 번 있었다.

나는 두 번 다시 없을 혁신의 시기에 여러 기업에서 일하는 특권을 누렸다. 인터넷의 태동기에 아마존에서 일하며 베이조스가 이커머스를 발명하는 과정을 지켜본 일은 다시 못 할 경험이다. 그 시대는 다시 오지 않을 것이다. 비록 대학에서는 그리 멋지지 않은 일들을 했지만 핵심 기술을 배우고 자신감을 키운 것이 큰 도움이 됐다. 결과적으로 모두 아마존에서 맡은 역할에 어울리는 인재가 되기 위한 준비 과정이었던 셈이다. 구글에서의 경력도 마찬가지였다. 구글은 오늘날 세계에서 가장 영향력 있는 기업 중 하나로 손꼽힌다. 나는 그곳에서 삶을 변화시키는 구글의 프로덕트들이 기획과 론칭을 거쳐 우리 삶에서 없어서는 안 될 일부로 자리 잡는 전 과정을 지켜보는 특권을 누렸다.

아마존과 구글에서 함께했던 팀은 이제 내게 가족과도 같은 존재가 됐다. 단순히 진짜 가족들보다 더 많은 시간을 공유했기 때문이 아니다. 그들과 함께한 경험은 나라는 인간에게 중요한 영향을 끼쳤다. 간혹 자신의 일을 끔찍하게 생각하는 사람들을 만나면 고통스럽기까지 하다. 전 세계에 퍼져 있는 내 친구들 중에도 도전과 기회를 제공하는 일자리를 찾아 성장하고 싶어도 주변에 기회가 없는 사람들이 정말 많다. 오직 엘리트만이 개인적 성취감을 느낄 수 있는 업계에서 일하는 특권을 가진 것처럼 보이는 경우도 흔하다. 기회를 잡지 못한 모두를 위해 개개인의 심리적 진입 장벽을 낮추고 현실적인 조언을 주는 것이 이 책을 쓴 목표다. 나 역시 내가 영향을 받고 또 도움과 힘을 얻었던 사람들과 같은 존재가 되기를 바란다.

만약 일을 하며 지치고 소모된다면 자신의 에너지를 높여주는 사람들과 함께 하는 것으로 해소할 수 있다. 자신을 더 나은 인간이 되도록, 더 많은 일을 할 수 있도록 자극하는 사람들을 의도적으로 곁에 둠으로써 일로부터 얻는 나쁜 영향을 상쇄하는 효과가 있다. 일터에서 내게 영감을 주는 사람들이 없었던 커리어 초기 시절에는 개인적인 시간에 좋은 영향력을 가진 사람들과 더 많이 어울리려고 노력했다. 또 내게 성취감을 주는 프로젝트를 그들과 함께 가능한 한 많이 하려고 노력했다.

당신의 꿈속 영웅은 당신 자신인가

누구나 살다 보면 한 번씩 운이 따르지 않을 때가 있다. 또 생계를 위해 자신의 꿈 또는 자신이 바라는 커리어의 경로와는 완전히 다른 일을 해야 하기도 한다. 하지만 절망해선 안 된다. 겉으로는 멋진 일처럼 보여도 어떤 커리어에서나 개인의 꿈 또는 이상과 현실이 다른 경우는 많다. 반대로 이상적이지 않은 역할에서도 성장의 기회를 마련할 방법은 있다.

자수성가로 억만장자가 된 스팽스Spanx의 창립자 사라 블레이클리Sara Blakely는 과거 7년간 팩시밀리 방문 판매 업무를 담당했다. 그녀는 방문 판매 시절에 배운 핵심 세일즈 스킬과 고객의 거절에도 포기하지 않는 능력 덕분에 사업에서 큰 성공을 거둘 수 있었다고 밝혔다. 아무리 지루한 일이라도 당신이 미래에 바라는 커리어에 가까워지는 데 필요한 중요한 능력은 얼마든지 배울 수 있다.

작게 시작하는 것을 두려워하지 않는 태도가 곧 불가능해 보일 정도로 대단한 성공을 달성하는 비결이다. 세상의 거의 모든 사람이 유명 CEO가 되고 싶어 한다. 하지만 자신이 가진 모든 것을 걸고 차고에서 사업을 홀로 시작할 마음을 먹을 수 있는 사람은 그리 많지 않다. 작게 시작하는 것이 누군가에게는 아주 유리하게 작용할 수도 있다. 작은 시작 단계를 하찮다고 치부해서도 안 되고 누군가의 이해를 구해서도 안 된다.

내게 처음 주어진 자리는 지극히 평범하고도 영향력 없는 역할로 그칠 수도 있었다. 내 자리는 '한낱' 오피스 매니저였다가 '한낱' 어시스턴트를 거쳐 '한낱' 신입 대학원생에 지나지 않았다. 하지만 약간의 지혜를 발휘해 별 의미 없어 보이는 자리에서 기회를 만들어 커리어 전환의 계기로 삼았다. 그러니 당신도 할 수 있다!

내가 처음 일을 시작할 때만 해도 내 꿈은 지금의 나를 만든 커리어나 여정과는 사뭇 달랐다. 테크놀로지 업계에서 일하는 것은 물론 역사상 가장 혁신적인 기업 두 곳의 CEO 밑에서 일할 생각도 전혀 없었다. 사실 나는 어렸을 때부터 삶의 목표를 정확히 알고 있는 사람들을 항상 질투했었다. 나는 확실한 목표를 갖고 사는 쪽이 아니라는 것을, 그리고 어쩌면 대부분의 사람도 그렇다는 것을 점차 깨달아갔다. 다행히 나는 내가 무엇을 '하고' 싶은지는 몰랐지만 살면서 무엇을 '배우고' 싶은지는 잘 알고 있었다.

아주 어렸을 때부터 나는 특별한 사람이 되고 싶었다. 어떤 분야에서만큼은 세계 최고가 되길 간절히 바랐다. 뛰어난 재능을 타고나지는 못했지만 다행히도 나는 열정과 목적의식, 남다른 능력이 깃든 DNA를 타고날 필요가 없다는 사실을 깨달았다. 그런 자질은 후천적으로 조금씩 기르고 개발할 수 있다. 전설적인 디자이너 다이앤 본 퍼스텐버그Diane von Furstenberg는 "내가 어떤 일을 하고 싶은지는 몰랐지만 어떤 여성이 되고 싶은지는 알고 있었다"라고 말했다. 즉 강력한 꿈이 당신을 앞으로 끌고 갈 때 삶의 가장 큰 즐거움이 따라온다.

당신의 꿈속 영웅이 바로 당신 자신인가? 나의 커리어 초기 시절인 2002년의 어느 이른 아침에 베이조스 집에서 선임 리더십 팀인 S-팀(중요한 사안을 논의하기 위해 정기적으로 회의를 갖는 시니어senior 임원진 팀—옮긴이)의 임원 전략 회의 준비를 돕고 있었다. 우리 팀이 그의 보트 하우스를 회의실로 꾸미는 동안 베이조스는 전날 정체 불명의 외계인으로부터 공격을 받는 인류를 구하는 꿈을 꿨다고 말했다. 그러자 그의 아내는 항상 자기 자신이 영웅으로 등장하는 꿈을 꾸는 베이조스를 존경한다고 말했다. 평소 내가 꾸는 꿈과는 너무 다르다고 생각했다. 악몽을 꿀 때면 나는 달리지 못하거나 소리를 지르지도 못할 정도로 무력한 모습으로 등장했다. 하지만 베이조스는 그렇지 않았다. 그는 자신의 꿈에서 영웅이 돼 있었다.

3년 넘게 함께 일하면서 베이조스에게서 자기 자신이 꿈속 영웅이 되고 성장을 가로막는 걸림돌을 뛰어넘는 방법을 배웠다. 나는 전설적인 리더들에게서 내 삶을 주도적으로 이끄는 방법에 대한 수많은 가르침을 받을 수 있었다. 그들은 허황되기 그지없는 꿈을 실현하는 과정에서 통찰을 발휘하고 있었다. 바로 자기 자신이 운명의 주인이라는 깨달음과 자신이 되고자 하는 사람이 될 수 있다는 믿음이다.

삶의 방향을 전환할 의지와 직감을 믿고 두 번 다시 오지 않을 기회를 맞아 모험을 시작하려 할 때 놀라운 일이 벌어진다. 당신이 꿈꾸는 커리어와 삶으로 모험을 시작할 준비가 돼 있는가? 달성하기 쉽지만 성취감을 느낄 수 없는 길이 아니라 당신만의 길을 만들어가도록 자극하는 뛰어난 사람들과 함께할 준비가 돼 있는가? 당신이 닮고 싶은 리더들과 함께하려면 어디로 가야 하는가? 평범함을 비범함으로 바꾸기 위해 위험을 얼마나 어떻게 감수할 수 있겠는가?

- **인지하라:** 현재 당신의 야망에 미치지 못하는 업무와 기회만 있는 커리어의 단계에 놓여 있는가? 당신이 닮고 싶은 사람들과 함께하고 있는가? 다시는 오지 못할 성장 기회를 두려움 때문에 놓쳐본 적 있는가? 아침에 당신을 침대에서 벌떡 일어나게 만드는 프로젝트는 무엇인가? 이러한 프로젝트들의 공통점은 무엇이고, 일과 삶에서 그것들을 더 많이 경험할 방법은 무엇인가?
- **당신의 것으로 만들어라:** 당신에게 가장 큰 동기가 되는 일에 가까워지기 위해서는 무엇을 변화시켜야 하는가? 이 변화를 만들기 위해 어떠한 도움이 필요한가? 지금 네트워크 내에서 당신의 성장 목표에 일치하는 기회와 당신보다 뛰어난 사람들과 함께할 기회를 어떻게 만들 수 있을까?
- **실행하라:** 오늘 당장 당신이 가장 가치 있다고 생각하는 능력을 배우는 데 필요한 환경을 만들고 당신이 꿈꾸던 그 학습의 경험을 누려라!

제 3 장

'실패 × 시도'는
성공의 확률이다

실패에 당황하고 주눅 들지 마라.
그 실패에서 당신이 무엇을 배우느냐에 따라
결과는 달라진다.

BET ON YOURSELF

혁신과 경쟁이 난무하는 환경에서 살아남거나 스스로 모험을 시작해 더 높은 단계로 나아가려면 가장 필요한 능력은 단연 '회복력'을 기르는 것이다. 내 커리어 중 몇몇 중요한 순간을 맞이하기까지는 물론 운이 작용했을 것이다. 하지만 중요한 결정을 해야 하는 영역으로 들어가거나 내가 앉을 의자를 직접 끌고 테이블까지 갈 수 있었던 것은 모두 회복력 덕분이었다.

물론 모험을 감행하는 과정에서 여러 차례 실수를 저지르고 넘어지기도 했다. 모험을 통해 성공을 하진 못하더라도 전략적 도전을 함으로써 많은 사람에게 존중을 얻고 자신의 능력의 한계치를 확장시켜 성장할 수 있다. 누구나 당황스럽고 괴로운 상황을 마주하고 싶지 않은 마음이 있겠지만 원하는 목표를 이루는 과정에서 그 상황을 피할 수는 없다.

지금껏 나는 수많은 억만장자들, 세계적으로 성공한 사람들과 함께 일하고 또 알고 지냈다. 그들 중 누구 하나 예외 없이 전부 굉장한 회복력을 지니고 있었다. 결코 우연한 일이 아니다. 그들도 꾸준히 시행착오를 거쳤다. 한 번씩 수치스러운 실수도 저질렀다. 눈부신 스포트라이트 아래에서 검증의 시간도 거쳤다. 그들은 꿈을 이루고자 벽돌을 하나씩 쌓아 올리는 과정을 거치며 회복력을 키운 것이다.

내 경험상 유명 CEO들은 겉모습만 화려할 뿐 그들도 실수에 부담을 느끼고 실망스러운 결과에 아픔을 느낀다. 그들이 성공한 것은 실수를 피했기 때문이 아니다. 도리어 실수를 반기는 쪽이었다. 실수는 가장 많이 배울 수 있는 기회이기 때문이다. 그들은 평범한 사람들과 달리 실패의 가능성에 달려들었다. 발이 걸려 넘어져도 그 상태로 오래 머무르지 않았다. 그들이 가진 놀라운 회복력은 남들보다 큰 목적의식과 사명감에서 비롯됐다. 이것이 바로 강력한 회복력의 비밀이다. 회복력을 기르기 위한 전략은 이렇다.

- 전략 1. 최악의 실수는 최선의 결과를 꿈꾸게 한다
- 전략 2. 실수를 끌어안고 있을 시간이 없다
- 전략 3. 수치심을 밑거름 삼아 밟고 일어서라

내가 함께 일한 CEO들은 내게 회복력이란 나 자신보다 더욱 중요한

임무에 매진할 때 자연적으로 따라오는 결과라고 가르쳐줬다. 회복력은 목표했던 이상에 가까워질 때마다 몇 번이고 실수를 반복하는 나 자신을 다시 한번 더 일깨우는 힘이다. 베이조스는 기업인이란 아주 오랫동안 제대로 인정받지 못할 각오를 가져야 한다고 수시로 말했다. 그것은 굉장한 회복력이 필요한 일이다.

나는 삶의 목표를 달성하기 위해 위험을 감수하고 창피를 당할 수도 있는 일에 주눅 들지 않는 법을 배워야 했다. 내 삶이 보잘것없고 불만족스러운 상태로 남지 않으려면 반드시 필요한 일이었다. 내 삶의 가장 중요한 가치는 가능한 한 많은 사람에게 도움을 주는 것이었다. 감사하게도 나는 커리어를 쌓는 과정에서 내 삶의 가치를 실천할 기회가 있다면 어떤 상황에서든 용기를 내야 한다는 점을 깨우칠 수 있었다. 솔직히 말하자면 회복력을 발휘하기로 결심하니 용기가 따라왔다는 게 더 정확한 표현일 것이다.

•

전략 1.
최악의 실수는 최선의 결과를 꿈꾸게 한다

처음에 밝혔듯이 베이조스는 나 때문에 목숨을 잃을 뻔한 적이 있었다. 아마존에 입사하고서 몇 달 후 베이조스는 특이한 용무로 나를 찾아왔다. 그는 텍사스에 있는 시설 몇 곳을 둘러보고 싶어 했다. 그에게 허락된 시간은 단 며칠뿐이었다. 그는 내게 몇 개의 긴 숫자가 적힌 종이 한

장을 내밀었다. 숫자의 의미는 알 수 없었다. 처음에는 또 수수께끼인가 싶었지만 전직 전투기 조종사의 딸인 나는 이내 그 숫자가 무엇을 의미하는지 이해했다. GPS 좌표였다.

각 시설들의 위치를 지도로 확인하니 베이조스에게 허락된 짧은 시간 내에 차로 이동하기에는 이동 거리가 너무 멀었다. 공항도 너무 멀리 있어서 전세기로 간다 해도 많은 시간이 걸릴 것 같았다. 나는 상황을 정리해 내 관리자인 존 코너스에게 보고했다.

"제프가 원하는 일정대로는 어려울 것 같아요. 일정을 더 확보하거나 방문할 시설을 줄여야 해요."

내 말을 마치기도 전에 코너스가 답했다.

"'방법이 없다'는 말은 답이 될 수 없어요."

나는 내 자리로 돌아와 다시 이상적인 교통수단이 무엇일지 고민에 빠졌다. 결론은 간단했다. 자동차보다 빨라야 하고 비행기보다 이착륙 과정이 간단해야 했다.

헬리콥터!

나는 흥분을 감추지 못한 채 코너스에게 내 아이디어를 알렸다.

"좋네요. 진행시키세요!"

그는 헬리콥터 섭외는 별일 아니라는 듯 고개도 들지 않고 답했다.

당시 20대 초반이었던 나는 한 번도 헬리콥터를 빌려본 적이 없었다. 내 연락망에는 헬리콥터와 관련된 사람이 하나도 없었다. 잠시 방법을 고민하던 나는 시애틀에서 텍사스까지 갈 때 전세기를 예약했던 업체에 연락을 취해 헬리콥터 섭외도 가능한지 물었다. 성공이었다.

문제를 해결하는 능력이 당신을 보여준다

나는 아마존 사내 부서와 함께 보안 검사를 마친 뒤 난생처음 헬리콥터를 예약했다. 다행스럽게도 별 탈 없이 일정을 마치고 텍사스에서 돌아온 베이조스는 새 프로젝트로 잔뜩 흥분해 있었다. 나는 그가 텍사스에 무엇을 할 계획인지는 전혀 몰랐다. 몇 주 후, 그는 내게 텍사스 방문 일정을 다시 잡아달라고 요청했다. 어떤 시설을 매입할지 결정을 내리기 전에 가장 마음에 들었던 곳을 다시 한번 둘러보기 위해서였다.

베이조스와 조종사는 다음 날 돌아오는 일정으로 헬리콥터에 올랐다. 하지만 이내 텍사스 출장의 일분일초를 영원히 잊지 못하게 만든 일이 벌어졌다. 지금도 그날을 떠올리면 내 몸의 신경이 바짝 타들어가는 듯하다. 심지어 당시의 장면들이 고통스러울 만큼 느린 속도로 머릿속에서 재생된다.

그날 아침, 나는 평소처럼 일찍 사무실에 도착해 하루를 준비하고 있었다. 브리핑 서류를 읽고 있을 때 사무실 전화가 울렸다. 제트기 조종사 중 한 명이었다. 조종사가 전화를 한 것은 처음이었다. 그는 내게 놀라지 말라고 했지만 그 말을 듣자마자 긴장이 됐다. 이어서 그는 다음 날 텍사스에서 시애틀로 돌아오는 비행을 준비하며 서류를 정리하던 중 스캐너에서 비상 신호가 울렸다고 전했다.

조종사는 비상 신호를 울린 헬리콥터에 베이조스가 탔다는 것도 확실치 않다고 말했다. 또 문제의 헬리콥터에서 어떤 일이 벌어졌는지도 모른다고 했다. 하지만 베이조스가 탄 헬리콥터가 추락했을 가능성이 적지 않다고 설명했다.

나는 손이 벌벌 떨려 뭘 적기는커녕 펜을 쥐고 있기도 힘들었다. 관리자인 코너스에게 전화를 걸어 상황을 설명했다. 그는 비상 이사회를 소집해 가능한 모든 시나리오에 대비하자는 내 말에 동의했다. 베이조스가 정말 다쳤거나 사망했을 상황에 대비해 커뮤니케이션과 전략 계획을 세워야 했다. 사고 지점은 대도시나 병원과는 거리가 있는 위치였다. 헬기의 조난 신호를 접수한 구조 요원들이 출동하기까지는 시간이 걸릴 것 같았다.

어쩌면 내가 베이조스를 사망에 이르게 했을지 모른다는 생각밖에 들지 않았다. 게다가 아마존이란 기업 전체, 더 크게는 온라인 커머스의 미래까지도 망쳤다고 생각됐다. 2003년 초 당시 아마존의 가치는 곧 베이조스라는 한 사람에게 전적으로 달려 있었다. 쉽게 말해 아마존은 아직 '진짜' 수익을 내지 못하고 있었다. 몇 분기 수익이 발생하기도 했지만, 기업의 성장기였던 첫 5년간 베이조스는 의도적으로 수익성에 초점을 맞추지 않았다.

아마존은 베이조스가 제시한 비전과 리더십 덕분에 닷컴 사태에서 살아남은 유일한 테크 기업이 됐다. 그는 닷컴 사태를 극복한 경험 덕분에 대담한 성장 전략을 세우면서도 검소함을 유지하는 본능을 키울 수 있었다. 또한 투자자들의 의심에도 불구하고 낯선 비즈니스 플랜을 과감하게 추진했다. 나는 수년간 베이조스와 아마존의 모든 직원이 쏟은 수고와 뛰어난 전략들이 서부 텍사스 어딘가에 추락한 헬기와 함께 모두 물거품이 될까 봐 두려웠다.

길고 긴 몇 시간이 지난 후 베이조스를 위해 내가 섭외한 헬리콥터가

'실제로' 추락했다는 소식이 전해졌다. 헬리콥터의 추락 위치와 승객의 생사는 아직 확실히 밝혀지지 않았다. 현대 사회에서 가장 통찰력 있는 인물 중 한 사람이 사고를 당한 것이다.

실행 가능한 모든 시나리오를 바탕으로 전략을 세우기 위해 다시 비상 이사회가 소집됐다. 그동안 나는 서부 텍사스 지역의 병원에 전화를 돌리며 헬리콥터 추락 사고로 이송된 환자가 있는지 확인했다. 처음 전화를 걸었던 병원 몇 곳에서는 당황스러운 답변만 늘어놓았다. 마침내 네 번째 병원의 관계자가 내게 물었다.

"환자의 가족이신가요?"

그를 찾았다는 것을 직감했다.

사고 당일에 베이조스는 텍사스의 커시드럴 마운틴Cathedral Mountain 인근 협곡에 있는 목장을 방문했다. 오전의 날씨는 선선했다. 베이조스와 그의 개인 비서, 조종사는 단일 엔진 헬리콥터에 몸을 싣고 그가 다시 한번 보고 싶어 했던 첫 번째 목장으로 향했다. 그곳에서 몸집이 큰 목장 주인을 태워 목장 항공 측량을 실시했다. 그즈음 기온이 따뜻해졌다. 헬리콥터 엔진은 추가로 탑승한 목장 주인의 무게까지 견딜 만큼 출력이 강하지 않았다. 이륙과 동시에 꼬리 프로펠러가 나무에 부딪혔다. 이내 헬리콥터는 뒤집힌 채 인근 개울가로 추락하며 깨진 달걀처럼 부서졌다.

그날 베이조스는 자신이 정말 슈퍼 히어로임을 몸소 증명했다. 헬리콥터 탑승자들을 전부 구해낸 것이다! 이후 그는 영웅이 되었던 그날의 이야기를 사람들에게 들려주는 것을 즐기는 듯했다. 누군들 그렇지 않겠는가? 하지만 나는 그날을 떠올리면 아직도 손에 땀이 난다.

나중에 들은 바에 따르면 헬리콥터가 개울로 추락하자 베이조스는 기내에서 즉시 빠져나와 조종사를 꺼냈다고 한다. 이후 어깨에 심각한 부상을 입은 목장 주인과 척추에 금이 간 채 목장 주인 아래 깔려 있던 개인 비서도 구출했다. 탑승자들이 헬리콥터에서 모두 빠져나온 후 베이조스는 내가 준비해놓은 위성 전화기로 구조 요청을 했다. 이후 탑승자 전원이 추락 지점에서 가장 가까운 병원으로 이송됐다.

한편 커뮤니케이션 부사장은 추락 사고가 발생한 날이 마침 첫 출근날이었다. 그는 아마존에서의 첫 시작을 결코 잊지 못할 것이다. 베이조스가 이사회에 전화를 걸었을 즈음, 이사회는 이미 그가 사망했을 경우까지 포함해 다양한 시나리오의 입장문 초안을 작성해둔 상태였다. 베이조스는 이사회 구성원들에게 성명을 성급하게 발표하지 말고 사고 소식도 가급적 숨기라고 전했다. 당시 민간 우주여행 기업인 블루 오리진Blue Origin의 사옥이 될 만한 부지를 매입하고 있다는 사실은 베이조스 본인 외에는 아무도 모르고 있었기 때문이다.

우주여행은 그가 어릴 때부터 품었던 꿈이었다. 다섯 살 무렵, 그는 닐 암스트롱이 최초로 달에 착륙한 모습을 봤던 것이 무척 인상 깊었다고 한다. 졸업생 대표로 고등학교 졸업 연설을 할 때에도 그는 나중에 우주에 갈 것이라는 꿈을 밝혔다. 우주에 '가고 싶다'가 아니라 '갈 것'이라고 말이다. 블루 오리진은 그 약속의 실현이었다. 또 그는 헬리콥터 사고를 당하기 전, 이제 막 설립됐던 엑스 프라이즈의 민간 우주비행선 경연에 참가할 생각이었다. 베이조스와 그의 꿈, 아마존의 미래까지 헬리콥터 사고로 모두 끝날 수도 있었다.

나는 해고 소식이 전해질 거라 생각하며 마음의 준비를 했다. CEO의 생명을 위협한 것은 해고 사유로 충분하리라 생각했다. 하지만 사고 후 베이조스는 나를 안심시키며 말했다.

"스트레스가 심한 상황도 잘 이겨낸다고 들었어요."

아직까지도 내가 가장 소중히 간직하는 말 중 하나다. 지금껏 살면서 그토록 안도하고 감사했던 때가 없었던 것 같다.

베이조스와 나 사이의 업무 관계와 내 사고방식을 영원히 바꿔놓은 순간이었다. 베이조스는 주니어 직원인 나에게 확신이 생겼던 것이다. 이 일을 계기로 그는 심각한 문제가 생겼을 때도 내가 중대한 책임을 감당할 수 있고 침착함을 유지할 수 있으며 옳은 질문을 할 줄 아는 사람이라고 신뢰하게 되었다. 하지만 무엇보다 중요한 점은 이 일을 통해 끔찍한 위기 상황에서도 스스로 나 자신을 신뢰하고 내 직관을 믿는 법을 깨달았다는 것이다.

자신을 믿어야 실패도 유리하게 활용할 수 있다

최악의 하루를 보낸 그날, 나는 실패가 학습을 가속화한다는 것을 배웠다. 만약 그날 헬리콥터가 추락하는 사고가 벌어지지 않았다면 내가 그날 하루 동안 배웠던 모든 것들을 배우는 데 몇 년이 걸렸을지 모른다. 그날 나는 내 직관을 믿고 위기 상황에 대응하고 해야 할 일들을 나누며 나보다 훨씬 높은 직급의 사람들과 소통했다. 공식적으로 내게 주어진 권한이 없음에도 앞장서서 상황을 이끄는 법을 배웠다.

결코 헬리콥터 사고가 나서 다행이라는 말이 아니다. 다만 그날의 경험을 통해 내가 배운 가르침을 항상 감사하게 생각한다. 더불어 그 사건 이후로 나는 엔진이 두 개 장착된 헬리콥터만 섭외했다.

아마존에서는 재난에 가까운 위기에서 회복하는 것이 일상이었다. 내게는 정말 다행스러운 일이었다. 베이조스는 1999년 《타임》이 발표한 올해의 인물로 선정됐다. 당시 그의 나이는 서른다섯 살이었다. 스물다섯 살의 조종사 찰스 린드버그Charles Lindbergh, 스물여섯 살의 엘리자베스 여왕, 서른네 살의 마틴 루터 킹의 뒤를 이어 네 번째로 젊은 나이로 올해의 인물에 기록됐다. 하지만 이후 아마존의 상황은 나빠지기 시작했다. 베이조스가 하락세에서 회복하기까지는 4년이 걸렸다.

당시 아마존은 설립된 지 4년밖에 되지 않았다. 더욱이 아직 수익이 나지 않던 시절이었다. 1995년에 300명의 고객을 끌어모으며 사업을 시작해 1999년에는 1,300만 이상의 고객을 유치하고 80억 달러의 매출을 달성했다. 분명 성공이라 할 만한 수치였다. 하지만 월스트리트에서는 아마존의 이익 창출 여부에 여전히 회의적이었다. 심지어 닷컴 사태의 희생자가 될 것을 우려했다. 그들의 우려와 달리 수익성이 낮았음에도 불구하고 아마존이란 기업의 가치는 꾸준히 높게 평가됐다.

2000년에 접어들면서 닷컴 사태의 서막이 올랐다. 베이조스는 사업 운영 자금으로 20억 달러를 대출받았다. 내가 합류했던 2002년에 아마존은 간신히 파산을 면했지만 수익이 정체되는 바람에 유통 센터 직원의 14퍼센트를 정리했다.

내가 입사한 지 2년째 되던 2003년에는 베이조스의 장기적 성장 전략이 뿌리를 내리기 시작했다. 아마존은 다시 궤도에 올랐고 4억 달러의 수익을 기록했다. 이후 성공을 향한 베이조스의 과감한 결정과 집념 덕분에 수익은 지속적으로 증가했고 오늘날까지 천문학적인 성장을 계속 이어오고 있다.

베이조스는 주변의 회의적인 시선에도 불구하고 자신이 세운 계획에 자신이 있었다. 그는 오늘날 이커머스의 근간을 만든 프로젝트로 우리 팀과 기업을 이끌었다. 그는 몇몇 경쟁사들처럼 투자자들을 달래기 위해 단기적 수익을 내는 데 급급하지 않았다. 아마존은 장기적 성장에 주력한 베이조스의 계획과 전략 덕분에 오늘날과 같은 대단한 영향력을 발휘하게 됐다. 하지만 아마존의 성과는 당시에는 먼 미래의 일에 불과했다. 당시의 회의론자들은 베이조스도 닷컴 사태의 패배자들처럼 파산하는 것은 아닌지 우려하기 시작했다.

2003년 말, 아마존은 첫 흑자 달성을 발표했다. 이로써 베이조스는 자신의 비전과 모든 노력을 보상받았다. 기업은 여러 새로운 시장으로 빠르게 확장했고 도서뿐 아니라 다양한 상품을 늘려나갔다. 내가 입사한 2002년, 베이조스가 아마존에 새롭게 선보인 슈퍼 세이버 시핑Super Saver Shipping은 지금 대부분의 소비자들이 누리는 혜택이자 전 세계 이용자들의 삶에서 빼놓을 수 없는 서비스로 자리 잡았다.

결과적으로 그가 추진한 혁신적인 전략은 굉장한 성공을 거뒀다. 물론 처음에는 이사회를 설득하지 못했다. 이사회는 아마존의 낮은 마진율과 베이조스의 낯선 비즈니스 모델을 근거로 들며 새로운 배송 서비스가 지속 가능한 비즈니스 플랜이 되지 못할 거라고 불신했다. 심지어 이사회 회의 자리에서는 경험이 많은 전문 CEO를 초빙해 베이조스의 괴상한 아이디어를 견제해야 한다는 이야기도 나왔다.

베이조스로서는 기업이 지속적으로 파산의 위기를 겪던 초기 시절에 자기 자신이 어떤 사람인지를 파악했을 것이다. 그는 자신의 위험 허용치를 상승시키고, 높은 기준과 기대치를 갖고 있는 사람들만 고용했다. 또 사용자 경험에 막대한 투자를 했고, 무엇보다 뻔뻔할 정도로 자기 자신을 신뢰했다. 만약 내게 장기적으로 실패를 가장 유리하게 활용할 줄 아는 사람을 꼽으라면 단연 베이조스라고 대답할 것이다. 실제로 그는 실패를 가속 학습의 기회로 여겼던 사람이었다.

●

전략 2.
실수를 끌어안고 있을 시간이 없다

당신도 상사의 생명을 위태롭게 만드는 경험을 하고 나면 자기 자신과 동료들에 대해 많은 것을 배우게 될 것이다. 내가 실리콘밸리에서 성공적 커리어를 쌓을 수 있었던 것은 일찍이 회복력의 중요성을 배웠기 때문이다. 아마존을 떠나 몇 년 후 구글에 입사한 나는 새로운 역할에서 헤매기 시작했고, 다시금 회복력 근육을 발휘해야 했다. 누구라도 감당하기 어려운 상황에 처하면 처음에 자신이 이루고자 했던 것을 잊기 쉽다. 바로 '부작위의 오류'errors of omission 라 불리는 현상이다.

구글에 들어간 후 첫 5년 동안 여러 가지 이유로 아주 힘들게 지냈다.

첫해는 단기간 내에 배워야 할 것들이 너무도 많았다. 당장 내가 처리해야 할 업무량이 과중할 뿐만 아니라 업무 처리에 대한 지침마저 거의 없다시피 했기 때문이다.

우리 팀은 마감 기한을 앞두고 무서운 속도로 혁신과 실행, 상품 출시까지 해내야 했다. 다들 숨돌릴 틈 없이 바쁜 나머지 사내에서 쓰는 이름과 줄임말, 전문 용어의 의미를 내게 설명해줄 사람이 아무도 없었다. 다행히 요즘은 신입 직원이 구글의 언어를 배울 수 있도록 사내 용어 사전 같은 것이 제공된다. 하지만 예전에는 스스로 해결해야 했다.

내가 구글에 입사했을 때에는 내가 맡은 일을 완수하는 데 도움을 줄 사람이나 자원이 하나도 없었다. 업무 처리 과정을 문서화한 자료조차 없었다. 그저 개인이 해결 방법을 찾아가며 업무를 제대로 진행하기 위해 최선의 노력을 다하는 것이 전부였다. 또 의사결정권자들에게 보고하고서 부디 문제없이 진행되길 바라야 했다. 사내 직원들끼리 서로 이름을 거의 다 알 정도로 규모가 아직 작았던 터라 모든 업무가 관계를 통해 처리됐다. 안타깝게도 나는 사내에 아는 사람도 없는 와중에 정해진 일정보다 지연된 대형 프로젝트들까지 맡게 되었다.

진짜 중요한 일의 정체는 따로 있다

구글로 첫 출근을 한 날은 회사를 벗어나 인근 호텔의 회의실에서 근무하는 팀 오프사이트team off-site 날이었다. 메이어가 이끄는 검색 프로덕트 팀 전원은 회의실에 모여 프레젠테이션을 했다. 팀원들은 10년 후 구글 프로덕트가 나아갈 방향이 무엇인지 한 명씩 돌아가며 자신의 아이디어를 발표했다. 직접 그린 스케치로 프레젠테이션을 하는 사람도 있었고, 실제 모형을 보여주는 사람도 있었다. 프레젠테이션의 방식이나 완성도는 전혀 중요하지 않았다. 미래의 구글 사용자가 원하는 제품을 상상하고 앞으로 필요하게 될 기술과 도구를 현재 우리가 만들 수 있는 방법을 생각해보는 시간이었다. 이렇듯 미래 시점에서 현재를 바라보는 프로덕트 비전 접근법이 오늘날 구글의 대단한 영향력을 만들어낸 것이다.

그중 유독 기억에 남는 프레젠테이션 하나가 있다. 현재 우리가 매일 사용하는 구글 이미지 검색의 초기 아이디어다. 당시까지 발명되지 않았던 이미지 인식 기술을 활용해 검색 결과를 제공한다는 아이디어는 그야말로 혁신적이었다. 이미지를 인식하는 기술은 아주 복잡하고 상상하기 어려울 만큼 많은 양의 비주얼 데이터 색인을 생성해야 했다. 이후 기술을 완성하기까지 수년이 걸렸다. 그 역사의 시작부터 끝까지를 지켜본 것 같은 경험이었다.

이렇듯 구글에 입사해 위대한 기술 제품의 탄생을 함께하고 기업의 미션에 짜릿한 전율을 느꼈다. 하지만 첫 1년 동안 내가 맡은 업무는 대체로 보람도 없고 눈에 잘 띄지도 않았으며 끝을 알 수 없을 만큼 많았다. 압도적인 업무량을 처리하느라 하루 열여덟 시간 동안 근무하는 것이 일상이었다. 나는 점점 쌓여가는 업무를 해치우는 데만 매달렸다. 지금 생각하면 당시 나는 잘못된 접근법으로 일하고 있었다.

나는 구글에서 보낸 첫해에 썼던 노트를 아직도 갖고 있다. 노트 안에는 내 임무가 도대체 무엇인지, 내가 누구와 함께 일해야 하는지, 실제

데드라인이 언제인지 등에 대한 의문점들이 정신없이 적혀 있다. 여러 프로젝트가 맞물려 진행되는 데다 수시로 일정이 변동돼 론칭 일자가 계속 달라지기 때문이다.

나는 메이어와 그녀의 직속 부하 직원 두 명과 함께 사무실을 썼다. 우리 사무실은 일종의 허브 역할을 했다. 프로덕트 팀에 속한 700명의 사람이 거의 매일같이 돌아가며 최소 하루에 한 번은 사무실에 들렀다. 나는 사무실에서 벌어지는 대부분의 소란에는 신경을 끄고 나와 관련된 일에만 귀를 기울이는 법을 배웠다.

사무실에서 나는 자리를 거의 비우지 않았다. 내 책상에서 1분도 걸리지 않는 곳에 하루 세 번 굉장한 식사를 무료로 제공하는 카페가 있었지만 한 번도 이용하지 못했다. 식사를 챙길 겨를도 없이 바빴다. 나를 걱정한 동료들이 음식을 가져다줘도 키보드 옆에 두고는 몇 시간씩 잊는 것이 일상이었다. 나중에는 죄책감을 느끼며 음식을 버려야만 했다.

몇 달 후, 내 안에서 무언가 툭 하고 끊어지는 것을 느꼈다. 꽤 기분 좋은 하루를 보내던 날이었다. 드디어 팀의 일부가 되어 우리가 무엇을 만들어가고 또 무엇을 해야 하는지 이해한 것만 같은 하루였다. 내게 어려운 용어를 알려주고 일을 어떻게 처리해야 하는지 도와주는 멋진 친구들도 사귀었다. 하지만 그날 메이어가 정말 이상했다. 보통 같으면 말수도 많고 에너지가 넘쳤지만 그날은 자주 볼 수도 없었을뿐더러 조용했다. 그녀가 내게 화가 난 것 같았지만 그럴 만한 이유가 전혀 떠오르지 않았다.

나는 찜찜한 기분을 떨치고 싶었다. 온종일 나와의 대화를 피하는 그녀를 보고는 퇴근 후 주차장까지 쫓아갔다. 일터에서 그녀와 좋은 관계를 유지하고 있다고 생각했기에 무슨 문제가 있느냐는 물음에 '아무 문제도 없다'고 답하는 그녀를 붙잡고 늘어졌다. 결국 그녀는 사실을 털어놓았다.

다음 날, 구글의 CEO 에릭 슈밋과 수석 부사장급 임원들이 전부 자리하는 중요한 회의가 예정돼 있었다. 메이어도 참석해야 하는 자리였지만 그녀는 따로 소식을 전달받지 못했다. 참석자 중 유일하게 수석 부사장이 아니었던 그녀만 이메일 그룹에 포함돼 있지 않았던 것이다. 슈밋의 어시스턴트도 그녀를 캘린더에 초대하는 것을 잊고 있었다. 설상가상 회의 당일에는 정말 드물게도 그녀에게 개인적인 일정이 있었다. 전국 각지에서 사람들이 이미 비행기에 올라 그녀를 만나러 오고 있는 중이라 약속을 변경할 수도 없는 상황이었다. 그렇다고 해도 CEO와의 회의에 불참할 만한 사유로는 불충분하게 느껴졌다.

그래서 메이어가 내게 화를 낸 것이었다. 그녀는 CEO의 어시스턴트가 자신을 초대하는 것을 잊었다는 사실보다 내가 그 회의를 몰랐다는 사실에 더욱 화가 나 있었다. 나는 마음이 상했다. 그녀의 분노가 부당하고 감정적이라는 생각이 들었다. 내 역할을 제대로 해내느라 그간 희생했던 시간들이 머릿속에 떠올랐다. 박사 과정을 그만두고 구글에 와서 열여덟 시간씩 일하며 그녀와 프로덕트 팀 전체가 세상에 제품을 성공적으로 선보일 수 있도록 도왔는데 그 보답이 고작 이런 대접이라니 믿기 힘들었다.

평소라면 구글 셔틀버스를 타고 집까지 한 시간 반을 이동하는 동안 업무 메일을 확인했을 것이다. 그날은 그냥 좌석에 뚱하게 앉아 있었다. 그날 밤, 침대에서 뒤척이던 중 마침내 생각이 명료하게 정리됐다. 사실 메이어의 말이 맞다는 생각이 들었다. 지금껏 나는 성과 마인드셋에만 매몰돼 있었다. 근무 첫날부터 책상 위에 높이 쌓인 엄청난 업무에 파묻혀 있느라 고개를 들어 주변을 살필 생각을 못 했다. 내가 메이어의 비즈니스 총괄 파트너로서 그녀와 팀의 최선의 이익을 대변하는 자리에 있다는 사실을 잊고 말았다. 다른 업무도 물론 중요하지만 모두 부차적인 것이었다. 내 의도와 상관없이 내 본분을 다하지 못한 실수를 저지른 셈이었다.

그날 밤, 나는 잠들지 못했고 이제부터는 달라지기로 결심했다.

모래 수준의 실수에 휘둘리지 말라

나는 효율적인 업무를 위해 달라져야 했다. 메이어와 우리 팀의 성공을 목표로 일하는 방식에 초점을 맞추고 시야를 넓혀야 한다고 판단한 것이다. 바로 관계 형성이 필요한 시점이었다. 늘 쌓이기만 하는 사소한 업무에서 벗어나 스스로 나서서 새로운 관계를 만들어야 했다. 구글에서 업무를 처리하기 위해서는 무엇보다 관계가 중요하기 때문이다. 나는 관계의 잔고를 '우정 화폐'로 채워나가기로 마음먹었다.

나는 진작부터 신뢰 네트워크를 형성하고 동료들의 부탁도 들어주고 그들이 나와 같이 일하고 싶은 마음이 들게 만들어야 했다. 그랬더라면 CEO의 어시스턴트가 사내 카페에서 나를 봤거나 다른 동료들이 내 이름을 언급하는 것을 듣고 메이어를 캘린더에 초대하지 않았다는 사실을 떠올렸을 것이다. 잘못된 상황도 바로잡을 수 있었을 것이다. 그동안 나는 아주 열심히 일했지만 아주 영리하게 한 것은 아니었다. 하지만 이제 달라져야 할 시간이었다. 우선 동료들과 유대감을 쌓고 관계를 형성해 기회를 능동적으로 만들기로 했다.

스티븐 코비의 책 《성공하는 사람들의 7가지 습관》에는 영리하게 일해야 한다는 가르침이 많이 담겨 있다. 그중 일의 중요도를 돌, 자갈, 모래에 빗대어 소개한 이야기가 유명하다. 돌, 자갈, 모래 순으로 유리병에 넣어야 비어 있는 곳을 빠짐없이 채울 수 있다. 돌은 크고 중요한 목표, 자갈은 단기적 목표를 위한 일들, 모래 알갱이는 늘 해야 하지만 성공과는 무관한 사소한 일들을 가리킨다. 만약 유리병에 모래부터 넣는다면 정말 중요한 돌이 들어갈 자리가 없다. 신입 직원들이 흔히 저지르는 실수와 비슷하다. 나 역시도 예외는 아니었다. 성공 공식에서 필수 요소는 업무의 순서를 아는 것이다.

좀 더 사소하고 손쉬운 '모래' 수준의 일에만 열심히 매달리면 성공까지 단 한 걸음도 가까워지지 못한다. 내 관심과 에너지, 시간을 미래의 성공의 근간이 되는 '돌'을 움직이는 데만 쏟아야 한다. 나머지 다른 일들은 돌의 주변으로 알아서 채워질 거라고 믿어야 한다.

메이어와의 일은 구글에서 보낸 12년 커리어의 시작 단계에서 만난 거대한 터닝 포인트였다. 나는 이후에도 몇 번이나 비슷한 경험을 하며 열심히 하기보다 영리하게 해야 한다는 교훈을 얻었다. 정말 중요한 돌을 분별하지 못하고 마침내 방향을 전환한 적이 여러 차례였다. 하지만 영리하게 일하려는 패턴이 결국 성공으로 이어졌다.

전략 3.
수치심을 밑거름 삼아 밟고 일어서라

이후 나와 메이어의 관계는 훨씬 좋아졌다. 그녀와의 파트너십에서 큰 만족감도 얻었다. 그녀는 내게 임원진을 대상으로 취리히에서 열리는 콘퍼런스에 동행하자고 제안했다. 나는 무척 신이 나기도 했지만 한편으로는 두려웠다. 팀에 대해 더 많은 것을 배울 수 있을 뿐만 아니라 중요한 글로벌 프로젝트에 참여할 수 있는 완벽한 기회였다.

리더십 멤버 스무 명가량과 함께 구글 창립자들 소유의 전용기 보잉 757을 타고 캘리포니아에서 취리히로 향했다. 전용기를 처음 타는 것은 물론이고 세계에서 가장 영향력 있는 사람들과 함께하는 여정이었다.

나는 굉장히 긴장한 나머지 뭘 어떻게 해야 할지 혼란스러웠다. 이륙 후 한 시간쯤 지나고서 다른 사람에게 방해가 되지 않게 비행기 뒤편에 앉아 노트북으로 일을 하고 있었다. 그때 구글의 공동 창립자 래리 페이지 Larry Page 가 다가와 내게 사소한 질문 몇 가지를 물었다. 페이지의 사무실과 내가 일하는 사무실은 불과 몇 걸음 거리에 있어서 매일같이 얼굴을 보는 사이였다. 그래도 지금껏 한 번도 업무 이외의 대화를 나눈 적은 없었다. 그를 더 잘 알 수 있는 기회가 생겨 설레기도 했지만 좋은 인상을 남기고 싶은 마음에 잔뜩 긴장이 됐다.

나는 페이지와 대화를 나누기 위해 자리에서 일어나 작업 중이던 노트북을 닫지도 않은 채 좌석에 그대로 내려놨다. 그와 한창 대화를 하느라 승무원에게 다이어트 콜라를 요청한 사실도 잊고 있었다. 승무원은 우리에게 방해되지 않게 옆에서 기다리다가 콜라를 건네줬다. 그 순간 갑자기 심한 난기류가 발생했고, 우리는 중심을 잃고 넘어질 뻔했다. 나는 손에 쥐고 있던 콜라를 놓쳤고 노트북 키보드와 연회색 패브릭 좌석으로 음료를 쏟고 말았다. 나는 너무 당황스러웠다. 회사 기물을 파손하고 전용기 좌석에 얼룩을 남긴 것도 문제지만 콘퍼런스 서류들이 담긴 노트북 관리를 소홀히 하는 실수를 했으니 말이다. 비행기 문을 열고 뛰어내리고 싶은 심정이었다.

"그냥 물건인데요. 고치면 됩니다. 안 다쳤으니 다행이죠!"

페이지는 침착한 표정으로 따뜻하게 말했다. 진심으로 친절하게 반응하는 그와 달리 나는 끔찍한 기분을 떨칠 수 없었다. 이후 다들 좌석에 누워 잠이 들었지만 나는 방금 전의 일로 정신을 제대로 못 차린 채 꼿꼿이 앉아 고장 난 노트북 화면만 빤히 바라봤다.

비행 내내 수치심이 들었다. 하지만 일의 중요도를 생각했다. 어쩌면 '모래' 수준의 실패에 당황하고 주눅 들 수도 있을 것이다. 반면 남은 일정 동안 더욱 생산적이고 유능한 모습을 보여 실수를 만회할 수도 있을 것이다. 나는 태도를 바꾸기로 결심했다. 구글 취리히 오피스에 도착한 후 테크스톱TechStop(디지털 기기 관련 문제를 해결해주는 구글 사내 서비스—옮긴이)에서 새 노트북을 받은 후 중역 팀이 자리한 회의실로 향했다.

위험을 '잘' 선택하는 것도 능력이다

나는 시차 적응도 필요했고 비행기에서 저지른 실수에서 비롯된 죄

책감으로 가능한 한 많은 가치를 기여해야 한다는 생각에 사흘간 잠을 설쳤다. 캘리포니아 마운틴뷰의 본사에서는 임원진과 개인적으로 상호작용을 할 기회가 없었다. 콘퍼런스를 계기로 좀 더 친밀한 관계를 쌓기 위해 일분일초를 알뜰히 활용하기로 했다. 일정의 마지막 날 저녁, 메이어와 레스토랑에서 퐁뒤를 함께 먹으며 소중한 일대일 시간도 가졌다. 그곳은 그녀가 스탠퍼드 졸업 후 구글에 입사하기 전 UBS 리서치 연구소에서 인턴으로 일했을 당시 가장 좋아했던 곳이라고 했다.

일정이 모두 끝날 즈음, 메이어는 내가 이번 일에 정말 큰 도움이 됐고, 정말 잘해줬다고 이야기해주었다. 기내의 사소한 실수로 창피함에 기가 죽어 뒤에 숨어 있었다면 그 말을 듣지 못했을 것이다. 마음을 다잡고 수치심을 동기로 활용해서 다행이었다.

이후로도 아주 중요한 인물 앞에서 당황스러운 실수를 저지르는 경험을 커리어 내내 몇 번이나 했다. 하지만 그때마다 수치심을 동기로 전환하는 기술을 발휘했다. 무엇보다 전용기에서 실수를 저지르고 마음가짐을 고치지 않았다면 구글 임원진과 관계를 형성할 수 없었을 것이다. 이후 9년간 매우 중요한 프로젝트와 업무도 맡을 수 없었을 것이다.

당신이 무엇을 하든 실수를 한 후에 재빠르게 태도를 전환하는 지혜가 필요하다. 신뢰를 얻을지, 프로젝트나 승진의 고려 대상에서 제외될지는 바로 그 순간 결정된다. 구글에서 '일찍 실패하고 자주 실패하라'고 강조하는 이유도 마찬가지다. 누구든 성장하려면 실패를 필연적인 학습의 과정으로 온전히 받아들이고 자신이 배운 것을 바로 적용할 줄 알아야 하기 때문이다.

커리어 초기 시절, 나는 아무도 요청하지 않아도 다른 이들이 기피하는 일을 항상 먼저 나서서 했다. 내가 팀에서 반드시 필요한 직원이자 존재감 있는 사람으로 자리 잡는 데 가장 효과적이었던 방법이다. 또한 옳은 일을 하고 깊은 비전과 통찰력을 지닌 능동적 인재라는 평판을 쌓을 수 있는 방법이기도 하다. 무엇보다 지금껏 내가 승진과 채용 기회를 얻을 수 있었던 핵심 요인이었다.

모든 혁신과 획기적인 변화의 핵심이자 개인의 커리어 성장 전략에 특히나 중요한 자질은 어떠한 위험을 감수해야 하는지 제대로 판단하는 것이다. 나는 프로덕트 팀에서 메이어와 3년간 일하는 동안 단 하루도 빼놓지 않고 위험을 감수한다는 것이 무엇인지를 목격했다. 도전과 모험, 두통의 시기이자 평생 동안 잊지 못할 추억을 쌓은 시간이었다. 지금까지도 내 가장 가까운 친구들 대다수가 구글 초기 시절에 만난 사람들이다. 역사적인 고난의 순간을 함께 견딘 사람들끼리는 평생 지속되는 유대감을 쌓는 법이다.

메이어의 리더십을 보며 거대한 팀이 한마음으로 방향을 전환하고 꾸준히 새로운 아이디어를 내며 목표를 달성하도록 이끄는 법을 배웠다. 조직에서 업무를 어떻게 완수해야 하는지, 아이디어의 구상부터 론칭까지 어떤 과정을 거쳐 이뤄지는지도 본질적으로 이해하게 됐다. 제작 라인은 결코 순서대로 순조롭게 진행되지 않는다. 항상 예기치 못한 걸림돌이 나타나기 마련이다. 나는 창조적 사이클의 모든 단계와 제작 라인 내 모든 역할의 중요함을 깨닫게 됐다. 그리고 내 커리어의 다음 장에서 중요한 역할을 하는 기본 지식들을 쌓았다.

또 팀 단위로 위험을 감수해야 할 때도 있지만 홀로 위험을 감수해야 할 때도 있다. 나에게도 현재의 상황을 뒤엎는 새로운 상황이 찾아왔다.

누군가를 실망시킨다는 두려움을 물리치기

어느 날 슈밋의 비서 팸 쇼어Pam Shore가 내게 다가와 CEO실에 생긴 공석에 합류할 생각이 있는지 물었다. CEO실 사람들과는 여러 프로덕트 론칭 건으로 교류한 적이 있지만 어떤 팀인지는 자세히 모르는 상태였다.

나는 쇼어의 리더십 스타일과 에너지를 좋게 보고 있었다. 그녀는 따뜻한 손길로 모든 사람을 질서 정연하게 이끌었다. 쇼어는 슈밋이 CEO로 있었던 기업 세 곳을 함께 거치며 10년 넘게 그와 함께했던 사람이었다. 두 사람은 업무적으로 굉장히 좋은 관계를 유지했다. 나는 메이어의 팀을 떠날 생각조차 해본 적 없었기에 처음에는 쇼어의 제안에 어떻게 반응해야 할지 몰랐다. 결국 나는 호기심을 이길 수 없었다. 내가 어떤 일을 맡게 될지, 슈밋과 함께 일하는 것이 어떨지 한 번 알아보는 게 나쁠 건 없다는 생각에 이르렀다.

슈밋이 임원을 채용할 때 개인의 재능과 목표, 동기를 중요하게 생각한다는 것은 익히 알고 있었다. 그가 셰릴 샌드버그Sheryl Sandberg를 설득시켰다는 이야기도 들은 적 있었다. 당시 샌드버그는 구글에서 자신의 역할이 명확히 제시되지 않는 것에 우려하고 있었다고 한다. 지금도 구글은 공석이 생기면 인재를 채우는 방식이 아니라 재능 있는 인재를 채용한다는 방침을 고수하고 있다. 그래서 여전히 자신이 어떤 일을 하게 될 줄 모르는 채 채용되는 사람들이 많다. 샌드버그도 구글의 특이한 채용 방식에 우려를 나타내며 자신이 구글에 합류해 정확히 어떤 일을 하게 될지 자세히 알고 싶어 했다. 슈밋은 "우주선에 탈 기회가 생겼다면 어느 자리에 앉게 될지 묻지 않고 그냥 우주선에 오르는 것"이라며 그녀를 최종 설득했다. 그 말에 샌드버그는 입사 제안을 받아들였다. 나 역시도 마찬가지였다.

몇 년 전 베이조스는 면접을 진행하며 내게 수수께끼를 냈지만 슈밋은 그러지 않았다. 비공식 면접에서 그는 수수께끼를 내지 않았을 뿐만 아니라 아마존에서 일한 이력과 구글에서 이룬 성과를 고려할 때 이미 나의 능력은 충분히 검증됐다고 말했다. 그리고 우리가 팀 동료로서 합이 잘 맞을지만 확인하면 될 것 같다고 덧붙였다. 그가 나란 사람의 존재도 모를 거라 생각했는데 내 평판에 대해서도 알고 있다니 조금 놀라웠다. 눈에 띄지 않는 업무들과 보상 하나 없었던 야근을 하며 지낸 지난 3년의 시간이 보람 있게 느껴졌다.

나는 그의 직업 철학을 듣자마자 마음을 빼앗겼다. 그는 장기적 목표를 설명하면서 '단지 영향력뿐만 아니라 사람들을 위한 유산을 만들겠다'고 밝혔다. 또한 자신의 직업적 목표를 달성하기 위해 뛰어난 팀을 곁에 두는 것을 우선시하며 가능한 한 최고의 재능을 갖춘 이들을 적극적으로 찾아다녔다고 했다. 그의 말을 듣자 그가 내게 자리를 제안한 것이 영광스러웠고 수락하지 않을 수 없었다.

내 인생에서 가장 큰 변화를 불러온 커리어 이동 중 하나였다. 하지만 그 때문에 나는 예상하지 못한 불편함을 몇 년이나 견뎌야 하는 대가를 치렀다. 내가 CEO 팀으로 이동하겠다고 하자 메이어가 언짢아한 것이다. 그녀는 CEO가 되고자 하는 자신의 목표와 커리어 궤적을 내가 신뢰하지 않아 그녀의 팀을 떠나는 것이라고 받아들였다. 전혀 사실이 아니었다. 오히려 나는 그녀가 언젠가 반드시 CEO가 될 거라고 확신했다. 또한 그 여정에 내가 함께할 수 있기를 무척이나 기대하고 있었다.

사실 나는 슈밋이 자신의 팀을 구성하는 이유와 직업 철학을 설명할 때 그에게 완전히 설득되고 말았던 쪽에 가깝다. 그는 마치 마라톤을 하는 것처럼 일에 접근한다고 했다. 그는 주변 사람이 힘과 체력을 기르는 데 투자하는 사람이었다. 직원들에게 시간을 투자하고, 그들이 지닌 능력의 한계치에 도전하는 프로젝트를 설정해 스스로 배우고 실험하고 성장할 완벽한 자율성을 부여했다.

메이어 역시 자신의 팀을 개발하고 지지하기 위해 많은 투자를 하는 사람이었다. 팀원들이 합당한 보상을 받고 발전하고 인정받을 수 있도록 늘 앞장서서 싸워줬다. 하지만 슈밋은 폭넓은 자원과 지원 시스템을 갖춘 팀 환경을 제공해줄 수 있었다. 다시 말해 개별 기여자로 일하며 팀 전체의 실패에 대한 부담감을 느낄 필요가 없다는 뜻이었다.

나는 메이어 밑에서 매일 마라톤을 전력 질주 하듯이 일했다. 그동안 짜릿한 스릴도 많이 느꼈지만 러너스 하이runner's high와 같은 쾌감은 점차 사라지고 있던 차였다. 나는 메이어와 함께 몇 가지 시스템을 시도했었다. 팀이 단순히 열심히 일하는 것을 넘어 좀 더 영리하게 일할 수 있도록 일정한 속도와 효율성을 구축하고자 했다. 하지만 사실 그녀는 초인 같았다. 우리처럼 잠을 자거나 일 외적으로 회복 시간을 갖지 않아도 업무적으로 뛰어난 체력을 발휘할 수 있었다. 그리고 나는 지금껏 눈앞의 현실을 부정하던 사람은 그녀가 아니라 나였음을 깨달아가고 있었다.

무엇보다 내 개인의 삶이 점차 악화돼가고 있었다. 이제는 지속 가능한 속도로 달려나가면서도 일생에 단 한 번뿐인 프로젝트와 자신의 영향력을 발휘하는 기회를 잡을 수 있는 환경이 필요했다. 슈밋의 제안을 받아들여야만, 그리고 그의 팀에 속해 팀원으로 일해야만 가능한 일이었다.

나는 누군가를 실망시킬지 모른다는 두려움으로 움츠러들고 싶지 않았다. 내 자신의 발전을 위해 올바른 기회를 택해야 했다. 슈밋의 제안은 충분히 감수할 만한 위험이었다. 핵심 기술을 배울 수 있고 사내 여러 업무에 대한 전반적인 지식을 쌓을 수 있는 기회가 내 앞에 놓여 있었다. 충분히 계산된 위험을 감수하지 못해 리더십을 발휘할 수 있는 프로젝트나 승진에서 제외되고 싶지 않았다.

내 커리어를 좀 더 탄탄하게 쌓으려면 그에 맞는 성장 계획을 세워야 한다고 생각했다. 내 계획을 이뤄가는 과정에서 주요 이해관계자들의 승인과 도움도 필요했다. CEO실의 역할이라면 다른 자리에서는 경험할 수 없는 프로젝트를 경험할 수 있다고 판단됐다. 누군가에게 등 떠밀려 내린 결정이 아니었다. 내가 정말 중요하게 생각하는 사람들에게서 의견과 검토를 신중하게 구했다. 그리고 충분한 보상이 주어질 거라는 계산 끝에 모험을 감행하기로 했다. 내가 구글에서 승진하고 인정받을 수 있는 가장 좋은 기회라는 판단이 섰다. 새로운 모험을 위해서는 꽤 오랫동안 불편함을 감수해야 했다.

사실 내 커리어 선택이 베이조스를 실망시킨 적도 있었다. 내가 아마존을 떠나고 몇 년 후, 아마존에서 함께 일했던 남자 동료 한 명이 나를 찾아왔다. 그는 베이조스와 콘퍼런스 참석 차 캘리포니아에 들른 것이었다. 아마존 동료들의 소식을 듣고 아마존이 급속히 성장해나가는 이야기를 들을 생각에 나는 무척이나 들떠 있었다.

그런데 퇴근 후 전 직장의 동료를 만나는 기쁨도 잠시, 내가 박사 과정을 그만두고 베이조스가 경쟁사로 여기는 구글에 입사했다는 소식에 그가 언짢아했다는 이야기를 전해 들었다. 처음에는 그가 나에 대한 이야기를 한다는 사실 혹은 나를 생각하고 있다는 사실에 당황스러웠지만 이내 화가 났다. 내가 구글로 자리를 옮긴 것이 베이조스 그 자신을 무시한 것이라고 받아들였다는 말을 떠올리면 여전히 마음이 불편하다. 우리가 아마존과 A9에서 팀으로 함께 일군 것들을 폄하했다고 느낄 만큼 나의 선택을 개인적으로 받아들였다고 생각하니 어찌할 바를 몰랐다.

베이조스와 메이어 같은 리더들의 공통점은 자신의 일과 자신의 사람들을 하나로 생각하고 동일시한다는 것이다. 그들은 자신이 하는 일과 자신을 따르는 사람들로 스스로를 정의한다. 그래서 대단한 일들을 성취할 수 있는 것이기도 하다. 내게 배신을 당했다고 생각한 순간 그들이 어떤 감정을 느꼈든, 두 사람은 내 커리어의 중요한 일부이자 가족이다.

나는 내가 존경했던 사람들을 실망시켰다는 불편한 마음을 느끼고 싶지 않다. 목적이 분명한 성장을 이루고 자신감을 회복할 계획을 적극적으로 세우려 했을 뿐이다. 베이조스가 나를 언짢게 생각한 사건 이외에도 그와 비슷한 순간은 여럿 있었다. 슈밋의 제안을 받아들여 커리어를 변경하는 과정에서도 편치 않은 상황에 익숙해져야만 했다.

12년간 구글에서 일할 수밖에 없었던 이유

자리를 옮기자 내 역할이나 업무 방식에 대한 기대치에서 순식간에 자유로워졌다. 내 동료들을 향해 있던 시야를 옮겨 더욱 크게 성장하고 영향력을 발휘할 기회에 다시 초점을 맞췄다.

슈밋과 함께한 첫 분기 동안 나는 달성하고 싶은 목표 두 가지를 정했다. 첫 번째 목표는 수석 부사장급 임원들과 이사회 구성원 전원에게 나를 알리고 신뢰를 얻는 것이었다. 두 번째는 기업의 대내외적 핵심 성장 전략을 이해하는 것이었다.

나는 구글의 선임 경영진과 가까운 자리에서 내가 바라는 영향력을 발휘하고 싶었다. 그러기 위해선 나보다 한참 높은 사람들과 협력하는 방법과 그들에게서 신뢰와 존중을 얻을 방법을 찾아야 했다. 목표의 첫 단추를 끼우는 방법을 깨닫기까지는 시간이 걸렸다.

슈밋은 매주 월요일마다 구글 창립자들, 수석 부사장들과 함께 임원 회의에 참석했다. 따라서 참석자들이 주말 동안 살펴볼 수 있도록 회의에 필요한 서류 제출을 재촉하고 자료를 준비하는 일을 금요일까지 마쳐야 했다. 봉투에 서류를 담는 일도 마찬가지였다. 하지만 보고 사안이 워낙 많고 특히 재무 보고서의 경우 주말 전에는 검토가 어려운 것도 있었다. 어쩔 수 없이 자료를 주말에 전달하는 일이 잦았다. 이러한 문제 상황을 인지한 나는 내 개인의 목표를 달성하고 기업의 선임 임원들에게 가치를 제공할 기회를 발견했다.

내가 프로덕트 팀에서 함께 일했던 프로젝트 매니저 야엘이 회의에 필요한 서류들을 모두 정리해 취합하는 일을 맡고 있었다. 나는 그녀에게 제출이 안 된 자료를 확인하고 최종 서류를 정리해 월요일 아침까지 준비하는 일을 돕겠다고 자청했다. 즉 주말마다 일을 하겠다고 자원한 셈이었다. 주말 근무는 별로였지만 나는 수석 부사장을 비롯해 그 팀원들과 주기적으로 소통하는 데 가치를 두었다. 그들과 함께 고생하며 중요한 관계를 쌓아나갔다. 기업 내 모든 부서에서 다루는 업무, 각 부서의 장점, 각 팀이 고전하고 있는 문제, 전략적 성장을 위한 자원 투입 방향 등을 배울 수 있었다.

회의 준비를 하는 일 덕분에 기업이 중요한 성장의 시기를 거치던 때에 누구보다 가까이서 회사 내부 정보를 검토할 수 있었다. 전달된 회의 보고서를 빠짐없이 읽으며 나는 아이디어를 제안할 때나 유용한 피드백과 지침을 전달할 때 필요한 정보들을 얻었다. 기업의 동향이 읽히기 시작했고, 어떤 팀이나 상품 런칭이 성공할 가능성이 있는지 또 이 과정에서 최악의 상황을 모면하기 위해 무엇을 특별히 주의해야 하고 어떤 자원이 필요한지를 판단하는 눈이 생기기 시작했다.

한편으론 지금의 자리에 오기까지 수없이 많이 질문해야 했고, 그 과정에서 기업의 여러 핵심적인 부분에 필요한 내 지식이 부족하다는 것을 드러낼 수밖에 없었다. 한심한 질문은 정말 하고 싶지 않았지만 다른 방법이 없었다. 모르는 것을 다 아는 척하면서는 내가 세운 큰 목표를 달성할 수 없었다. 내게 부족한 지식을 채우려면 사내에서 가장 영향력 있는 사람들에게 솔직한 내 모습을 드러내는 데 익숙해져야 했다. 나는 대학원 시절에 이미 나를 드러내고 불편한 감정을 받아들이는 법을 배운 바 있었다. 당시에도 나 혼자 아무것도 모르는 초보자였지만 전문가들과 함께해야 했다. 나는 회사에서 내 목표를 이루기 위해 계산된 위험을 감수하고자 했다.

내 기대와는 달리 시간이 지나도 불편한 위험을 감수해야 하는 상황은 계속 이어졌다. 내가 구글에 12년이나 있었던 이유이기도 하다. 구글에서 일하기 시작했던 초기부터 나는 내 핵심 역량과 업무 이외의 일에 꾸준히 자원해서 뛰어들었다. 이러한 성향은 일이 편해질수록 더욱 심해졌다.

10년 넘게 슈밋과 일하면서 나는 회사의 전략과 콘텐츠 분야에서 기여도를 더욱 높여나갔다. 내 자신을 혹사시키지 않으면서도 야망을 키워나가려면 체계적인 접근이 필요했다. 일의 효율을 높이고 위임하고 새로운 파트너를 만들고 새로운 방법을 시도하며 새로운 도전에 집중할 여유를 찾아야 했다. 이렇게 체계를 잡기까지는 시간이 걸렸다. 내 방식에 주변 사람들이 적응하는 과정에서 몇몇 불편한 순간을 경험하기도 했다.

사실 위험을 감수할 때마다 스스로 회의감이 들곤 한다. 아무리 직급이 높아진다고 해도 또는 경험이 쌓인다고 해도 사라지지 않는 순간이다. 계속 배우고 성장하는 한 위험을 감수하고 자기회의를 하는 불편한 순간을 매일같이 겪기 마련이다. 하지만 안전지대에서 너무 오래 머물러선 안 된다. 효율적인 리더들은 하나같이 자신감과 역량을 키우기 위해 부단히 노력한다. 그리고 자기 자신을 성장시키기 위해 그리고 새로운 아이디어를 추진시키기 위해 계산된 위험을 감수하는 법을 배운다. 기업인들이 '문샷 프로젝트'라고 부르는 혁신적인 프로젝트의 토대는 이와 같은 과정을 통해 마련된다. 선도적이고 혁신적인 테크 기업의 리더들은 하나같이 이렇게 비전을 세웠다. 현재의 도전 과제들을 미래의 발판으로 삼는 것이다.

문샷은 워낙 원대하고 복잡한 프로젝트여서 착수 과정에서 실패를 피할 수 없다. 문샷에 착수하는 기업인이라면 사전에 준비를 완벽하게 마쳐야 한다. 알맞은 모험에 도전하고 실패를 두려워하지 않고 방향을 전환하고 자신이 갖고 있는 자원을 창의적으로 활용해야 한다. 또한 더욱 탄탄한 길을 구축하려면 배운 것들을 적용하는 법을 배워야만 한다.

실리콘밸리의 벤처 투자가들이 과거 여러 차례 실패한 경험이 있는 사업가들에게 투자하기를 선호하는 것도 같은 이유에서다. 실패 경험이 없는 기업인은 문샷 프로젝트의 성공에 필요한 지혜와 자신감, 도구가 부족하기 때문이다. 전문 벤처 투자가들에게 과거의 실패는 결점이 아니라 미래의 성공을 예측하는 중요한 지표다. 실패를 경험해본 사람만큼 대단한 영향력을 발휘하는 데 필수적인 회복력을 갖춘 사람도 없다.

우리는 실패를 바라보는 벤처 투자가들의 관점을 배워야 한다. 문샷은 우리 자신보다 큰 무언가를 만들어 더 큰 공동체에 기여할 때 실현된다. 우리 자신보다 더욱 오래 존재할 무언가를 만들어낸다는 것은 실로 가슴 떨리는 일이 아닐 수 없다.

안전지대 안에서 머물면 안전하고 안정적인 느낌을 받는다. 하지만 그 안에만 있는 것 자체가 이미 실패다. 자신의 잠재력을 펼치는 데 실패한 것이다. 스스로 도전했을 때 느낄 기쁨과 학습을 경험하는 데 실패한 것이다.

자신에게 필요한 모험에 도전하고 실험하고 실패하고 전환하고 다시 도전하는 사이클을 반복할 때에만 의미 있는 성공을 경험할 수 있다. 학습의 초기 단계에서 무언가에 능통해지기란 불가능하다. 우리는 비현실적이고 조작된 완벽함만이 강조되는 왜곡된 소셜 미디어의 세상에서 살아가고 있다. 삶을 실제와 다르게 보여주는 콘텐츠에 너무나 많이 노출된 탓에 우리의 의지와 의욕이 꺾이기도 한다.

특히나 젊은 층에서 새로운 무언가를 시도하기를 두려워하는 사람들이 점점 더 많아지고 있다. 그들은 첫 시도에 완벽하게 성공할 수 없다는 것을 알고 있다. 그들이 우러러보는 사람들 그리고 그들이 멋진 모습을 보이고 싶은 사람들의 피드에는 온통 완벽한 것투성이다.

가치 있는 무언가를 성취하거나 영향력을 발휘하고자 할 때 완벽은 목표가 될 수 없다. 경험과 학습, 성장, 힘든 일을 해내는 즐거움이 목표이자 보상이어야 한다. 반복을 통해 우리는 배우고 발전하고 성공한다.

데이비드 베일즈David Bayles와 테드 올랜드Ted Orland의 책《예술가여, 무엇이 두려운가!》에는 반복을 통한 향상이라는 원칙을 잘 설명하는 이야기가 담겨 있다. 플로리다대학교 사진학과의 첫 수업 날 제리 율스만Jerry Uelsmann 교수는 학생들을 두 그룹으로 나누었다. 첫 번째 집단에게는 학기 중에 제출한 사진의 양으로 점수가 매겨질 것이라고 전했다. 두 번째 집단에게는 학기 마지막 날 제출한 단 한 장의 사진으로 평가하겠다고 설명했다. 학기가 끝날 무렵, 율스만 교수는 최고점이 전부 질이 아닌 양에 초점을 맞춘 집단에서 나왔다는 것을 확인하고는 놀라움을 금할 수 없었다.

결국 목표를 달성하고자 시도를 얼마나 많이 해봤느냐가 중요하다. 즉 양이 질을 만든다. 완벽에 초점을 맞추는 이들은 실험을 할 때 반드시 겪어야 하는 '실패'에 부담을 느낀 나머지 성공하지 못한다. 어떠한 능력에 능통해지고자 할 때는 실패가 필수적인 요소다. 누구도 이 단계를 건너뛸 수 없다.

스스로에게 실패를 허락하느냐가 곧 성공을 예측하는 중요한 지표다.

업무상 문제로 또는 당황스러운 사건으로 '최악'의 상황에 놓여 있는가? 그 문제의 상황과 당신이 배운 교훈을 최고의 자산으로 바꿀 방법이 있는가? 지금 당신의 발목을 붙잡은 문제에서 고개를 들어 저 먼 곳으로 시야를 옮겼을 때 어떠한 기회가 보이는가? 당신이 뒤에서 주도해 현재의 상황을 전환시킬 수 있고, 당신이 성장과 발전의 전략적 중심에 설 수 있는 기회가 보이는가?

- **인지하라:** 당신은 실험과 실패를 어떻게 생각하는가? 지금의 당신이 완벽하게 해낼 수 없는 일들은 피하며 스스로 한계를 설정하고 있는가? 당신이 매일 안전지대에 머무는 시간은 얼마나 되는가? 하루의 80퍼센트 이상인가?
- **당신의 것으로 만들어라:** 안전지대에 머무는 시간을 줄이고 장기적으로 어떤 일을 통달하고 성공할 가능성을 높이기 위해 스스로에게 어떠한 도전 과제를 줄 수 있는가?
- **실행하라:** 당신의 힘을 깨닫고 당신에게 가장 의미 있는 결과를 가져올 변화를 오늘 당장 실행하라.

제 4 장

나만의
성공 사이클을
만들어라

당신이 누구든, 어디에서 무슨 일을 하고 있든
스스로 한계를 넘어서려 할 때
성공 사이클에 올라탈 수 있다.

혼자의 힘으로 성취하는 데는 한계가 있다. 스스로 모험을 시작하는 것만으로는 그리 멀리 가지 못한다. 프로젝트에 동참하는 당신의 동료들과도 함께 모험을 시작해야 한다. 자기 자신을 뛰어넘어서, 자신의 직접적인 영향권을 넘어서 파급 효과를 일으킬 때 이 세상에 당신만의 흔적을 남길 수 있다. 함께하는 사람들을 지지하고 또 그들에게서 지지를 받으며 함께 시너지를 내는 효과가 발생돼야 가능한 일이다.

내 경험과 다른 사람들의 커리어에 비춰보면 공동의 목표를 향해 함께 나아갈 때 비로소 시너지 효과를 가장 꾸준하게 일으킬 수 있다. 커리어 초기에 나는 관리자의 문제를 해결해주는 동시에 그들의 전략적 목표 성취에 도움이 되는 프로젝트를 선택할 때 내 존재를 알리고 발전 가능성을 높일 수 있었다. 프로젝트를 진행하면서 관리자의 일을 덜어주고 새로운 기술을 배우며 회사에서 전략적인 인맥을 형성할 기회를 얻는다면 자신에 대한 상사의 깊은 신뢰와 적극적인 동의까지 얻을 수 있다. 진정한 의미의 윈윈 공식이다.

아마존에서 커리어를 시작한 초기에 나는 첫 연봉을 인상해보려다 아마추어 같은 실수를 저질렀다. 어느 날 마이크로소프트에서 내게 스카우트 제안을 했다. 선임 임원 밑에서 일하는 자리였다. 아마존에서 일하는 것도, 베이조스와 일하는 것도 만족스러웠기에 별 관심은 없었다. 하지만 현저히 높은 연봉을 제안한 터라 면접이라도 한번 볼까 하는 마음이 들었다. 나는 스카우트 제안 소식을 베이조스에게 알리며 연봉을 비슷한 수준으로 맞춰줄 수 있을지 물었다. 그는 내 방식에 언짢음 그 이상의 감정을 드러냈다.

나중에야 깨달았지만 내가 연봉을 올릴 만한 근거도 설명하지 않고 그저 숫자만 언급했던 것이 실수였다. 당시 나는 아마존에서 훨씬 혁신적이고 중대한 일을 하고 있었다. 그 시점에 다른 기업의 제안을 고려한다는 사실 자체가 가벼워 보일 뿐만 아니라 아무런 성과적 약속도 없이 연봉 인상만 요구한 것이다. 무엇보다 나는 앞으로 어떠한 기여를 더 할 수 있는지 제시하지 않았다.

그 이후로 연봉 인상을 요구할 때면 항상 사전에 미리 대화를 나눈다. 우선 관리자에게 6개월 후 승진 대상으로 나를 고려해줬으면 좋겠다고 전한다. 그리고 내가 그만한 가치가 있는 사람임을 보여주는 동시에 팀의 미션과 관리자의 성과에 중요하게 작용할 구체적이고도 측정 가능한 기여도를 보여주는 것이다. 그러면 승진이 결정되는 시기에 나와 관리자가 같은 목표와 같은 점수판을 공유할 수 있다.

다행히도 베이조스는 첫 연봉 협상에서 내가 보인 철없던 행동을 너그러이 넘어가줬다. 이후로 다시는 실수를 반복하지 않았다. 그리고 나는 내 존재를 알리고 나만의 성공 사이클을 만들기 위해서 세 가지 마음가짐을 나의 전략으로 삼았다.

- 전략 1. 한 걸음 더 뛰어봐야 어떻게 뛸지 안다
- 전략 2. 내가 요청하지 않으면 진짜 피드백은 없다
- 전략 3. 내 가치는 내가 '스스로' 정한다

•

전략 1.
한 걸음 더 뛰어봐야 어떻게 뛸지 안다

아마존 초기 시절, 대다수의 직원들은 말 그대로 이전까지 누구도 하지 않았던 일을 해야 했다. 모두 올바른 질문을 하고 문제를 잘 해결해나갈 수 있을 거라고 서로를 믿어야 했다. 이사회, 투자자들, 주주들의 매서운 눈초리를 받으며 많은 일을 해내야 했던 때이기도 했다. 업계에서 살아남으려면 다른 경쟁사들보다 더욱 빠르고 더욱 멋지게 이커머스의 미래를 만들어나가야 했다.

당시 회사가 마주한 거대한 벽 앞에서 주니어로서의 내 역량이 별 도움이 되지 않는다는 생각에 빠져 있었다. 내 어깨에 걸친 짐을 당장이라도 내려놓고 싶다는 유혹에 빠지기 쉬웠다. 하지만 주변을 둘러보자 회사에 수많은 사람이 각자 나름대로 영향력을 발휘하고 있었다. 그때 생각했다. 나도 영향력을 발휘할 수 있지 않을까?

적절한 사람들이 적절한 부담감을 경험할 때, 안정적인 시절에는 불가능한 혁신의 기적을 일으킬 수 있다. 디지털 세상으로 전환되던 초기에 굉장한 역량을 발휘한 사람들은 이제 닷컴 시대의 전설이 됐다. 혁신을 일으키거나 무관심하거나, 이 두 가지 극단적인 결과밖에 없던 시절이다.

바로 그 시기에 그렉 그릴리Greg Greeley라는 직원이 베이조스에게 아이디어를 제안했다. 훗날 아마존 프라임Amazon Prime이 된 상품의 시작이었다. 베이조스는 아직 시작 단계였던 슈퍼 세이버 시핑이 돈보다 시간이 많은 고객들을 만족시키는 한편 아마존 프라임은 시간보다 돈이 많은 고객에게 유효할 것이라고 판단했다. 거의 모든 고객의 니즈를 충족할 수 있는 이원적 접근 방식을 떠올린 것이다. 베이조스는 고객이 일상생활에서 니즈가 발생할 때마다 아마존을 곧장 찾도록 만든다면 고객 충성도가 더욱 공고해질 것으로 생각했다. 지금껏 한 번도 시도해본 적 없는 시스템이었다. 디지털 시대 구독 모델의 원형이 만들어지고 있었다.

아마존 프라임에 대한 아이디어는 기업이 다방면에서 여러 경쟁사들과 경합을 벌이고 있을 때 탄생했다. 2004년, 토이저러스는 장난감 셀러 사이트에 대한 독점권을 자신들이 갖기로 합의한 사항을 아마존이 위반했다며 고소했다. 또 연말 연휴 시즌을 맞아 아마존 사이트는 자주 먹통이 됐고, 연 성장률 17퍼센트를 보이는 오프라인 경쟁사 때문에 압박을 받고 있었다. 당시 아마존의 가치는 180억 달러인 반면, 대형 경쟁사 이베이의 가치는 330억 달러였다. 아마존은 거대 경쟁 업체들과 맞설 뿐만 아니라 미지의 영역을 헤쳐나가야 할 과제를 떠안고 있었다. 하지만 베이조스는 당장의 문제로 골머리를 싸매기보다 멀리 내다보려 했다. 그는 가장 경쟁력 있으면서 고객에게 가장 도움을 줄 수 있는 기업을 만드는 데 초점을 맞췄다.

아마존 프라임은 토요일 아침 베이조스의 보트 하우스에서 열린 선임 리더십 팀 회의에서 탄생했다. 그리고 불과 4주 뒤 연례 실적 발표 자리에서 공개됐다. 그 달에 우리 팀은 주 평균 110~120시간을 근무했다. 우리는 생존을 위해 싸웠다.

불가능을 가능하다 믿을 때 꿈은 실현된다

아마존 프라임 공개 이후, 우리는 무에서 유를 창조하듯 해야 할 일도 많았고, 개발과 관련된 업무로 스트레스가 심했다. 하지만 모두를 이끌어 앞으로 나아가게 하는 굉장한 에너지를 느낄 수 있었다. 아마존의 미래는 롤러코스터처럼 무서운 속도로 나아가고 있었다. CEO실의 젊은 직원이었던 나를 비롯해 베이조스와 CEO실 팀원은 달리는 롤러코스터가 탈선하지 않도록 정신없이 선로를 만드는 기분을 느꼈다. 우리는 직급을 떠나 팀원들끼리 서로를 굳건하게 믿어야만 했다.

당시에 커리어 초기였던 내게 중요한 전략적 이니셔티브를 진행시킬 능력은 없었다. 그래도 핵심 구성원들이 기적을 행하는 과정에서 방해받지 않고 집중할 수 있도록 내가 할 수 있는 일을 도울 눈치는 있었다. 나는 팀원들이 내게 묻기도 전에 무엇이 필요하고 무엇을 제공해야 하는지 파악하는 법을 배웠다. 또한 '워 룸'war room을 지휘하는 방법을 배웠다. 워 룸은 테크 기업에서 론칭이 시급한 시점에 팀들이 모두 모여 밤낮없이 일하는 회의실을 뜻한다. 워 룸에서 배운 것들은 훗날 구글에서 일할 때 많은 도움이 됐다.

나는 워 룸에서 내가 맡은 일의 중요도를 신경 쓰지 않았다. 언제든 소매를 걷어붙이고 무엇이든 할 준비가 돼 있었다. 대부분 인턴 수준에서 할 법한 일들이었다. 하지만 나는 조금도 개의치 않았다. 내가 어떤 식으로든 도움을 줄 수 있다는 것, 마법 같은 일이 벌어지고 있는 공간에 들어갈 수 있다는 것이 내게는 무엇보다 중요했다. 베이조스와 수석 부사장들이 워 룸에서 일하는 모습을 지켜본 것이 얼마나 값진 경험이었는지 훗날 셀 수 없이 많이 느꼈다.

2005년, 베이조스가 이사회에 아마존 프라임에 대해 소개하자 회의적인 반응이 나왔다. 이사회로서는 의구심을 품을 수밖에 없었다. 연 79달러에 100만여 종이 넘는 상품을 무제한 2일 배송으로 제공한다면 회사가 파산할 것이라고 우려했다. 베이조스는 이것을 '무제한 급행 배송'이라고 말했다. 만약 고객이 3달러짜리 칫솔을 무료 익일 배송으로 주문한다면 기업은 수익을 낼 수 없었다. 무언가가 더 있어야 했다.

베이조스는 당장의 분기별 성과가 아닌 향후 수십 년의 성장에 초점을 두었다. 그는 실제적이고도 획기적인 발전에 무게를 두었고, 주주들에게 당장의 만족감을 안겨줘야 한다는 데 사로잡히지 않았다. 그는 멀리 내다보는 장기적인 게임을 했고 그의 표현대로 고객들 주변으로 전략적으로 해자moat를 파놓았다. 또한 훗날 우위를 점하기 위해 현재의 작은 성과를 희생하려는 쪽이었다. 하지만 얼마 전에 터진 닷컴 사태로 거의 모든 것을 잃은 투자자들은 베이조스와 다른 타임라인에 서 있었다.

아마존 프라임 시스템을 시작하는 데 가장 중요한 요소는 배송비와 공급망 최적화였다. 한 이사회 회의에서 베이조스는 15층 회의실의 통창으로 내려다보이는 시애틀의 지평선을 배경으로 화이트보드 몇 개를 빽빽이 채우며 자신의 구상을 설명했다. 그는 배송 업체와 적정한 가격선으로 협의하면 아마존 프라임의 고객 서비스를 실현시킬 수 있다고 말했다. 사업 운영 수석 부사장인 제프 윌크Jeff Wilke는 일반 배송보다 항공 배송이 더 많은 비용이 드는 만큼 항공 배송을 최대한 배제하는 공급망 시스템을 구축하는 데 집중했다. 이사회는 여러 단서를 붙이는 조건으로 아마존 프라임을 허락했다.

절반 정도 허락을 얻은 베이조스는 모두가 불가능할 거라고 생각한 거래를 성사시키고자 했다. 하지만 그의 첫 번째 노력은 페덱스 때문에 좌절됐다. 페덱스는 베이조스의 터무니없는 제안을 어떤 배송 업체에서도 수용하지 않을 것이라고 주장했다. 이후 베이조스는 막대한 비용을 감수하고 아마존의 배송 물량을 페덱스가 아닌 다른 배송 업체로 전환했다. 페덱스가 자신의 조건을 들어주지 않으면 얼마나 큰 손해를 감당해야 할지 보여준 것이다. 실로 겁 없는 처사였다. 페덱스에서 한번 해보라는 식으로 버텼다면 아마존은 살아남지 못했을 것이다. 하지만 베이조스는 두 기업의 운명을 하나로 묶어야 강력한 무기를 가질 수 있다는 것을 알고 있었다.

그의 도박은 성공적이었다. 아마존 프라임 프로그램의 지속 가능성과 수익성을 보장하는 데 필요한 조건으로 페덱스와의 계약을 마무리했다. 프로그램 론칭 후, 프라임 회원이 일반 고객보다 더 오래 아마존 사이트에 머물고 더 많은 돈을 지출하는 현상을 확인할 수 있었다. 아마존의 장기적 고객 보상 프로그램이 탄생한 순간이었다.

아마존 프라임 론칭 이후 물류 센터 프로토콜에서 주문 과정의 비효율성은 줄어들고 배송 속도는 빨라지는 한편 총비용은 낮아졌다. 주문 배송 시스템을 조직화하기 위해 개발한 혁신적인 소프트웨어가 굉장한 성과를 거뒀다. 어떤 경쟁사도 특허 소프트웨어를 활용하는 아마존만큼 효율적으로 주문과 배송을 처리할 수 없었다. 이후 아마존은 획기적인 시스템을 바탕으로 사용자들의 배송 정보를 상당히 빠르고 정확하게 처리하는 원클릭1-Click 배송을 론칭하고 특허까지 받을 수 있었다.

지금은 누구나 간편한 주문 시스템을 당연하게 사용하고 있지만 예전에는 지금과 같은 수준의 고객 경험을 할 수 없었다. 아마존의 혁신적인 기술은 카운트다운의 마지막 순간에서야 비로소 실현됐다. 베이조스가 팀과 프로젝트의 비전을 온전히 신뢰했고 팀 또한 베이조스를 완벽하게 믿었기 때문에 역사적인 프로젝트를 내놓을 수 있었다. 리더급뿐 아니라 조직의 모든 사람이 함께 힘을 모을 때 꿈을 실현할 수 있다.

혁신은 멈추지 않을 때 찾아온다

구글 입사 후 프로덕트 팀에서 메이어와 일하는 동안 아마존의 프로젝트 론칭 사이클과 워 룸에서의 경험과 유사한 마라톤 여정이 이어졌다. 오늘날 구글의 기틀을 만들어가는 과정이었다. 그녀는 팀이 계속 집중하고 방향을 전환하고 초인적인 노력을 쏟아붓길 바랐다. 당시 구글은 지금처럼 대표적인 검색 엔진으로 자리 잡지 못했었다. 젊은 팀원들은 자신들이 할 수 있는 최대의 노력을 기울여 경쟁사보다 더 위대하고 멋진 것들을 더 빠르게 론칭하기 위해 애썼다.

2008년은 끝없이 이어지는 프로덕트 론칭 사이클로 유독 기억에 남는 해다. 당시 프로덕트 팀은 여러 중요한 론칭을 고작 몇 달 간격으로 소화해야 했다. 하나같이 엄청난 공을 들여야 하는 프로젝트들이었다. 나는 디자이너 아이구글iGoogle 홈페이지를 론칭하는 팀과 구글 맵에 교통 체계를 구축하는 팀을 오가며 일했다. 여러 건의 스프린트 프로젝트와 워 룸이 동시에 돌아가는 상황이 힘들었지만 곧 반복적인 사이클은 일상이 됐다.

나는 아마존에서 일할 당시 배웠던 워 룸 경험을 바탕으로 메이어를 포함한 팀원 전체가 시간과 에너지 자원을 최대한 효율적으로 쓸 수 있도록 론칭 대시보드를 만들었다. 우리가 해야 할 일들을 우선순위에 따라 대시보드에 정리한 후 지속적으로 진행 상황을 체크해나갔다. 법률, 엔지니어링, UX/UI 디자인, 커뮤니케이션 등 여러 협력 부서들은 세상에 낯선 상품을 만드는 데 힘을 보탰고, 나는 그들을 잇는 가교 역할을 했다. 부서를 넘나드는 협업은 마라톤처럼 길게 늘어선 상품 목록을 단

거리 전력 질주 속도로 완성해나가는 데 필요한 시너지를 발생시켰다. 고단함과 짜릿함이 공존하던 시기였다.

아이구글은 구글의 개인화 홈페이지로, 사용자가 다양한 가젯을 추가해 가장 많이 사용하는 앱을 한눈에 볼 수 있는 서비스다. 예컨대 사용자들은 자신만의 맞춤형 구글 홈페이지를 지메일과 챗, 뉴스 등으로 꾸며 매일 사용하는 것들을 모두 한 화면 안에서 해결할 수 있다. 사용자 중심의 통합된 정보를 앱을 통해 언제 어디서나 제공하는 스마트폰이 세상에 등장하기 이전의 시대라는 점을 명심해야 한다.

아이구글은 2005년에 서비스를 시작했지만 약 3년간 큰 견인력을 보여주지 못했다. 우리는 2008년 4월, 구글 홈페이지를 더욱 개인 맞춤형으로 아름답게 꾸밀 수 있도록 다이앤 본 퍼스텐버그, 토리 버치, 마크 에코Mark Ecko, 제프 쿤스Jeff Koons, 오스카 드 라 렌타Oscar de la Renta, 콜드플레이를 비롯해 70명의 아티스트가 참여한 디자이너 홈페이지 배경 서비스를 시작했다. 사용자 충성도를 끌어올리고 구글을 기본 홈페이지로 사용하도록 독려하기 위한 아이디어였다. 마침 야후와 MSN의 독점 콘텐츠 계약이 끝나고 다음 해 마이크로소프트의 빙Bing 출시를 앞둔 상황이었다. 우리가 새로운 사용자를 유치할 수 있는 절호의 기회였다. 새로운 홈페이지 배경 서비스의 론칭은 구글의 미래에 무척이나 중요했다. 어쩌면 다시는 기회가 오지 못할 거라는 것을 모두 알고 있었다. 제대로 그리고 빠르게 진행해야 했다.

메이어는 디자인을 보는 감각적인 눈을 갖고 있었다. 또한 유명 패션 디자이너들과 친분을 두텁게 유지한 덕분에 유례없는 파트너십을 실현할 수 있었다. 여러 팀들은 서비스의 론칭을 성공시키기 위해 중요한 역할을 했다. 나는 그들을 잇는 중앙 허브 역할을 맡았다. 또한 엔지니어, 디자이너, 프로덕트 개발자 및 여러 부서 사람들이 참여하는 프로젝트를 진행하고 조율하느라 굉장한 시간과 에너지를 쏟았다.

팀 전원이 하루 평균 15시간 정도 근무할 만큼 해야 할 일이 많았다. 당시 버클리에 살았던 나는 통근 시간이 편도 1시간 30분씩 걸렸다. 아침 7시에 첫 셔틀버스를 타고 출근해 밤 9시 30분 마지막 셔틀버스를 타고 퇴근했다. 마지막 셔틀 버스를 놓쳐 구글 법인 차량을 여러 번 대여하기도 했다. 게다가 밀린 업무를 처리하느라 토요일에도 온종일 사무실에서 일했다. 그나마 출근을 하지 않는 날에도 노트북에 매여 있었다.

회사에서 잠을 자고 24시간 생활하는 직원들이 많아지자 마운틴뷰시에서 구글 본사를 단속했던 것이 바로 이 시기였다. 직원들 입장에서는 비싼 임대료를 내고 집을 비워둘 필요가 전혀 없었다. 회사에는 건물마다 헬스장과 세탁실이 있고 무료 음식도 준비돼 있었다. 결국 회사는 사무실에서 잠을 자면 안 된다는 사칙을 만들어야 했다.

몇 달 후 2008년 4월, 구글 뉴욕 지사에서 얼마 떨어지지 않은 맨해튼의 미트패킹 지구Meatpacking District 야외 공간에서 아이구글 파트너십 론칭 행사가 열렸다. 밤하늘을 배경으로 본 행사가 시작되기 직전, 나는 메이어의 연설 노트를 손에 들고는 제일 앞줄에 앉아 얼떨떨한 기분에 몸을 꼬집었다. 자수성가한 비즈니스 우먼이자 내가 무척이나 존경하는 버치와 본 퍼스텐버그 사이에 앉아 있다니 믿을 수 없었다. 이윽고 미트패킹 지구의 오래된 벽돌 건물에 디자이너들의 아이구글 테마 작품이 LED로 투사되면서 화려하게 번쩍이기 시작했다. 미국의 신구 산업이 나란히 병치되는 황홀한 광경은 잊지 못할 장관을 연출했다.

기자들의 반응도 무척 뜨거웠다. 론칭 행사를 지켜보며 굉장한 성공의 쾌감과 깊은 안도를 느꼈다. 별이 수놓인 뉴욕의 밤하늘 아래서 이어진 자축의 자리는 '공과생 괴짜' 너드nerd들의 월드 시리즈에서 우승한 뒤 벌어지는 파티 분위기였다.

다만 그날 저녁 우리가 간과한 부분들이 있었다. 애플도 우리와 마찬가지로 사용자 상호작용을 유도할 계획을 세우고 있었다는 것이다. 그들은 같은 해 7월 앱스토어를 출시할 예정이었다. 아이구글 론칭 후 몇 개월도 되지 않은 시점이었다. 앱스토어에는 소비자 행동을 완전히 새로운 방향으로 전환시킬 수 있는 500여 개 앱이 등록돼 있었다. 그해 10월, 우리는 현 구글 플레이 스토어의 전신인 안드로이드 마켓을 출시했다. 우리 팀은 아이구글에 맞췄던 사용자 상호작용 시스템의 초점을 다른 곳으로 전환할 수밖에 없었다.

또한 우리는 소셜 네트워크가 인터넷을 강타해 아이구글의 적합성을 위협할 거라는 사실도 알지 못했다. 언젠가 방향을 전환하고 힘껏 달려나가야 하는 날이 올 것이란 정도만 알고 있었다. 테크 분야가 짜릿한 동시에 사람을 미치게 만드는 이유는 끊임없이 혁신을 계속해야 하기 때문이다. 내일의 고객 만족을 위해 계속해서 새로운 상품을 설계해야 하고 어제 온 마음을 다해 제작했던 상품을 가차 없이 버릴 줄 알아야 한다.

아이구글을 론칭하고 얼마 후인 2008년 9월, 우리는 다시 뉴욕에 갔다. 우리는 그랜드 센트럴 터미널Grand Central Terminal에서 구글 창립자인 래리 페이지와 세르게이 브린Sergey Brin이 추진해 교통 체계 기능을 더한 구글 맵 론칭 행사를 열었다. 요즘은 전 세계 어떤 나라를 가더라도 스마트폰에 설치된 구글 맵을 통해 도보, 자전거, 대중교통, 자동차의 이동 방향과 거리를 실시간으로 확인할 수 있다. 하지만 당시만 해도 구글 창립자 외에는 구글 맵과 같은 서비스를 상상해낼 수 있는 사람이 없었다.

우리는 구글 맵 론칭 행사를 성공시키기까지 길고 긴 과정을 거쳤고 원대한 비전을 품어야만 했다. 불과 2년 전 구글은 지구상의 모든 거리를 찍은 사진을 취합해 구글 스트리트 뷰를 내놓았다. 구글 스트리트 뷰의 론칭을 앞두고 내부에서도 정말 가능할지 확신이 없었고 회의적인 이야기도 제법 오갔다. 특허를 받은 카메라와 GPS 추적기를 장착한 특수 차량으로 세계 모든 거리를 다녀야 하는 엄청난 프로젝트였기 때문이다. 또한 자료 업데이트를 하려고 정기적으로 해당 거리를 다시 방문하는 과정도 만만찮았다.

구글 스트리트 뷰를 론칭하려면 정부 기관의 협조도 필요했고 사생활 침해 문제도 고려해야 했다. 무엇보다 엄청난 규모의 인력과 엄청난 양의 데이터 처리가 필요했다. 하지만 당시 페이지와 브린에게는 그리 큰 문제가 아니었다. 서비스를 완성하기까지 넘어야 할 산이 많았지만, 인근 지역이나 직접 가볼 수 없는 머나먼 나라에 있는 장소를 탐험할 수 있게 해주는 부가 기능을 사용자들에게 제공할 기회를 놓치는 것에 비하면 감당할 만했다. 나중에는 킬리만자로산이나 국제 우주 정거장처럼 거의 도달할 수 없는 지역까지 확장될 프로젝트였다.

구글 트랜짓 맵Google Transit Maps을 론칭할 때에도 계획과 승인까지 거의 6개월이나 걸렸다. 하지만 구글 맵과 같은 혁신적인 상품을 만들고 출시하기까지 구글이 거쳐온 과정에 비하면 아무것도 아니었다.

쉬운 일을 대하는 태도가 일의 성패를 가른다

내가 구글에서 처음 일하게 됐을 때 내 책상은 페이지와 브린의 사무실에서 약 4.6미터 떨어진 곳에 있었다. 스카이워크로 연결된 옆 건물의 CEO 사무실과는 도보로 3분 거리였다. 덕분에 나는 회사의 중역들과 함께하는 시간 동안 수많은 대화와 늦은 밤까지 이어진 전략 회의, 코드 리뷰를 통해 많은 영감을 얻었다. 구글 프로젝트 매니지먼트 업무에 대한 욕망을 일깨우기에 충분했다. 당시의 경험은 내가 글로벌 CEO 컨설팅 기업을 세우는 데도 많은 영향을 미쳤다. 어쩌면 끝도 없이 밀려드는 일에 머리를 파묻은 채 학습의 기회를 흘려보냈을지도 모른다. 하지만 나는 언제든 내 몸을 일으켜 세우며 질문했다. 워 룸과 같은 비상상황보다 지루한 일상을 보내는 방식과 '쉬운' 업무를 처리하는 방식에서 커리어의 성패가 갈리는 때가 많다.

당시 샌프란시스코에서 열리는 나이키 위민스 하프 마라톤을 준비하며 도전적 목표의 이면에 대해 생각지도 못한 교훈을 배웠다. 나는 결코 훌륭한 러너도, 타고난 러너도 아니다. 2012년 처음으로 하프 마라톤 참가 신청을 할 때까지 5킬로미터 거리를 완주해본 적도 없었다. 나의 무모해 보이는 도전은 어느 날 저녁 동료가 보낸 메일에서부터 시작됐다. 그는 내 업무용 메일로 백혈병 연구를 위한 하프 마라톤 기부 페이지 링크를 보냈다. 나는 기부금 조성에 동참해야겠다는 생각에 곧장 하프 마라톤에 참가 신청을 했다. 평소답지 않게 충동적인 행동이었다.

나는 마라톤 경험이 전무한 데다 평소 러닝이라면 끔찍이도 싫어했다. 하지만 이왕 참가하기로 한 이상 훈련 스케줄을 짜보기로 했다. 테크놀로지 마니아답게 '하프 마라톤 훈련하는 법'을 구글 검색창에 입력하고 훈련 계획을 출력한 뒤 실행에 옮겼다. 내 첫 번째 마라톤은 샌디에이고의 평지를 달리는 무난한 코스에서 이뤄졌다. 훈련이 무척 힘들었지만 업무 외적으로 성취감과 효능감을 느낄 수 있어 즐거웠다. 나는 6개월 후에 열리는 샌프란시스코 마라톤에도 참가 신청을 했다.

나이키 위민스 하프 마라톤은 가파른 경사가 많은 지역에서 진행됐다. 나는 샌프란시스코의 악명 높은 경사를 대비해 언덕을 오르는 훈련을 많이 해야 했다. 인터넷에 찾아보니 하나같이 전력 질주로 언덕을 오른 뒤 숨을 고르고 다시 시작점으로 걸어 내려오는 과정을 반복하는 것이 좋다고 했다. 허벅지 뒤쪽의 햄스트링 근육을 단련하기에는 충분했다. 굉장히 효율적이지만 형편없는 접근법이라는 것이 곧 드러났다. 마라톤 당일 날, 나는 인터넷에서 배운 훈련법 덕분에 긴 언덕길을 몇 번이나 오를 수 있었지만, 내리막길의 충격을 흡수하는 데 필요한 앞쪽 대퇴사두근이 조금도 단련돼 있지 않았다. 정작 레이스의 '쉬운' 구간에 대한 준비가 전혀 되지 않았던 탓에 근육에 큰 부담이 갔다.

나는 눈앞의 기술이나 능력을 기르는 것이 쉬운 데다 지루하다는 핑계로 집중하지 않았다. 결국 커리어 내내 간단해 보이는 일들을 제대로 처리하지 못하고 기습을 당한 적이 몇 번이나 있었다. 오르막길처럼 힘든 싸움에만 집중한다면 꾸준히 자신의 능력을 발휘하는 팀 플레이어가 되는 데 필요한 균형감을 잃고 만다. 마찬가지로 자신의 안전지대에서만 훈련하고 수월한 일만 파고든다면 반드시 찾아올 중요하고도 힘든 싸움에 대한 준비를 하지 못할 것이다.

·

전략 2.
내가 요청하지 않으면 진짜 피드백은 없다

처음 구글에 합류했을 때 나는 앞으로 3개월 동안 내가 달성할 목표를 적어야 했다. 구글에서는 목표Objectives와 핵심 결과Key Results를 의미하는 OKR 시스템을 활용한다. 아마존과 구글, 두 기업의 이사회 임원인 존 도어John Doerr가 아마존 창립자들에게 OKR을 전수했던 터라 나 역시도 아마존에 있을 때 간접적으로 경험한 적이 있었다. 이후 그는 목표 연계와 달성 전략을 다룬 《OKR 전설적인 벤처투자자가 구글에 전해준 성공 방식》이라는 멋진 책을 저술했다.

　OKR은 분기별로 문샷과 같은 위대한 결과물을 목표로 삼는 시스템이다. OKR을 중심으로 리더들은 기업 성장에 중요한 사안을 세 가지에서 다섯 가지 정도로 지정해 기업이 나아가야 할 방향을 정립한다. 직원과 관리자들은 리더가 세운 프레임워크 안에서 개인의 목표와 결과물을 계획한다. 직급 고하를 막론하고 모든 직원의 기여는 기업의 성공에 직접적으로 연계돼 있다. OKR은 회사의 성과에 자신이 대단한 영향력을 발휘했다는 자부심을 느끼게 해주는 시스템이다.

구글에서 첫 3개월을 보낼 무렵 나도 스스로 성취한 것들을 보며 뿌듯함을 느꼈다. 아무것도, 아무도 몰랐던 내가 팀의 허브 역할을 하는 사람이 됐으니 말이다. 불가능한 것을 해낸 것 같은 기분이었다. OKR에 작성했던 것들을 모두 달성했다고 자신할 수 있었다. 하지만 그것이 바로 문제였다.

메이어는 실망스러운 반응을 보였다. 굉장한 충격이었다. 그녀가 뿌듯한 표정으로 성적표를 내밀 거라 기대했기 때문이다. 그녀는 내 성과가 핵심 결과보다 업무에만 몰두한 결과라고 덧붙였다. 내 '완벽한 수행' 점수를 두고는 충분히 높은 목표를 세우지 않았거나 의미 있는 방향으로 도전하지 않은 것이라고 해석했다. 메이어에게 완벽은 중요치 않았다. 그녀는 내가 회사의 원대한 목표에 동참하고 맡은 역할 내에서 핵심 결과를 도출하기 위해 자신의 한계를 뛰어넘어 최대한의 역량을 발휘하는 모습을 보여주길 바랐던 것이다.

아마존에서 OKR 목표 설정 시스템을 경험했음에도 구글에서 첫 3개월간 OKR에 큰 영향력을 발휘하겠다는 취지의 목표를 세울 생각을 하지 못했다. 나는 교육도 받지 못하고 전임자로부터 인계받은 것도 없이 팀에 합류하게 돼 정신이 하나도 없었다. 실질적인 발전을 위한 시도도 전혀 하지 못한 채 그날그날의 업무를 완수하는 데만 급급했다. 나는 분명 크게 도약해야 할 성장 단계에 있었지만 회사의 기대에 못 미쳤다.

구글에서의 첫 번째 OKR은 업무와 시스템에 대한 것뿐이었다. '언론 인터뷰 요청 및 연설 의뢰 업무를 간소화하는 시스템을 만들고 밀린 업무를 모두 처리한다'는 식으로 목표를 세웠다. 내가 살펴봐야 할 주요 업무를 요약한 것일 뿐 대단히 야심 찬 목표는 아니었다. 나는 일상적 업무를 넘어 회사가 만들어 나가고자 하는 상품과 내가 도울 수 있는 역할에 초점을 맞춰야 한다는 의도를 완전히 놓치고 말았다.

그래서 메이어가 내 목표 설정과 수행 결과에 실망스러움을 보인 것이다. 그녀의 피드백은 내 사고방식을 전환하는 계기가 됐다. 그녀는 내게 현재 능력을 넘어서는 목표를 설정해도 되고, 한 번씩 실패해도 괜찮다는 확신을 줬다. 그러자 숨통이 트이는 것 같았다. 내 전문 분야더라도 기업의 담대한 미션과 목표에 다가가는 데 도움이 되지 않는 업무에서 꾸준하게 만점짜리 성과를 낼 필요가 없었다. 내 안전지대에서 한참 벗어난 목표를 세우되 50퍼센트나 80퍼센트 정도의 성과만 내도 충분히 보상을 받을 수 있었다.

나는 자신이 맡은 업무에만 몰입하면 이미 우리가 경험한 문제를 해결하기만 할 뿐이라는 사실을 깨달았다. 그보다는 먼 미래에서부터 문제를 돌아보며 접근하는 방식을 통해 훗날 구글과 사용자들의 니즈를 예측하고, 그 순간이 찾아오기 전부터 미리 니즈들을 해결해나가기 시작해야 했다. 나는 더 이상 전략의 메커니즘 측면에 많은 에너지를 쏟지 않기로 했다. 완벽한 운영 시스템에 대한 청사진을 만드는 데만 주력하기보다는 구글의 미션과 내가 할 수 있는 역할을 생각하는 데 모든 에너지를 쏟아야 한다는 것을 깨달았다. 보통 '북극성 정렬'North Star alignment이라고 부르는 프로세스다.

구글의 미션은 세상의 정보를 체계화해 누구나 정보에 접근하고 도움을 받을 수 있도록 하는 것이었다. 프로덕트 팀에서 우리의 역할은 전 세계 사용자들의 손에 구글의 미션을 전달할 도구를 개발하는 것이었다. 이를 위해 새로운 아이디어를 떠올리고 시스템을 만들고 최첨단 코드를 개발해 사용자들에게 접근 가능한 방법으로 출시하는 것이 메이어가 맡은 업무였다. 내가 영향력을 가장 크게 발휘하려면 그녀의 결과물과 내 결과물을 직접적으로 연계시켜야 한다는 생각에 이르렀다.

나는 두 번째 분기의 OKR에 이전보다 훨씬 더 야심 차고 나의 북극성에 일치하는 목표를 세웠다. 내 분기 목표는 '프로덕트 팀 내에서 핵심 프로덕트의 브레인스토밍, 디자이닝, 코딩, 론칭 과정의 효율을 높이는 중심 인력이 되겠다'는 것이었다. 팀에서 직급은 가장 낮았지만, 목표만큼은 제법 발칙하게 정한 것이다. 메이어가 내 목표를 승인했으니 나는 목표 달성을 위해 필요한 건 무엇이든 할 수 있다는 허락과 권한을 부여받은 셈이었다. 끝없이 업무가 쌓여 있는 책상을 벗어나 핵심 프로덕트를 개발하고 논의하는 자리에 참여해도 된다는 암묵적 허가를 받은 것이었다. 나는 정말로 현 시스템을 파악하고 의견을 전달하고 업무를 더욱 효율적으로 연계하고 간소화하는 데 일조했다.

내 생각을 조금만 바꾼 것에 불과했지만 결과는 대단했다. 코드 검토와 평가 리뷰의 진행 방식, UX/UI 디자이너와 엔지니어 사이의 갈등 원인, 론칭 이벤트에서 다뤄야 할 커뮤니케이션과 정책 문제의 복잡한 사안 등을 배우고 이해한다는 내 개인의 목표를 충족시켰다. 그뿐만 아니라 팀에서 중요한 인력으로 자리매김할 수 있었다. 처음에는 미팅에 참여해도 흐름을 전혀 이해하지 못해 고생도 했다. 주변 사람에게 프로세스에 대한 내 무지를 드러내는 '한심한' 질문도 수없이 했다. 하지만 우여곡절 끝에 내 학습과 능력은 빠르게 향상됐고 그 결과 상당한 기여를 할 수 있게 됐다. 내 커리어의 성장과 팀의 성공이 연계되면서 선순환 흐름이 생겨나자 내 학습과 나란 사람에 대한 가시성이 동시에 커졌다. 가시성은 항상 승진 가능성으로 이어지기 마련이다.

메이어는 항상 팀원들의 도전을 치하했다. 그리고 팀이 적절한 보상과 승진의 기회를 누릴 수 있도록 최선을 다했다. 나는 팀과 회사에서 가치 있는 사람이 되려면 완벽해야 한다는 기대치에서 해방돼 큰 자유를 느꼈다. 메이어가 내게 전한 가르침 덕분이었다. 나 자신이 미처 준비되지 않았다는 생각이 들어도 우선 도전할 줄 알아야 하고 '완벽한' 수행보다 학습을 가치 있게 여겨야 한다는 것이다.

완벽한 청사진보다 나만의 미션을 일깨워라

OKR 시스템 덕분에 나는 분기별 공식 평가를 기다리지 않고 가능한 한 많은 사람에게 솔직하고도 자극이 되는 피드백을 꾸준하게 요청했다. 팀원들은 내게 나조차도 몰랐던 강점을 알려줬고, 고쳐야 할 단점도 짚어줬다.

구글에서의 초년 시절부터 능동적으로 내 커리어의 주도권을 갖고 내가 무엇을 배우고 성취하고 싶은지 직접 선택하는 법을 배워나갔다. 실제로 2008년 2분기에 커뮤니케이션팀이 쉴 틈 없이 이어지는 론칭 일정을 소화할 때 나서서 돕겠다고 했다.

그해 9월에는 구글 크롬 브라우저 론칭이 있었다. 전사적으로 굉장히 많은 공을 들인 상품이자 구글의 첫 안드로이드 스마트폰 출시를 겨우 2주 앞두고 열린 큰 프로젝트였다. 당시 크롬 브라우저 론칭에 앞서 사용자들의 혼란을 최소화하고 재미와 접근성을 높일 이벤트가 필요했다. 우리는 크롬을 소개하는 내용을 담아 40페이지 분량의 만화를 제작했다. 또 T-모바일 안드로이드 HTC 드림ʜᴛᴄ Dream 출시 때는 소비자에게 오픈 소스 소프트웨어와 최고 사양의 알림 창, 구글 서비스 통합 등의 이점을 설명하는 데 주력했다.

나는 내가 정확히 뭘 하고 있는지도 몰랐다. 내가 팀에 기여한 것보다 배운 것이 더 많았지만, 결과적으로는 내게 굉장히 도움이 되는 경험이었다. 내 전문 분야를 벗어난 일에 자진해서 돕겠다고 나서지 않았다면 불가능한 일이다. 대형 론칭 이벤트를 진행하는 것도, 새로운 기술을 대중에게 전파하고 수많은 부서와의 복잡한 협업을 조율하는 법도 배우지 못했을 것이다. 나는 이벤트 진행과 협업의 과정에서 많은 질문을 해야 했다. 부족한 경험과 지식을 상쇄하기 위해 연장 근무도 감수해야 했다. 무엇보다 프로덕트 팀의 중역들 앞에서 내 어리숙함도 드러낼 줄 알아야 했다.

자신의 한계를 넘어서는 목표를 통해 자기 자신을 새롭게 변화시킬 기회를 얻는 것이 얼마나 드문 일인지를 몇 년 후에야 비로소 깨달았다. 실리콘밸리에서 내가 배운 가장 큰 가르침이 있다. 나 자신을 포함해 세상에 변하지 않는 것 또는 고정된 것은 없다는 사실이다. 훗날 CEO실에서 나는 슈밋과 함께 일하면서 전과 다른 나로 성장해나간다는 것이 무엇인지 경험했다. 인공 지능과 같은 낯선 신기술을 바탕으로 중대한 합동 프로젝트를 진행할 때 나는 나보다 훨씬 직급이 높은 사람들이 있는 공간에서 주눅 들지 않고 내 자리를 만들 줄 알아야 했다. 또 내 역량을 뛰어넘는 굉장한 노력을 쏟아붓는 동시에 실패와 성공을 오가며 배워나가는 과정을 여실히 보여줘야 했다.

나는 UCLA 심리학자 할 허쉬필드Hal Hershfield가 말한 '미래의 나'future self(먼 미래의 내 모습을 지칭하는 용어로, 미래의 나를 현재의 나와 동떨어진 타인이 아니라 현재의 나와 연결된 하나의 정체성으로 느끼는 것이 중요하다는 개념이다―옮긴이)를 내 뜻대로 그려나가는 법을 배웠다. 만약 내가 새롭게 진화하는 나 자신을 그리지 못했다면 의미 있는 도전과 성장, 학습을 위해 의식적이고 의도적으로 계획하는 것이 불가능했을 것이다. 또한 내 커리어를 앞으로 나아가게 해줬던 승진, 프로젝트, 발전의 기회도 모두 놓쳤을 것이다.

자신이 만들어나가는 미래의 나라는 정체성을 보상으로 얻지 못한다면 힘든 수고와 한 번씩 경험해야 하는 수치심을 참아낼 수 있을까? 대부분의 사람은 과거의 경험을 통해 만들어진 정체성을 가지고 살아간다. 하지만 목적의식을 바탕으로 작더라도 조금씩 한계를 넓혀가는 도전을 계속해나간다면 스스로의 정체성을 변화시킬 수 있다. 스스로 보는 자신과 타인의 눈에 비치는 자신의 모습을 원하는 대로 만들어나갈 수 있다.

나 또한 미래의 나를 스스로 만들어가며 슈밋에게 걸맞은 직원이 되기 위해 필요한 능력을 갖춰나갈 수 있게 됐다. 그와 일하면서도 새로운 나의 모습을 끊임없이 개발해나갔다. 결과적으로 내 직급에서는 경험하지 못할 프로젝트를 여럿 맡았다. 슈밋과 권력을 쥐고 있는 리더들에게 내 성장 목표를 알리고 내가 목표를 성취한다면 그들에게도 도움이 된다는 것을 보여줄 용기만 내면 됐다. 용기를 내고 나니 자연스럽게 나를 지지해주는 중역들이 생겨났다. 미래의 나를 그리는 접근법은 공식적인 승진을 향한 기회도 만들어줬다.

모두가 당신의 이름을 가장 먼저 떠올리게 하라

"앤, 당신 안에 잠재돼 있는 능력을 어떻게 활용할 수 있을지, 당신의 영향력을 어떻게 키울 수 있을지 생각을 좀 해봤어요."

나는 이렇게 말하는 관리자를 한 번도 만나지 못했다. 관리자는 결코 내 능력과 영향력을 대신 고민해주지 않는다. 그것들은 내가 먼저 고민해야 할 문제들이다. 하지만 나는 내가 관리자 자리에 오르고 난 후 직속 부하 직원의 성장 목표가 무엇이고 어떻게 도울 수 있을지 늘 알고 싶어 했다. 그들의 목표를 알면 리더로서의 내 일이 한결 쉬워질 뿐만 아니라 공동의 목표가 생기기 때문이다.

승진을 원할 때면 나는 6개월에서 1년 정도 앞서서 상사를 찾아가 내 계획을 설명했다. 당시 슈밋의 수석 보좌관이 되고 싶었지만, 구글에는 없는 보직이었다. 나는 과거 업무 중 수석 보좌관직에 해당하는 일을 적은 자기 평가서와 함께 내가 앞으로 발전시켜야 할 기술과 해당 기술을 키울 수 있는 프로젝트 목록을 정리해 슈밋을 찾아갔다. 그는 내 제안과 성장 계획에 동의했다. 이후 나는 우리 둘 모두의 지위를 향상시키는 데 초점을 맞춘 승진 로드맵을 만들어 실행에 옮겼다.

슈밋의 수석 보좌관이 되자 새로운 과제가 생겼다. 수석 보좌관 역할을 제대로 하려면 그가 부재 중일 때 임원진과 회의도 진행해야 했고 일부 결정을 내릴 기회와 권한이 필요했다. 나는 커뮤니케이션 팀과 정책 팀의 수장들을 일주일에 한 번씩 만나 전 세계에서 만들어지고 있는 새로운 수요와 관심 사항들을 검토하고 이를 우리가 충족시킬 수 있는 방안에 대해 의견을 나누는 시간을 제안했다. 회사의 니즈를 이해하고 해결 전략을 제안하려면 반드시 필요한 시간이었다. 새로운 배움의 과정이 설레는 한편 두려웠지만 결과적으로는 큰 성과를 거두었다. 실제로 회의를 하며 우리의 실행력은 물론 회사와 사용자들에게 최고의 결과를 창출하는 능력이 크게 향상됐다. 나는 과감한 실행 덕분에 직업적으로 소중한 기술을 배우고 우정도 깊이 쌓을 수 있었다.

한편 내가 구글 퇴사 후에 설립한 글로벌 CEO 컨설팅 기업의 고객은 대부분 승진을 기대하는 직원 때문에 골머리를 앓고 있었다. 대부분의 고객이 회사를 확장하는 단계라 예산이 한정적이었다. 직원에게 제공할 수 있는 승진 기회 또한 제한적이었다. 무엇보다 고객들은 조직을 가볍게 유지하길 원했고, 재직 기간이 길다고 해서 승진이나 연봉 인상을 반드시 보장할 수는 없었다. 나는 컨설팅 고객들을 만나며 직원의 바람직한 접근법과 부작용만 낳는 접근법의 사례를 모두 접할 수 있었다.

한 애그테크_{AgTech}(농업 테크—옮긴이) 기업에서 일하는 에이미라는 젊고 재능 있는 직원은 훌륭한 접근법을 취했다. 큰 과도기에 놓인 조직에 필요한 과제를 파악한 그녀는 본인의 역할을 벗어나는 대형 프로젝트를 맡았다. 그 프로젝트는 조직에 꼭 필요한 일이었다. 그 일을 진행할 정도로 여력이 있거나 여러 부서와 협력적인 관계를 쌓은 사람은 그녀뿐이었다. 그녀는 자신의 성장 목표를 관리자에게 보여줬고, 기업의 존폐가 걸려 있는 위기의 순간에 필요한 일을 실행했다. 에이미는 자신의 팀 효율성과 수익성을 모두 향상시켰다. 몇 달간 노력을 기울이며 스스로의 가치를 증명해 보인 덕분에 그녀는 자신이 원하는 프로젝트는 무엇이든 할 수 있는 황금 티켓을 손에 쥔 것이나 다름없는 위치에 올랐다.

반면 자신의 기업 수익 기여도나 승진 자격 여부조차 고려하지 않고 연봉 인상이나 승진을 요구하는 직원들의 이야기도 수없이 접했다. 그들은 자신의 기여도나 조직에 필요한 자원 등에는 무관심할 뿐만 아니라 책임감도 없이 자동적인 승진이나 인상을 기대한다. 한 직원은 조직에서 새로 마련한 요직의 고려 대상자였지만 자신의 가치나 능력을 증명하거나 구체적인 성과 목표를 내세우지도 않은 채 터무니없는 연봉 인상을 요구하는 바람에 기회를 잃기도 했다.

대기업은 승진 시스템이 더욱 체계적으로 잡혀 있다는 장점이 있지만 그 계단이 매우 촘촘하게 짜여 있고 속도도 더디다. 스타트업은 기업의 성장이 훨씬 빠른 만큼 몇 계단씩 크게 오를 수 있지만 재정적인 보상을 받기까지는 몇 년을 기다려야 할 가능성이 크다. 스타트업에서 일하는 직원들의 경우 자신이 조직에서 없어서는 안 되는 존재로 인식되려면 오너처럼 사고할 줄 알아야 한다. 경영진과 직원이 타협점을 찾기 위해서는 양측 모두 일찍부터 진솔한 대화를 자주 나누는 시간을 갖는 것이 좋다.

놀랍게도 나는 CEO 상사들에게서 단 한 번도 공식적인 업무 능력 평가서를 받아본 적이 없다. 공식적인 평가와 지침이 없었기에 나는 틈 날 때마다 상사에게 불편한 질문을 하며 내게 보완이 필요한 점과 진심 어린 피드백을 받고자 노력했다. 관리자라면 업무 평가에 직접적이고 구체적이며 실천 가능한 내용을 담아야 한다. 안타깝게도 대부분의 직원, 특히나 고성과자들은 더더욱 실질적인 피드백을 받기가 좀처럼 쉽지 않다. 대다수의 관리자들도 구체적인 피드백을 주는 것을 어려워하기 때문이다. 특히나 여성 직원의 경우 능력이 아닌 행동에 대한 피드백만 받을 때가 많아 직원 개인이 관리자와 동료들에게 피드백을 계속 구해야 하는 부담을 떠안는다.

내 업무 수행 능력을 애매하게 평가한 피드백이 전해졌을 때 평가 기준의 원칙을 파고드는 것은 내 몫이었다. '훌륭합니다'라는 일반적인 평가를 받았다면 구체적인 평가 내용을 물어야 앞으로 무엇을 계속해야 할지 정확히 알 수 있다. 나는 내 수행 능력이 평균 이하라면 다음에 더 좋은 평가를 받기 위해 실천할 수 있는 상세한 방안을 이끌어내도록 집요하게 물었다. 또다시 같은 상황이 벌어지지 않도록 능동적으로 계획을 세우고 더 나은 결과를 위해 어떻게 변화해야 좋을지 논의하는 식이다. 그래야만 관리자와 내가 합의한 바에 따라 자신 있게 실천할 수 있는 구체적인 실행 방안을 만들 수 있다. 이후로는 앞으로 내가 나아가야 할 방향에 도움이 될 자원과 훈련 프로그램, 멘토를 구체적으로 요청했다. 자신에 대한 상세하고 효과적인 피드백은 받는 쪽에서 적극적으로 요청해야 얻을 수 있다.

대학 동기 중 굉장히 똑똑한 친구가 한 명 있었다. 그 친구는 새로운 학기 시작과 함께 교수들을 한 명씩 찾아가 자신이 강의에서 만점을 받고 싶고 목표를 달성하기 위해 필요한 노력을 다할 것이라고 알렸다. 또 매주 교수를 찾아가 자신이 보완해야 하는 점을 지속적으로 물었다. 교수들은 그의 대담한 포부와 정성을 놀라워했다. 결국 교수들이 그를 대하는 방식도, 그를 바라보는 생각도 달라졌다.

친구와 교수 간에 공통의 기대치가 생기자 양측이 생각하는 성공과 목표 달성 과정 사이에 간극은 거의 없어졌다. 결국 그는 최고 수준의 평점과 전 과목 A를 기록하며 대학을 졸업했다. 무엇보다 모든 교수가 그의 이름을 알게 됐다. 또 모두가 그의 재능을 상세하게 파악하고 있었으며 연구 프로젝트나 여러 기회가 생길 때면 그를 먼저 떠올렸다. 그가 대학원에 지원할 때에도 교수들은 당연히 정성껏 추천서를 써줬다. 그 친구의 접근법은 직장에서도 통한다.

●

전략 3.
내 가치는 내가 '스스로' 정한다

나는 승진이나 보너스, 연봉 인상보다 내 열정을 유지하는 것을 더 중요하게 생각했다. 일과 열정을 일치시키기 위해서는 커리어 후반보다는 초기에 창의력과 능동성을 더욱 많이 발휘해야 한다. 커리어 초기에는 자신이 할 수 있는 일과 하고 싶은 일에 간극이 있기 때문이다. 하지만 그 간극 안에서도 커리어에서 주도권을 잡고 일에서 즐거움과 성취감을 찾아나갈 방법은 있다.

나는 협조적이고 혁신적인 환경에서 일해왔다. 하지만 개인의 업무 영역을 넘어서 영향력을 확장하길 바라는 직원을 격려해주거나 관대하게 용인해줄 정도의 겸손함, 경험, 훈련 프로그램을 갖추지 못한 기업과 관리자들도 많다. 어떤 상사들은 자신의 자리를 빼앗길까 봐 두려운 마음에 부하 직원을 억누르기도 한다. 현재 자신이 비협조적인 상황에 놓여 있다고 해도 일에서 의미를 찾고 성장하고 영향력을 확장할 방법이 있다. 굉장히 보수적인 업무 환경, 일반적으로 보기에 신입이 할 만한 업무, '특별한 기술이 필요하지 않는' 역할에서도 가능한 방법이다.

예일대학교 교수인 에이미 프제스니에프스키Amy Wrzesniewski는 자신에게 불리한 환경에서도 자신이 하는 일을 달리 생각하는 것만으로 의미를 찾을 수 있을지 연구해왔다. 그녀는 개인의 강점과 가치를 반영해 업무를 재해석함으로써 일에서 목적의식을 극대화하는 방법을 분석했다. 그녀의 연구를 살펴보면 별것 아닌 듯한 사소한 행동이 우리의 행복과 효율성에 대단한 영향력을 발휘한다는 것을 재차 확인할 수 있다.

실제 직무 기술서에 적힌 내용을 떠나 자신이 일을 대하는 태도가 차이를 만들어낸다. 프제스니에프스키는 일을 생각하는 방식을 밥벌이(생계를 위한 도구), 커리어(개인의 발전과 명성을 얻는 수단), 사명(성취감의 원천이자 가치 있는 일의 실천) 등 세 가지로 분류했다. 직업에서 사명을 찾는 것이 엘리트들에게만 허락된 호사라고 생각할 수도 있다. 하지만 그녀의 연구에서 이것이 잘못된 추측이라는 것이 드러났다.

프제스니에프스키는 병원에서 청소 일을 하는 사람들을 대상으로 그들의 일이 '특별한 기술이 필요한지, 그렇지 않은지' 물었다. 자신이 맡은 병실 청소 업무와 환자들의 치료 과정 간에 직접적인 연관성이 있다고 느끼는 청소부들은 자신의 일을 특별한 기술이 필요한 직무로 여겼다. 놀랍게도 그들은 자신의 일이 별다른 기술도 필요하지 않고 하찮은 데다 의미도 없다고 말하는, 즉 '그저 밥벌이'라고 여기는 청소부들과 완전히 같은 일을 하고 있었다. 두 그룹은 업무의 효율성은 물론 직무 만족도 및 기쁨의 정도가 태도와 직접적인 연관이 있다는 것을 보여줬다. 자신의 일을 그저 밥벌이나 커리어를 넘어서 사명을 다 하는 것으로 고귀하게 여길 때 태도는 완전히 달라진다.

자신이 꿈꾸던 일을 하지 않는 경우, 일에서 회복력과 수행력을 발휘할 수 있는지 여부는 태도와 관점의 차이로 달라진다. 1666년 화재로 소실된 세인트 폴 대성당St. Paul's Cathedral을 재건하던 벽돌공 세 명의 이야기는 유명하다. 성당 재건축을 책임지던 유명 건축가 크리스토퍼 렌Christopher Wren은 벽돌공 세 명의 작업량이 눈에 띄게 차이가 나는 것을 발견했다. 첫 번째 벽돌공은 아주 느리고 조심스럽게 벽돌을 쌓았다. 그에게 지금 뭘 하고 있는지 묻자 그는 가족의 생계를 위해 열심히 벽돌을 쌓고 있다고 답했다. 그는 자신의 일을 단순히 밥벌이로만 대한 것이다. 속도가 좀 더 빠른 두 번째 벽돌공에게 같은 질문을 하자 그는 건축업자로서 벽을 세우고 있다고 답했다. 그는 자신의 일을 커리어로 보고 있었다. 속도가 가장 빠르고 가장 노련하게 일을 하는 세 번째 일꾼에게 뭘 하고 있는지 묻자 그는 전능하신 신을 위한 성당을 짓고 있다고 답했다. 그는 벽돌을 쌓는 일을 사명으로 여겼다. 일꾼 세 명에게 주어진 도구나 벽돌의 무게는 같았다. 모두 똑같이 힘든 일을 하고 있었지만, 일의 목적에 대한 관점에 따라 작업량과 수행 능력, 그리고 무엇보다 일에 대한 긍지에서 큰 차이가 벌어졌다.

당신이 어떤 일을 하든 성당을 짓는 마음으로 행하길 바란다.

나만의 커리어 로드맵을 만드는 방법

출발점이 어디든 분명 일에서 미션과 목적을 찾기 위해 우리 능력 내에서 할 수 있는 일들이 있다. 내 커리어를 되돌아보면 능동적으로 '사명'에 가까운 일을 만났을 때 가장 큰 행복을 느꼈다.

나는 커리어 내내 몇 번이나 로드맵을 그려봤다. 내 역할이 정체기에 있는 것 같거나 너무 평탄하게 느껴질 때면 내가 의미 있는 기여를 할 수 있는 일을 찾고자 했다. 그럴 때마다 스프레드시트를 활용해 분석적으로 접근하며 자기 성찰을 수행했다. A열에는 내가 맡고 있는 업무 중 지극히 평범한 일부터 극히 예외적인 일까지 하나도 빠짐없이 적었다. B열에는 아침마다 설레는 마음으로 침대를 박차고 일어나게 만드는 업무와 프로젝트만 적었다. C열에는 B열에 기록한 일들을 각각 1, 2년 후에 더 높은 직급에서 수행한다면 어떤 모습일지 상상해 적었다. 스프레드시트를 보며 내가 하고 싶은 업무의 특징과 책무, 프로젝트들을 바탕으로 내 목표에 체계적으로 다가가기 위한 승진 계획을 세웠다. 기록한 내용을 보며 놀라기도 하고, 겁을 먹기도 했다. 또 몇몇 일들은 진작 실행했어야 한다는 생각이 들기도 했다. 다음으로 나는 현재 역할에서 내가 하고 싶은 일과 더 높은 사명을 향해 나아갈 방법을 찾기로 했다.

스프레드시트를 철저히 분석한 끝에 나와 내가 꿈꾸는 일 사이에 놓인 단계를 드러낸 로드맵을 얻었다. 그리고 일을 통해 얻을 수 있으리라 여겼던 수준 이상의 발전과 즐거움을 얻었다. 나는 '밥벌이'처럼 느껴지는 일에 소모하는 시간이 '사명'처럼 느껴지는 일에 쓰는 시간보다 훨씬 더 길어질 때 가장 큰 절망을 느꼈다. 무엇보다 내 일에 더 큰 의미를 부여하기 위해 용감하게 걸어나갈 때 가장 큰 행복을 느꼈다. 프제스니에 프스키는 자신에게 주어진 핵심 업무를 해내는 동시에 개인의 동기와 강점, 열정을 파악하고, 현재의 역할에서 이를 적용할 수 있는 일을 목록으로 작성해보는 것이 좋다고 제안했다.

자신을 믿는 자의 꿈은 모두에게 전파된다

구글에서의 초기 시절, 나의 주 업무 중 하나는 구글의 어소시에이트 프로덕트 매니저Associate Product Manager, 즉 APM과 함께 일하는 것이었다. APM 프로그램을 만들고 관리하던 사람이 바로 내 관리자 메이어였다. 구글은 초기에도 재능 있는 지원자들이 많았다. 구글은 남다른 업무 환경을 자랑했다. 또한 세계 최고 수준의 엔지니어가 구글의 업무 처리 방식을 이해하는 사내 리더로 성장하려면 가속화 프로그램이 필요하다는 것을 일찍이 깨달았다.

성장을 가속화 하도록 도와주는 APM 프로그램은 메이어와 그녀의 관리자 조너선 로젠버그Jonathan Rosenberg의 내기 덕분에 탄생했다. 구글은 초기 시절에 성장 속도가 무서울 정도로 빨라 새로 합류한 직원들이 그들의 시스템을 이해하고 생산성을 발휘하는 것이 불가능할 정도였다. 메이어는 작은 규모의 팀 여러 곳이 복잡하게 얽힌 시스템과 쉴 새 없이 이어지는 론칭 사이클을 이해한 극소수 인원 중 한 명이었다. 그녀를 제외하면 다들 근시안적인 시각을 지닐 수밖에 없는 구조였다. 그녀를 도와줄 만한 인력이 시급한 상황이었다. 메이어는 로젠버그가 외부에서 경력자를 데려오길 기다리기보다 대학을 갓 졸업한 똑똑한 사람들을 자신이 직접 뽑아 큰 영향력을 발휘하는 프로덕트 매니저로 성장시키는 것이 빠를 거라고 내기를 걸었다. 결국 그녀의 생각이 옳았다.

매년 스무 명 남짓의 소규모 엘리트 APM들이 구글에 와서 2년 동안 순환 보직인 APM 프로그램에 참여한다. 그들은 경력이 높은 관리자들과 파트너를 이뤄 첫날부터 구글에서 가장 중요하게 진행 중인 프로젝트에 투입된다. 구글과 테크 분야를 깊이 이해하기 위해 팀 몇 곳을 순환하며 2년간 일한 후 '졸업'을 하고 나면 그들은 사내 핵심 부서를 운영하는 자리를 맡는다. 한마디로 APM은 재능 있는 젊은 엔지니어들이 성공하는 데 필요한 네트워크를 제공하는 프로그램이다.

APM 중에는 구글이 첫 직장인 사람이 대부분이었다. 세계 최고의 대학을 졸업하고 곧바로 구글에 온 똑똑한 젊은이들이었다. 나는 APM 프로그램 운영을 보조하며 완벽한 소속감을 가지고 많은 것을 배우겠다고 결심했다. 매년 APM 졸업 예정자들은 상품 개발의 아이디어를 얻기 위해 구글의 전략상 가장 중요한 세계 시장을 돌아다닌다. 해당 시장의 사용자들에게 어떠한 수요가 형성돼 있는지 이해하는 시간이다. 이후 프로그램 졸업자 대다수가 구글의 핵심 프로덕트 부서를 운영하는 자리를 맡는다. 나는 구글에 온 첫해부터 메이어가 지메일 운영을 일임했던 인물이자 현재 프로덕트 매니지먼트의 부사장으로 있는 브라이언 라코브스키Brian Rakowski, 구글 맵 공동 개발자인 브렛 테일러Bret Taylor 등 뛰어난 APM 졸업생들과 함께 일했다. 물론 다른 기업으로 옮긴 졸업생들도 있었다. 나는 APM 프로그램이 나를 성장시킬 기회라 여기고 프로그램 운영을 돕는 동시에 교육을 받는 일원이라 생각하고 임했다.

2007년 APM 프로그램의 마지막 수업으로 일본, 중국, 인도, 이스라엘을 여행하던 중 내게 예상치 못한 초청장이 전달됐다. 시몬 페레스Simon Peres 측에서 우리가 텔아비브에 체류하는 동안 메이어와 만나는 자리를 만들고 싶다는 메일이었다. 당시 이스라엘의 9대 대통령으로 선출된 페레스는 이스라엘을 설립한 세대와 미래 세대의 연결을 매우 중요하게 생각하고 있었다. 그는 자국과 국민의 장기적 생존에 과학 기술과 혁신이 핵심적인 역할을 할 것이라고 믿는 사람이었다.

메일을 받자마자 무척 흥분됐다. 국제 정치를 통해 내 영향력을 높이겠다는 개인적 목표와 글로벌 사용자에게 더욱 이바지하겠다는 팀의 미션, 전 세계 어느 곳에서나 정보에 접근할 수 있도록 만들겠다는 기업의 미션을 모두 충족하는 완벽한 기회였기 때문이다. 그저 밥벌이 수단이 아니라 내 사명을 이룰 수 있는 기회였다.

반가운 마음으로 지역 정책 팀과 밤새 일하며 페레스 대통령 측에서 언급할 만한 주제와 요청 사안을 취합해 브리핑 서류를 만들었다. 국가 원수가 참여하는 회의를 처음 준비하는 덕분에 피곤한 줄도 몰랐다. 어찌나 철저하게 준비를 했는지 나중에는 서류를 처음부터 끝까지 전부 외울 정도였다. 메이어는 내가 국제학을 전공했고 국제 비즈니스 관계를 둘러싼 정책에 관심이 무척 많다는 것을 알고 있었다. 그동안 함께 일하면서 내 관심사와 배경, 원대한 직업적 포부까지 거리낌 없이 드러냈던 대담함이 드디어 보상을 받는 순간이었다. 메이어는 사려 깊게도 페레스 대통령과의 일대일 회의 자리에 나를 초대했다. 차 안에서 회의를 준비하며 나는 두려움과 짜릿한 흥분을 동시에 느꼈다.

우리는 엄격한 보안 절차가 있을 거라 예상해 약속 시간보다 한 시간 일찍 도착했다. 나는 보안 검색을 받는 동안 마음을 진정시키고 앞으로 벌어질 일을 놓치지 않고 만끽할 여유를 되찾았다. 보안 절차를 모두 마친 뒤 우리는 대통령 집무실이 있는 건물 안으로 향했다. 무척이나 고요하고, 따뜻하며 편안한 느낌이 드는 공간이었다. 페레스 대통령은 스물네 살 때 이스라엘 건국 아버지인 다비드 벤구리온David Ben-Gurion에게 발탁돼 오랫동안 이스라엘 총리를 지낸 인물이었다. 그를 만나자마자 말로 설명할 수 없는 특별함이 있다는 것이 느껴졌다.

그는 우리를 집무실 안으로 반갑게 맞이했다. 그곳에서 우리 세 사람은 한 시간 동안 대화를 나눴다. 세계적인 무대에서만 그가 가진 천부적인 연설가의 재능이 발휘되는 것은 아니었다. 그는 일대일 대화에서도 찰나를 놓치지 않는 관찰력을 발휘했다. 또한 상대의 말과 아이디어를 고차원적으로 풀어내 잊지 못할 무언가로 재탄생시켰다. 그는 12년 전, 라빈Rabin 총리 시절 외무부 장관으로서 팔레스타인 지도부와 평화 회담을 이끌어낸 노고를 인정받아 노벨 평화상을 받은 인물이다. 그날 대통령 집무실에서 대화를 나누며 10년 전 긴장감 넘치는 협상 자리에서 그의 유려한 언변이 어떠한 역할을 했을지 쉽게 상상할 수 있었다.

페레스 대통령은 페레스 평화 혁신센터 Peres Center for Peace and Innovation 재단에 지속적인 노력을 기울이고 있다고 말했다. 그 센터는 '관용과 경제적 및 기술적 발전, 협력과 웰빙을 도모해 중동 지역의 지속적인 평화와 발전을 고취한다'는 목표로 설립된 곳이었다. 구글의 여러 이니셔티브를 바탕으로 양측이 협력할 수 있는 일들이 많았다. 우리는 회의를 마치고 자리에서 일어나며 오늘을 결코 잊을 수 없을 것 같다는 소감을 전했다. 더불어 나는 내 안에 무언가 달라졌다는 것을 느낄 수 있었다.

구글의 팀원으로 일하면서 회의를 준비하고 브리핑 서류를 암기하느라 밤을 새워 일할 정도로 열정을 품었다. 하지만 재능 있는 팀원을 성장시키려는 메이어의 놀라운 리더십과 의지가 아니었다면 내 학습은 준비 과정에서 끝났을 수도 있었다. 페레스 대통령과 만나면서 메이어가 나를 포함해 팀원들이 성장할 수 있는 경험을 마련해주려는 리더라는 것을 확실하게 깨달았다. 그녀가 구글에 남긴 유산과 거대한 영향력은 분명 엄청난 것이었다. 그녀는 재능 있는 사람을 일찍이 알아보고 자신의 팀으로 데려와 야심 찬 도전 과제를 부여해 능력을 키우고자 했다. 또 그들이 미래에 기회를 얻을 수 있도록 맞서 싸웠다. 본인 스스로도 대단한 영향력과 야망을 지닌 만큼 자신에게만 집중할 수도 있었지만 메이어는 그러지 않았다.

메이어는 스탠퍼드에서 인공지능을 전공으로 석사 학위를 받았다. 이후 최초의 여성 엔지니어로서 구글의 스무 번째 직원으로 입사했다. 그녀는 자신의 재능에만 기대는 대신 충성도 높고 획기적이며 재능 넘치는 직원들로 팀을 꾸려 기업의 항로를 바꿨다. 또한 그녀가 일으킨 파급 효과는 구글을 넘어서 테크놀로지 업계 전반으로 퍼졌다.

페레스 대통령과의 만남 이후, 내 커리어에서 사명을 다 할 수 있는 일을 최대한 하기로 마음먹었다. 그리고 팀원들의 한계에만 집중하는 리더가 아니라 팀원들이 자신의 사명을 실천할 기회를 만들어주는 메이어 같은 리더가 되겠다고 결심했다.

> 인생의 터닝 포인트를 만드는 **ROI 실전 전략**

현재 직장이나 팀에서 소매를 걷어붙이고 나서서 지금껏 초대받지 못했던 자리에 참여할 기회를 만들 수 있는가? 이상적인 '미래의 자신'이 되기 위한 로드맵을 만들어 자신의 일을 '밥벌이'에서 '사명'으로 옮길 수 있는가? 리더십을 발휘할 위치에 오르기 위해 오늘 어떠한 승진 계획을 세울 수 있는가?

- **인지하라:** 당신의 회사와 팀의 미션은 무엇인가? 회사와 팀의 미션이라는 북극성에 자신을 연계시키고 기업의 미션에 직접적으로 연관된 중요 프로젝트에 참여할 방법이 있는가?
- **당신의 것으로 만들어라:** 이번 주 당신의 팀이나 관리자의 부담을 덜어 주는 동시에 당신의 능력을 확장하기 위해 어떤 제안을 할 수 있는가? 어떻게 해야 당신이 더욱 눈에 띌 수 있고 업무에 필수적인 인력으로 거듭날 수 있는가?
- **실행하라:** 이번 주, 주요 이해 관계자들에게 당신의 성장 비전을 설명하는 자리를 만들어 당신의 존재를 알려라.

제 5 장

내가 앉을 자리에
직접
의자를 가져가라

당신을 위해 마땅히 준비된 빈자리는 없다.
스스로 자신의 자리를 만들어야 한다.

나는 세계에서 가장 영향력 있는 사람들과 함께하는 공간에서 커리어 대부분을 보냈다. 나에겐 굉장한 특권이자 상상할 수 없는 만큼 가장 힘들었던 도전이기도 했다. 그렇다고 나를 안쓰럽게 여길 필요는 없다. 그들과 함께할 수 있었다는 것에 굉장히 감사하게 생각한다. 다만 커리어를 시작한 시기에, 그리고 솔직히 말해 그 이후에도 셀 수 없이 많이 위축되거나 어색하고 이방인 같은 기분을 느껴야 했다. 가장 직급이 낮고 중요도도 낮은 사람으로 내 가치를 깨닫는 과정에서 무력감에 젖어 발전할 기회를 놓칠 수도 있었다. 그냥 구석으로 몸을 숨기거나 그 자리에서 벗어나는 편이 훨씬 편했을 상황은 셀 수 없이 많았다.

세상에는 높은 자아와 자신감으로 무장해 특권을 당연하게 받아들이는 사람도 일부 있겠지만 그런 기회를 얻기 위해서는 합당한 노력을 들여야 한다고 생각하는 사람이 대부분일 것이다. 20대 초반, 나는 세계에서 가장 부유하고 막강한 영향력을 자랑하는 상사들 밑에서 커리어를 시작했다. 직업적 성장에서 가장 경험이 부족했던 미운 오리 새끼 시절에 막강한 사람들 속에 내던져졌다. 전통적인 단계에 따라 차근차근 성장한 대다수의 사람들과 달리 나는 상사들과 함께하는 자리에 부족함이 없을 만큼 커리어를 쌓지 못했다. 매일매일이 흥분과 두려움의 연속이었다.

이러한 환경에서 생존은 물론 성공하기 위해선 실행 계획이 있어야 한다는 사실을 일찍이 깨달았다. 나는 다음의 세 가지를 어떻게 해야 할지 빠르게 배워야 했다.

- 전략 1. 나보다 뛰어난 사람들과 함께 일하다
- 전략 2. 누구도 하지 않았던 일에 덤벼든다
- 전략 3. 중요한 곳에 앉을 자격을 보여주다

내가 몸담은 테크 기업의 초기 성장 속도를 감안하면 내 선택권은 단순했다. 순식간에 빠져 죽거나 헤엄치는 법을 배우거나 둘 중 하나였다. 주변 사람들은 전부 마이클 펠프스Michael Phelps처럼 앞으로 치고 나가는데 나 혼자만 튜브를 끼고 있는 것 같은 현실이 처참했다. 그들과의 격차를 고려하면 내가 가치를 더할 수 있는 방법을 찾거나 물속에서 나오거나 둘 중 하나였다. 하지만 난 그곳에서 나올 생각이 없었다.

●

전략 1.
나보다 뛰어난 사람들과 함께 일하다

아마존과 구글에서 함께 일했던 사람들 모두 엘리트적 배경과 학력을 지니고 있었다. 스탠퍼드, 하버드, MIT를 나오지 않은 사람은 정말 나뿐인 것 같다고 항상 느꼈다. 나는 대학을 포함해 전부 공립 학교를 다녔다. 모두 10위권 안에 드는 곳이긴 했지만 박사 과정도 주립 대학을 다녔다. 내 이력이 약점이 아니라 강점이 될 수 있다는 것을 깨닫기까지 꼬박 10년이 걸렸다.

나는 새로운 사람을 만날 때마다 박사 과정 도중에 구글에 채용됐다는 이야기로 대화를 시작했다. 내가 똑똑한 사람이라는 점을 표현할 때 그보다 간단하고도 무난한 방법은 없다고 생각했다. 구글에서 일할 만한 자격을 갖추었다는 점을 증명하는 자동 반사 반응 같은 것이었다. 정신없이 커리어를 시작한 만큼 나는 자신이 모자란다는 생각에 무척 오래 빠져 있었다. 고등학생 때도 마찬가지였다. 학교 관리자가 대학 과목 선이수제 수업 중에 들어와 큰 소리로 선생님에게 내가 왜 이곳에 있느냐고, 난 기초반으로 가야 하는 학생이라고 따지는 꿈을 계속 꾸었다.

타고난 가면 증후군을 극복하고 싶다면 훌륭한 사람들과 함께하는 것이 가장 효과적이다. 영감 넘치는 멘토를 만날 준비를 하려면 나보다 한두 걸음 앞서 있는 사람들로 나만의 팀을 꾸려야 했다. 지금껏 나는 소심함을 이겨내고 영향력을 발휘하는 사람으로 성장함으로써 사람들과 함께 팀을 이뤘다. 그들은 내게 필요한 가이드가 돼줬다.

때로는 전쟁터에서 부딪치며 전술을 배운다

아마존에 입사한 첫 주에 내 첫 스쿼드 팀에 반드시 필요한 사람을 만났다. 가장 중요한 구성원이었던 팀 동료 코너스는 나를 무척이나 많이 도와준 사람이었다. 그는 베이조스에게 보고해야 할 사안을 먼저 검토해줄 뿐만 아니라 그 과제가 어떤 의미인지 설명해주고 또 기업의 목표라는 큰 맥락에서 이해할 수 있도록 도와줬다. 그에게 질문하는 것을 어려워하고 전부 다 이해하는 척했다면 나중에 크게 후회했을 것이다. 이제는 기술 용어들을 너무나 자연스럽게 쓸 수 있지만 그때만 해도 늘 그에게 무슨 뜻인지 물어야 했다.

내가 맡은 업무가 실제로 어떤 의미인지 이해한 뒤부터는 하루 빨리 능통해져서 전문 지식을 지닌 파트너들과 단단한 관계를 형성해야 했다. 아마존 입사 첫해에 전세기 업체의 비행 코디네이터와 협력했던 것처럼 말이다. 당시에는 전세기를 예약해본 경험이 없어서 어떻게 해야 할지 도무지 감을 잡을 수 없었다. 하지만 일반 항공기 예약과는 완전히 다르다는 것을 금방 깨달았다. 코디네이터는 내게 걸프스트림Gulfstream과 봄바디어 리어제트Bombardier Learjet 중 어떤 기종을 선호하는지, 도착지에서 어떤 FBO(자가 제트기를 위한 별도의 출입국 절차를 제공하고 정비와 급유 등을 서비스하는 지상 조업사—옮긴이)를 원하는지를 가장 먼저 물었다. 나는 그가 뭘 묻는 것인지 하나도 알아들을 수가 없었다.

또한 외부 회의와 행사를 준비하며 목록을 평가하는 법을 배우려면 사내 보안 팀과도 가깝게 일해야 한다는 것을 배웠다. 호텔을 예약할 때는 화재 시 소방차 사다리가 최대로 뻗을 수 있는 길이를 감안해 7층 이내의 객실로 잡아야 한다는 것처럼 사소하지만 중요한 세부 사항들도 배워나갔다. 이런 일들은 기본적인 사안에 불과했다. 물론 내 업무는 이보다 훨씬 복잡하고 복합적이었다. 하지만 내게 힘이 돼주는 사람들이 내게 조언을 전해줄 뿐만 아니라 혼란을 잠재워주고 정말 중요한 문제에 집중할 수 있도록 이끌어주는 데 핵심적인 역할을 했다.

안타깝게도 내가 커리어를 쌓는 동안 함께했던 팀이 모두 시작부터 좋은 경험을 선사해준 것은 아니었다. 팀 환경이 불만스러웠던 적도 제법 된다. 한번은 비협조적인 팀원과 팀을 이룬 적도 있었다. 그녀는 내가 합류한 것이 자신에 대한 모욕이자 팀 내 자신의 위치를 위협하는 결정으로 받아들였다. 그녀는 팀 내에서 직급이 가장 낮았다. 그런 만큼 업무 성과로 인정받고 승진의 기회를 얻기를 간절히 바라던 사람이었다. 그녀는 자신보다 몇 단계 높은 직급으로 합류한 나를 자신의 승진을 방해하는 걸림돌로 봤다.

첫날부터 그녀는 자신이 상상할 수 있는 모든 방법을 동원해 내 삶을 아주 고달프게 만들었다. 내게 무례하고 비판적으로 구는 게 일상이었다. 한 번씩 나를 임원진 눈 밖에 나게 하려고 내가 작성한 서류를 임의로 바꾸거나 삭제하는 행동까지 서슴지 않았다. 회사도, 내가 맡은 일도 모두 사랑했지만 매일매일 두려웠다. 그녀는 아주 사소한 일로 불안을 느끼면 곧장 나를 상대로 공격적인 경쟁 모드에 들어갔다.

상사는 그녀가 어떤 행동을 하고 내가 어떤 상황에 처했는지 전혀 몰랐다. 관리자는 어떻게든 우리 둘 사이를 중재해보려고 애썼다. 그때만 해도 우리는 우리들의 문제가 관리자급 이상으로 보고돼선 안 된다고 생각했다. 지금 생각해보면 실수였던 것 같다. 그녀와 상호작용을 했던 사람들은 그녀의 무례한 행동을 두고 상사를 흉봤지만, 상사는 팀의 상황을 전혀 모르고 있었으니 타당한 평가는 아니었다.

나는 그녀가 좀 더 여유를 갖고 협조적인 태도를 가질 수 있도록 최선을 다했다. 아침마다 글로벌 팀을 주제로 화상 회의를 하면서 우리가 중요하게 생각하는 사안을 함께 찾고 협력할 기회를 만들고자 했다. 그녀의 업무에 대한 이야기도 나누고 개인적으로 가까워지려고 몇 시간이나 대화를 나누었다.

한 번씩 평온하고 즐거운 순간들도 있었지만 그녀는 2년이 넘도록 경쟁적으로 행동했다. 내가 과민반응을 하는 것은 아닌지, 내 멋대로 곡해하고 있는 것은 아닌지를 생각할 정도로 그녀를 심각하게 의식하게 됐다. 그로부터 약 10년이 지난 어느 날, 모든 의문이 해소됐다. 그녀가 갑자기 전화를 걸어 그동안 내 일을 방해하려고 벌였던 모든 일을 사과한 것이다. 나는 내가 느꼈던 감정이 나 혼자 상상한 게 아니었음을 확인하고는 엄청난 안도감을 느꼈다.

나는 비협조적인 팀원과의 갈등을 겪으면서 나만의 가치 시스템을 정립할 수 있었다. 그 이후부터는 직업적 기회를 판단하는 데도 적용했다. 또한 컨설팅 고객에게도 전파해 그들의 기업에 적용할 수 있도록 했다. 무엇보다 나는 직장 생활에서 내게 가장 중요한 두 가지 요소가 무엇인지 깨달았다.

첫째, 내가 존경하고 닮고 싶은 리더의 직속으로 일하고 싶다는 것이다. 업무의 만족감이 덜 하더라도 본보기로 삼고 싶은 리더십을 가까이서 경험할 수 있다면 문제가 되지 않는다는 뜻이기도 했다. 둘째, 개인적인 도전을 경험하며 끊임없이 내 능력을 끌어올리고 싶다는 것이다. 사실 그 팀원이 내게 기회를 만들어줬던 것은 맞기에 다른 여러 문제들에도 불구하고 버틸 수 있었다. 만약 두 가지 요소 중 하나라도 만족하지 못한다면 일을 바로 그만두겠다고 결심했다.

압도적인 힘은 강한 팀에서 나온다

내가 팀에 합류하고 3년 후, 슈밋은 CEO에서 의장executive chairman으로 직이 바뀌었다. 그의 직속 부하들은 사내 다른 팀으로 모두 이동했다. 슈밋도 나도 처음부터 새롭게 역할을 만들어나가야 하는 시기를 맞이했다. 내게는 수석 보좌관으로 올라갈 기회였다. 순식간에 업무가 완전히 달라지겠지만 수석 보좌관이라는 정식 직함을 갖기 위해 치열하게 싸웠다. 인사부를 설득하기까지 '몇 년'이나 걸렸다. 무엇보다 지금껏 구글에는 수석 보좌관이라는 역할이 없었기 때문이다. 이제는 실리콘밸리에서 쉽게 찾아볼 수 있지만 그때만 해도 낯선 직함이었다.

새로운 역할을 맡게 되자 열 명이 해야 할 업무량을 갑자기 혼자 수행하는 기분이었다. 다행히 나와 탄탄한 신뢰 관계를 형성한 사람들 그리고 새로운 협력 관계를 쌓은 사람들 덕분에 잘해낼 수 있었다. 나는 회의 안건을 정하고 전략적인 제안을 하고 CEO를 대표해 회의에 참석하고 그를 대신해 중요한 프로젝트 결정 사안을 검토하고 승인했다. 준비가 됐든 안 됐든 슈밋의 스포트라이트 안으로 발을 내딛게 된 것이다.

하지만 나 혼자서는 업무의 속도도 영향력도 유지할 수 없었다. 백지 상태에서 새로운 팀을 구축하고 팀을 위한 새로운 비즈니스 모델을 만들어야 했다. 다시 말해 드림팀을 꾸려야 했다.

나는 경험, 배경, 능력, 관심사가 다양한 사람들로 팀을 만들고 싶었다. 나보다 뛰어나지 않은 사람은 팀원으로 받아들이고 싶지 않았다. 무엇보다 슈밋과 내가 세운 목표를 이루기 위해선 상당히 높은 기준을 적용해야 했다. 당장 내일부터 나를 대신할 수 있는 능력을 갖추지 못한 사람은 뽑을 생각이 없었다. 이런 팀을 꾸린다면 관리자로서 부담이 크겠지만 내가 역량을 키우고 혁신을 좇고 영향력을 확장하는 데 좋은 자극제가 될 거라 생각했다.

나보다 뛰어난 사람들을 고용해야 한다는 원칙은 내 CEO 상사들과 클라이언트들이 팀을 꾸리는 방식을 보며 배운 것이었다. CEO 정도의 위치에 오르면 특정 전문 분야에서만큼은 자신보다 더욱 뛰어난 역량을 지닌 사람들을 관리하게 된다. 낮은 직급의 책임자가 상급자보다 더 좋은 대학을 나오거나 더 높은 학위를 지닐 수도 있다는 뜻이다. 최고의 리더가 되기 위해선 뛰어난 능력을 지닌 사람들을 지휘하는 한편 이들의 자아나 경쟁심이 발현되지 않도록 관리할 줄 알아야 한다. 큰 영향력을 발휘하는 팀이란 팀원 개인의 강점과 최고의 자질이 발휘되는 동시에 끈끈한 협력 관계를 바탕으로 개개인의 장점이 팀의 활동에 반영될 수 있어야 한다.

나는 결과적으로 굉장히 효율적인 팀을 만들어냈다. 8년 후 슈밋은 내게 '당황스러울 정도로 훌륭한' 팀이었다고 털어놨다. 우리 팀이 너무 뛰어난 탓에 주변 다른 팀들의 입장이 난처해졌기 때문이다. 내가 바라는 팀 모델을 설계하는 것은 쉬웠다. 가장 중요하고도 어려운 문제는 그에 걸맞은 사람들을 찾고 합류시키는 일이었다.

팀에 가장 처음으로 초대한 인물은 구글의 초기에 페이지와 브린, 두 공동 창립자 밑에서 일했던 킴 쿠퍼Kim Cooper 였다. 그녀는 회사에 대한 주요 지식과 핵심적인 인간관계를 갖추고 있어 팀의 성공을 도왔다. 내게 선물 같은 사람이었고, 내가 힘든 시기를 잘 버틸 수 있도록 도와줬다. 원래는 잠깐만 도와주기로 예정됐지만 업무 만족도가 컸고 함께 일하며 큰 즐거움을 느꼈던 터라 결국 그녀는 계속 팀에 남기로 했다.

매일같이 업무가 너무 많아 쿠퍼와 나는 밤낮으로 일해야 했다. 언제까지 전력 질주를 하듯 일을 해나갈 수 없다는 것을 우리는 알고 있었다. 팀원이 한 명 더 필요하다는 것을 슈밋에게 설득시키기까지 거의 1년이 걸렸다. 슈밋이 데이터를 중시하는 것을 알고 있었기에 나는 스프레드시트를 작성했다. A열에는 우리가 해야 하는 기본 업무와 중요한 일을 기록했다. B열에는 우리의 업무 능력을 넘어선 프로젝트들을 적었다. C열에는 고급 인력을 들일 때 팀이 발휘할 수 있는 영향력과 추가로 진행할 수 있는 프로젝트에 대한 비전을 제시했다.

스프레드시트를 본 슈밋은 전문가로 구성된 팀이 내가 말한 영향력을 펼칠 수 있다면 팀원을 추가로 들일 만한 가치가 있다고 판단했다.

다만 당시에 나는 그가 인력 충원을 망설인 이유가 '수행단'을 꾸리고 싶지 않았기 때문이라는 것은 미처 몰랐다. 그는 CEO로서 직속 보고 체계를 변경했고, 우리 팀을 가능한 한 가볍게 유지하길 바랐다. 하지만 내가 높은 역량을 갖춘 인력으로 팀이 성취할 수 있는 것들을 설명하자 그는 망설임을 거두었고, 나는 필요했던 지원을 받았다.

우리 팀에 적합한 인재를 찾기까지 6개월이나 걸렸다. 마침내 런던의 헤지 펀드 CEO 밑에서 내가 우리 팀에 원하는 역할을 맡고 있던 브라이언 톰슨Brian Thompson을 찾았다. 나는 영상 인터뷰를 두 번 한 뒤 실제로 만나보지도 않고 그를 고용했다. 모험을 감행하기로 한 그는 런던에서 캘리포니아로 거처를 옮겨 몽상가와 실천가가 함께하는 우리 팀에 합류했다. 서로에게 큰 모험을 건 셈이었다. 내가 업무상 내린 수많은 결정 중 가장 잘한 일이 바로 그를 고용한 것이었다.

나는 머리 하나에 몸이 세 개 달린 것처럼 자유롭게 서로를 대체할 수 있는 강력한 플레이어들로 팀을 구성하고자 했다. 팀의 관리자이자 성공과 실패에 대한 궁극적인 책임자는 나였지만, 팀원 누구나 동등하게 주인의식을 갖고 공평하게 성장의 기회를 누리길 바랐다. 팀원들은 각자 서로 약한 부분을 보완해줄 수 있는 강점을 갖고 있었다.

우리 팀에서는 서로 경쟁할 여지도 없었다. 발전을 저해하는 직위 체계나 프로젝트 책임자를 따로 지명하는 일도 없었다. 말 그대로 하나로 묶여 세 사람이 완전히 단결할 때에만 성공을 이룰 수 있었다. '멋진' 프로젝트를 맡기 위해 싸우거나 한 명이 다른 누구보다 더 눈에 띄는 일은 없었다. 관리자인 나만 정보를 파악해 숨기는 일도 없었고, 누구도 서로 경쟁하려 들지 않았다. 모든 업무에서 서로를 도와주려 기꺼이 나섰고 서로 점수를 매기지도 않았다. 난생처음 가장 응집력 있는 팀을 만들었다.

물론 팀을 구축하는 과정에서 내가 실수를 한 적도 있었다. 나는 팀 하나를 온전히 맡아 관리해본 적도 없었을뿐더러 팀을 운영하는 훈련을 정식으로 받아본 적도 없었다. 굉장한 부담감과 업무량에 시달리는 와중에 팀을 어떻게 꾸려나가야 할지 혼자서 고민하며 배워나갔다. 색다른 팀 모델로 실험하는 과정에서 무언가 엇나가고 실패할 때마다 다 함께 변화하고 적응해야 했다. 팀원들이 내게 실망한 때도 있었다. 업무에 누락되는 것이 없도록 신경 쓰거나 품질 관리에 힘쓰다 보니 본의 아니게 여러 차례 실패를 하고 다른 사람의 감정을 상하게 하기도 했다.

별것 아닌 듯 보이는 사소한 요소 덕분에 매끄러운 협업이 완성될 때도 많았다. 우리 팀에서는 업무 진행 과정과 일일 미팅을 기록하고 추적하기 위해 팀 구글 공유 문서를 만들었다. 그 덕분에 지구 반대편에 있을 때도, 온종일 한 사무실에서 같이 일할 때도 일일 미팅을 절대 거르지 않을 수 있었다. 공통 메일 하나를 공유하고 발신 메일에는 강박적으로 참조를 걸어 어떤 프로젝트든 진행 상황을 모두 공유했다. 우리 팀은 모든 면에서 내 기대를 넘어섰다. 팀원들 덕분에 나는 창의적으로 사고했고 대담하게 꿈꿨으며 실패 앞에서도 당당했고 미지의 분야로 나아가면서도 배려와 기쁨으로 팀을 이끌 수 있었다.

영향력을 발휘하는 관리자가 되려면 매일같이 자신의 최고 모습을 머릿속에 그리고 온전한 본모습을 드러낼 수 있도록 밀어붙이는 사람들을 고용해야 한다. 내가 모두 소진된 것 같은 기분을 느낄 때조차도 팀에 나쁜 영향을 주어선 안 된다는 생각에 항상 최상의 수행 능력을 유지하려고 했다. 두 사람이 옆에 있는 덕분에 마음 놓고 앞날을 내다보고 장기적으로 생각할 수 있었다. 현재 우리 팀이 무슨 일이든 완벽하게 처리할 수 있다는 것을 알기에 슈밋과 함께 기업을 전략적으로 발전시킬 수 있었다. 우리 팀은 내 가족이자 내 영감의 원천이 됐다.

탄탄한 팀이 정립되자 우리는 거대한 프로젝트들을 해치우고 사내에서 그 누구도 하지 못한 수많은 일들을 해냈다. 나 또한 개인적 관심사와 맞닿아 있는 새로운 업무 주제와 가치, 성장 목표 속에서 크게 성장해나갔다. 내가 성장하고 리더십을 발휘할 기회를 놓치지 않고 가급적 최대로 활용했다. 언제나 완벽하지 않은 새로운 일을 매일 시도했고 실행했기 때문에 직업적으로는 불안한 상황에 놓이기도 했다. 하지만 나는 그 덕분에 완벽해지고자 하는 본능을 내려놓고 우리가 기여하는 바에 집중하는 법을 배웠다.

●

전략 2.
누구도 하지 않았던 일에 덤벼든다

성장 초기 단계의 테크 기업에서 일하면 직원들은 다들 한 마음 한 뜻으로 이전까지 누구도 하지 않았던 일을 하며 끊임없이 새로운 것을 만들어낸다. 테크 기업이 가진 최고의 장점이다. 몇 년 후 나는 새로운 도전 앞에서 실수를 계속하게 되자 초기에 경험했던 투지, 실험, 빠른 방향 전환을 떠올리려고 노력했다. 팀을 효율적으로 이끄는 법을 배우던 때에도 성장 초기에 터득한 원칙들을 명심했다.

여름 내내 구글의 런던과 뉴욕 지사를 오가며 몇 가지 프로젝트를 진행할 일이 있었다. 낮에는 유럽 또는 대서양 동료들과 일하고 저녁에는 캘리포니아 본사에 있는 우리 팀을 관리한 것이다. 공유 문서와 일일 영상회의, 신중한 프로젝트 계획에도 불구하고 팀을 원격으로 이끈다는 것이 얼마나 어려운지 온몸으로 깨달았다. 평소처럼 즉흥적으로 온전성 검사sanity checks(자료의 합리성을 확인하는 검사—옮긴이)를 하거나 친근한 커피 타임을 가질 수 없었다. 온종일 함께 일할 때처럼 상세한 수준의 지침이나 피드백을 주는 것도 불가능했다.

캘리포니아를 떠나기 전, 팀원들과 떨어지면 몇 가지 문제가 발생할 것을 예상했다. 매일 최소 한 시간씩 팀 미팅을 갖고 추가로 직속 부하들과 소통하기 위해 개별적으로 주 1회 일대일 미팅을 갖기로 했다. 하지만 점차 시간이 흐르고 런던의 밤이 길어지면서 일대일 미팅 횟수가 줄어들기 시작했다. 미팅 진행 여부를 직원의 선택에 맡기기로 한 내 판단 착오였다. 다시 말해 내가 문제를 사전에 예측하고 초기 해결책을 제시하는 대신 문제가 발생했을 때만 다 같이 모이는 자리가 만들어졌다는 의미다. 결국 그해 여름 내내 우리 팀과 나는 큰 피해를 입었다. 지금 생각해보면 우리는 전 세계가 원격 근무를 해야 하는 상황에 처했던 2020년보다 앞서 2017년에 미리 원격 팀 운영에 대한 교훈을 배웠다.

내게 찾아온 기회는 무조건 잡는다

구글의 창립자인 페이지와 브린은 거의 10년 동안 어시스턴트나 직속 부하 직원을 두지 않았던 것으로 유명하다. 두 사람은 아이디어를 떠올리면 자유롭게 실행하길 원했고, 과학 기술의 미래를 개발하는 데 필요한 여유를 갖고 싶어 했다. 기술의 미래는 회의실에서 열리는 공식 회의 자리에서 만들어지지 않는다. 두 사람은 구글 초기에 지원팀을 만들었다가 결국 해체시켰다. 그들은 자신의 시간을 방해하거나 원치 않은 일을 시키는 사람들은 없는 게 낫다고 판단했다. 문제는 회사에서 두 사람의 도움이 간절하게 필요할 때가 한 번씩 있었고, 그럴 때마다 내가 불려 나가야 했다는 것이다.

나는 메이어 밑에서 일할 때부터 페이지와 브린과 친분을 쌓았다. 걸어서 불과 2분 거리에 사무실이 있었던 덕분이다. 두 사람은 내가 슈밋의 직속으로 일하기 시작하자 한 번씩 나를 프로젝트에 참여시키기 시작했다. 엄밀히 말해 내 업무는 아니었다. 하지만 회사에 기여하고 리더십과 전략을 배우기에 창립자들과 특별 프로젝트를 함께하는 것보다 좋은 기회는 없었다.

구글 창립자들과 함께한 프로젝트들은 다소 예측이 어려울 때가 많았다. 이미 엄청난 업무량에 시달리던 나로서는 갑자기 참여하게 된 프로젝트들이 방해 요소처럼 느껴지기 쉬웠다. 하지만 내가 무척 존경하는 리더들 옆에서 일하고 무언가를 배울 수 있는 영광스러운 기회임을 잘 알고 있었다. 아무리 바빠도 어떤 일이든 수락했다.

어느 날, 페이지가 내게 다가와 일주일에 하루, 오후 시간 동안 구글의 최고 엔지니어들과 비공식 미팅을 갖고 싶다고 말했다. 그는 엔지니어가 일하는 책상으로 다가가 "지금 무슨 일 해요?"라고 묻던 예전을 그리워하고 있었다. 회사의 규모가 너무 커지는 바람에 직원이 2만 명으로 늘어났지만 그는 직원들과의 관계가 끊어지거나 중요한 엔지니어링 문제를 놓치기 싫어했다. 그는 자신의 고민을 어떻게 해결하면 좋을지 내게 도움을 구했다. 이후 나는 회사 전반에 걸쳐 '엔지 챗'Eng Chats 시간을 마련해 6개월간 진행했다.

페이지가 어떤 일이든 공식 일정을 잡고 움직이는 것을 좋아하지 않는 탓에 다들 긴장할 때가 많았다. 그는 가장 필요하다고 생각하는 부서에 즉흥적으로 '불쑥 들러' 그날의 가장 중요한 프로젝트를 파악하곤 했다. 나는 그가 만나야 할 엔지니어들의 목록을 스프레드시트로 정리했다. 그리고 엔지니어와의 미팅 진행 상황을 기록하고 미팅 순서를 수정하고 새로운 엔지니어의 이름을 추가했다. 나는 매주 목요일마다 세 시간씩 페이지를 만나 엔지니어와의 대화 시간을 주선했다. 회사에서 가장 시급한 문제를 선별해 우선순위를 매긴 작은 목록과 엔지니어의 위치를 표시한 캠퍼스 지도를 준비해 그가 자유롭게 다니며 대화를 나눌수 있도록 했다.

페이지는 내가 엔지 챗 방문 일정을 체계적이면서도 자유롭게 안배한 것에 고마워했다. 물론 내게도 그 일은 많은 도움이 됐다. 유례없는 기회를 이용해 구글의 최고 엔지니어들과 친분을 쌓고 탄탄한 관계를 맺을 뿐만 아니라 기업의 핵심 전략과 강점을 배울 수 있었다. 페이지는 현재 개발 중인 기술을 면밀히 파악하고 가장 경쟁력 있는 엔지니어들과 대화를 나누면서 쌓은 덕분에 10년간 CEO였던 슈밋의 뒤를 이어 자신이 세운 기업의 CEO 자리에 올랐다.

해결책은 찾기 어려울 뿐 반드시 있다

구글 창립자가 내게 프로젝트를 맡긴 이유가 있다. 나는 어떤 일이든 준비에 철저한 것으로 정평이 나 있었다. '준비' 과정이 대단히 멋지지는 않지만 커리어를 뒤바꿔놓을 수도 있다. 수많은 밤을 홀로 남아 오늘 기업에 필요한 것과 내일 기업이 성공하기 위해 필요한 것을 연구하고 읽고 듣고 관찰했다. 훗날 내가 원하는 곳에서 일하기 위한 자격을 갖추려면 다양한 상황과 의견을 많이 겪어야 한다고 생각했다. 그래서 항상 다양한 관점을 접할 수 있는 프로젝트를 찾아다녔다. 몇 년간 집중적으로 노력하며 평판을 쌓아나가자 기회가 찾아온 것이다.

제아무리 열심히 준비를 했어도 페이지의 엔지 챗 프로젝트는 매우 신중하게 접근해야 했다. 나보다 직급이 한참 높은 윗사람과 성공적인 관계를 쌓으려면 기술이 필요하다. 무엇보다 신뢰의 토대를 구축해야 한다. 먼저 사소한 일상적 업무에서 자신의 능력과 충성도, 용기를 증명해야 한다.

대부분 자신이 아무도 알아주지 않는 일을 하는 것처럼 느껴질 것이다. 실제로 그럴지도 모른다. 그날그날 해야 하는 일이 쌓이면서 일상적 업무의 가치를 잊기도 쉽다. 하지만 사소한 일들을 제대로 해낼 때 비로소 일터에서 탄탄한 기틀을 마련하고 올바른 정보를 수집하고 기업의 핵심 전략과 경영진 및 팀의 동기를 파악할 수 있다.

나는 어떤 기반도 구축하지 않은 채 무작정 프로젝트와 승진, 스포트라이트만 바라다가 원하는 바를 이루지 못한 사람들을 여럿 봤다. 학습과 자신이 기여할 수 있는 일에 꾸준한 노력을 기울여야 하는 단계를 서둘러 건너뛰려고 해서는 안 된다. 자칫 자신의 평판과 팀의 성장 동력에 불리하게 작용할 수 있다.

선임 경영진의 부담을 덜어줄 수 있는 일을 파악하는 기회는 학습과 기여의 과정에서 얻을 수 있다. 그 기회를 통해 경영진이 가장 중대한 일에 집중하고 최대의 성과를 내고 당신에게 업무를 위임할 수 있도록 해야 한다. 또한 위임받는 일을 처리하며 당신의 역량과 영향력을 키울 수 있어야 한다. 바로 이것이 상사와 관계를 쌓을 때 필요한 원원 전략법이다. 윗사람들이 당신에게 편안하게 일을 위임할 수 있을 때 비로소 당신이 더 큰 무대로 올라갈 수 있다. 경영진이 매끄럽게 진행할 일의 적임자로 당신을 찾을 수 있도록 준비해야 한다.

내 컨설팅 고객 중 한 명은 급속한 성장기를 거치면서 필연적으로 동반되는 문제들을 경험하고 있었다. CEO였던 그는 때마침 회사에서 자신이 믿고 위임할 수 있는 완벽한 직원을 발견했다. 하지만 안타깝게도 그 직원은 자신이 CEO의 오른팔이자 후계자라는 것을 알게 되자 더 이상 역량을 발휘하지 않았다. 스스로 앞길을 망치기 시작한 것이다. 중요한 일 앞에서 말만 그럴 듯하게 할 뿐 무엇 하나 제대로 해내지 않았다. 점점 그는 업무 능력 면에서 부침이 커졌고 팀에서도 신뢰를 잃어갔다. 그는 떼놓은 당상과도 다름없던 승진에 실패하고 말았다.

내 고객은 그를 대체할 사람을 외부에서 데려와 그간 잃었던 것을 회복해야 했다. 새로 영입한 리더는 자신의 직함에 취해 본분을 잊는 모습을 보이지 않았다. 그는 팀과 함께 일했고 화려하지 않아도 중요한 프로젝트라면 기꺼이 맡아 진행하며 솔선수범했다. 그의 활약 덕분에 내 고객은 핵심 성장 분야에 집중할 수 있었고, 기업은 경쟁 우위를 점할 수 있었다.

힐러리 클린턴이 자서전 《힘든 선택들》을 출간했을 때 북토크 투어 일정으로 사흘간 실리콘밸리를 방문했다. 그녀의 보좌관인 후마 애버딘Huma Abedin이 내게 전화를 걸어 클린턴과 슈밋이 함께 자리하는 북토크를 구글에서 주최할 수 있는지 물었다. 통화를 할 당시에 우리는 다른 주에서 연간 '사고 리더'thought-leaders 콘퍼런스를 막 시작하던 참이었다. 클린턴 측에서는 우리가 돌아오는 다음 날인 월요일에 마운틴뷰에서 북토크를 진행하고 싶어 했다.

슈밋은 좋은 생각이라고 동의했다. 나는 당장 행사를 주최하는 데 필요한 일들을 계획하고 사람들에게 연락을 취했다. 캠퍼스 내에서 이뤄지는 큰 규모의 행사인 데다 전 영부인이 참석하는 자리라 여러모로 복잡했다. 기업 커뮤니케이션팀, 이벤트팀, 법무팀, 구글 보안팀, 미국 비밀 경호국까지 여러 팀과 협조해야 했다. 고생 끝에 예정대로 월요일에 슈밋과 클린턴이 무사히 무대에 올랐다. 본사에 모인 수많은 관객과 수천 명의 유튜브 시청자들 앞에서 성공적으로 행사를 시작할 수 있었다.

행사에 앞서 클린턴의 어시스턴트는 본사로 도서를 보내왔다. 클린턴이 구글 임직원을 위한 행사를 마친 뒤 사인회를 진행하겠다는 의사를 밝혔기 때문이다. 다만 클린턴 측에서는 사인회 참여 인원이 예상 밖으로 그렇게 많을 줄 몰랐다. 행사장에는 사인을 받으려고 사람들이 줄을 길게 늘어섰고 미리 준비한 도서는 바닥이 나버렸다.

그때 행사에 자원한 직원 한 명이 클린턴 옆에 서 있던 내게 다가와 소리를 쳤다.

"문제가 생겼어요!"

그러자 클린턴의 어시스턴트가 직원을 테이블 멀리 안내하며 나지막이 대답했다.

"문제는 없습니다. '해결책이 있을 뿐'이죠."

그녀는 노련하게 대처했다. 클린턴이 책에 사인을 받지 못한 사람들을 모두 만나 사진을 찍어줄 것이고 또 저녁에 시간을 내어 책에 따로 사인을 해놓겠다며 상황을 정리했다. 정말 간단히 해결됐다.

내게는 그 순간이 오래도록 기억에 남았다. 짧은 순간 그녀가 보여준 태도는 수석 보좌관으로서 내가 꿈꾸던 성공 비결 및 철학과 일치했기 때문이다. 나는 어떤 일이든 먼저 관련 문제에 대해 완벽히 조사한 후 중요한 데이터를 정리하고, 실행 가능한 방안을 몇 가지 준비한 후에 슈밋에게 보고했다. 단순히 눈앞의 문제만 보고하고 싶지는 않았다. 나 또한 해결책을 함께 제시하려고 했다. 이것이 상사와 성공적인 관계를 쌓는 비법이다.

전략 3.
중요한 곳에 앉을 자격을 보여주다

개별 기여자였던 나는 항상 자신의 영향력을 더욱 확장하려 애쓰는 최고 CEO들과 함께하며 한 번씩 주눅 들 때가 있었다. 그때마다 자신감이 저하되거나 동반되는 감정들 때문에 내게 주어진 특권과 업무에 집중하지 못하는 일이 없도록 마음을 다잡았다. 누구나 역량을 키워나가는 과정에서 항상 두려움 또는 불편함 같은 감정을 느끼게 된다. 하지만 걱정하지 않아도 된다. 그 순간이 찾아오면 당신이 잘하고 있다는 신호라고 생각해야 한다.

나는 조금씩 기여의 범위를 넓혀가기 위해 절차를 능률화하고 업무를 위임하고 새로운 파트너와 관계를 형성하고 새로운 방식을 적용해가며 전략적인 의사 결정과 콘텐츠 실무에 집중할 여유를 만들었다. 단숨에 가능한 일은 아니었다. 그 과정에서 어색하고 불편한 순간들도 있었다. 나는 구글 내에서 그리고 구글을 넘어서 큰 영향력을 발휘하고 싶었고, 점차 내 영향력을 떨칠 기회가 늘어갔다.

기회는 용기 내 손을 드는 자의 것이다

2014년 여름, 우리 팀은 정치적으로나 전략적으로 굉장히 중요한 사안을 담당하고 있었다. 그 덕분에 유럽에서 몇 달간 체류도 해야 했다. 당시 갑작스럽게 자리에서 물러난 아버지의 뒤를 이어 왕위에 오른 스페인의 국왕과 마드리드 왕궁에서 만나는 일정이었다. 나는 지역 정책 팀과 함께 슈밋과 국왕의 면담에 필요한 브리핑 문서를 작성했다. 2008년 당시 전 세계적인 경기 침체의 여파로 스페인의 기업 환경은 여전히 냉기가 돌고 있었다. 우리는 구글이 스페인의 기업가 정신을 어떻게 자극하고 독려할 수 있을지에 초점을 맞췄다. 스페인으로서는 새로운 국왕의 리더십 아래에서 새 정책의 제시와 쇄신이 간절한 상황이었다.

마드리드의 구글 스타트업 캠퍼스에서 선임급 회담이 몇 차례 진행됐다. 스페인 주재 미국 대사인 제임스 코스토스James Costos의 대사관저에서 예술가, 영화 제작자, 음악가 등 문화계 리더들과 함께 다채로운 저녁 식사 자리도 가졌다. 나는 스페인의 유명 인플루언서들 사이에서 어색하고 불편함을 느꼈지만 내가 해야 할 일을 제대로 해내야 했다. 그중 가장 기억에 남은 행사는 마드리드 왕궁에서 이뤄진 미팅이다. 그야말로 어색함이 최고조에 달했던 순간이었다.

왕궁까지 차를 타고 가는 길은 영화 속 한 장면 같았다. 시내 중심가에서 출발한 차는 이내 나무들이 정확한 간격으로 보기 좋게 늘어서 있는 좁은 길로 접어들었다. 전용 출입문에 도착할 때까지 건물 하나 보이지 않았다. 우리가 로비에 도착하자 구글 정책 팀장은 국왕도 수행원을 동반하지 않는 면담 자리에 나를 데려가려는 슈밋에게 놀란 기색을 내비쳤다. 슈밋은 내가 동석해야 하는 자리이고, 나를 하릴없이 로비에서 대기시킬 생각이 전혀 없다고 단호하게 말했다.

국왕을 만난 자리에서 나는 콕 집어 내게 의견을 물어볼 때가 아니고서는 두근거리는 마음으로 가만히 침묵을 지킨 채 앉아 있었다. 슈밋의 믿음에 부응해야 한다는 부담감이 무엇보다 컸다. 슈밋은 중요한 자리에는 항상 중립적인 사람을 동반해 간략한 의견과 앞으로의 방향을 묻는 것으로 유명했다. 이번에도 다르지 않았다. 그날 국왕과의 면담 자리에서 내가 대단한 영향력을 발휘할 만큼 기여했다고는 생각하지 않는다. 하지만 이미 만석인 테이블에 내 자리를 마련했다는 경험이 내 자신감에 커다란 영향을 미쳤다. 굉장한 깨달음의 순간이었다. 하지만 단순히 중요한 일이 벌어지는 공간에 함께하는 것만으로는 부족하다는 것을 이내 깨달았다. 그 공간에 나를 위해 준비된 자리를 얻고 싶었다.

슈밋의 벤처 캐피털 회사인 이노베이션 인데버스Innovation Endeavors는 매년 세계적 명성의 과학자, 학자, 기업인들을 초청해 텔아비브 투어 행사를 진행한다. 그때마다 내 역량을 확장함과 동시에 위축되는 감정을 경험했다. 2015년 두 번째 투어 때는 와이즈만 연구소Weizmann Institute의 위대한 지성들을 만나 인공 지능이 인간의 생명을 지키는 의료 기술을 어떻게 진보시킬 수 있을지 논하는 자리를 가졌다. 내 전문성과는 너무도 거리가 먼 분야였다.

유명 박물관과 연결된 개인 저택에서 열린 저녁 식사 자리가 유독 기억에 남는다. 나는 참석자들이 주고받는 용어들과 주제를 전혀 이해하지 못했다. 나중에 찾아보려고 적은 내용이 몇 페이지에 이를 정도였다. 잔뜩 주눅이 들어 입을 꾹 다문 채 가만히 앉아 있기도 벅찼다. 나는 내 자신을 가로막는 생각들에 적극적으로 맞서 싸우려고 노력했다. 보통 공식적인 모임에서는 자기소개로 자리가 시작되기 마련이다. 그때마다 나는 내 이력이 행사에 참석할 만한 자격이 안 되는 것 같다는 기분을 느꼈다. 심지어 참석자들의 대화 중에 목소리를 낼 자격이 없다는 생각에 휩싸인 나머지 사람들의 눈에 띄지 않게 뒤로 물러나야 할 것 같은 충동이 일었다.

그렇지만 나는 똑똑한 슈밋이 나를 여러 행사에 동석시킨 이유가 있을 것이라 생각했다. 그러니 나 역시도 내가 어떠한 가치를 더할 수 있을 거라고 믿어야 한다고 마음을 다잡았다. 한동안 대화가 이어지고 난 뒤 슈밋은 국왕과의 면담 때 그랬듯 모두가 보는 앞에서 내 생각을 묻거나 질문 내용을 정리해달라고 요청했다. 그 덕분에 한시도 긴장을 늦출 수 없었다. 슈밋은 비전문가의 의견이 대화를 생산적인 방향으로 이끌고 자신들이 해결하려는 문제의 핵심에 접근하는 데 도움이 될 거라고 생각하는 사람이었다.

회의 장소도 참가자들도 하나같이 대단했지만 나는 아니었다. 자신의 영향력을 키우고 싶고 이를 위해 노력을 기울이고자 하는 사람이라면 누구나 경험하는 감정이다. 중요한 결정이 오가는 공간으로 진입하는 길은 멀다. 게다가 그곳에 참여할 자격을 얻기 위해 당신이 들이는 노력은 아무도 몰라주는 것처럼 느껴질 때가 많을 것이다. 하지만 결과는 당신이 하는 일에서 드러난다. 당신이 노력해서 얻은 자신감을 밑거름 삼아 기회를 쟁취하기 위해 손을 들어야 한다. 현재 당신에게 주어진 일 이상으로 기여하고 있음을 보여줘야 한다. 그러면 점점 더 중요한 장소로 자신을 이끌고 자신이 앉을 의자를 직접 챙겨 자리할 능력을 키울 수 있다. 당신을 위해 마땅히 준비된 빈자리는 없다. 스스로 자신의 자리를 만들어야 한다.

당신의 능력을 더욱 중요한 자리에서 발휘할 기회가 있는가? 가면 증후군이 당신의 발목을 어떤 식으로 잡고 있는가? 당신보다 한두 걸음 앞서 있는 사람들, 당신에게 조언을 해줄 수 있는 사람들로 어떤 인재 팀을 만들 수 있을까? 당신의 드림팀을 꾸리기 위해 팀에서 어떤 사람을 내보내야 하고 또 데려와야 하는가? 당신의 팀과 당신 개인의 야망 모두 충족시킬 수 있는 시스템을 만들 수 있는가? 팀원들은 당신을 두고 폭풍 속에서도 침착함을 유지하는 사람이라고 생각하는가? 당신의 차별점을 어떻게 활용해야 당신이 꿈꿔온 테이블에 당신의 자리를 만들 수 있을까?

- **인지하라**: 당신은 어떤 테이블에 앉고 싶은가? 그 공간에 그리고 테이블에 앉을 자격을 얻기 위해 당신만이 할 수 있는 기여 활동은 무엇인가? 당신이 그곳에 이르기 위해 팀에 어떤 사람이 필요한가?
- **당신의 것으로 만들어라**: 당신의 목표에 한 걸음 더 다가가기 위해서 이번 주 당신이 자원하거나 조사하거나 요구할 수 있는 것은 무엇인가?
- **실행하라**: 당신의 계획을 이루기 위해 오늘 첫 걸음을 내디뎌라!

제 6 장

눈에 띄고 싶다면
작은 일부터
해내라

커리어에서 급성장하려면
당신에게 찾아온 일이 무엇이든
당신이 할 수 있다는 것을 보여줘라.

BET ON YOURSELF

승진을 하고 팀에서 더 많은 책임감을 부여받고 더 눈에 띄려면 그저 기다리는 것만으로는 안 된다. 과다한 업무에 시달리는 경영진의 어깨를 가볍게 만들어주는 동시에 당신을 위한 성장 기회도 만드는 상호 이익을 도모해야 한다. 바로 그 방법을 찾을 때 성공의 마법이 시작된다. 특히 대체 불가능한 인재로 인정받으려면 세 가지 전략이 필요하다.

- 전략 1. 커리어의 도미노 효과를 만들어라
- 전략 2. 대담하게 꿈꾸고 겸손하게 나아가라
- 전략 3. 당신의 네트워크에 투자하라

전략 1.
커리어의 도미노 효과를 만들어라

베이조스는 경영 인재를 성장시키는 동시에 자신의 가치와 방법론을 기업 전반에 주입시키는 매우 강력한 프로그램을 만들었다. 내가 아마존에 입사한 첫해에 베이조스는 '섀도' the Shadow라는 역할을 만들었다. 섀도의 정식 명칭인 테크니컬 어드바이저 technical advisor는 전도유망한 주니어 관리자가 1년에서 1년 반가량 베이조스의 곁에서 업무를 함께하는 자리다. 오늘날 여러 기업에서 수석 보좌관이라고 부르는 역할과 비슷하다. 그가 섀도를 탄생시킨 이유는 두 가지였다.

첫째, 베이조스는 숨은 의도나 목표, 상충하는 동기가 없는 사람과 함께 기업에서 가장 중요한 결정에 필요한 브레인스토밍과 논의를 하고 싶었기 때문이다. 그는 모든 회의에 자신과 함께 참여하고 모든 메일을 공유하며 비즈니스 개발 과정의 모든 단계를 함께할 수 있는 사람을 원했다. 또한 혁신적인 사고를 유지하고 더욱 큰 영향력을 발휘하기 위해 자신을 밀어붙여줄 지적인 스파링 상대를 원했다.

둘째, 젊은 경영진이 유례없는 경험을 하며 베이조스와 똑같이 사고하는 법을 배울 특별한 기회를 제공하기 때문이다. 섀도는 베이조스가 던질 만한 질문을 하고, 아이디어나 제안을 냈을 때 베이조스의 반응을 예상하는 법을 배운다. 또 합리적 비즈니스 관점에서 아이디어를 강력하게 반박하고, 동료로서 베이조스에게 긴장감을 주는 법도 배운다. 베이조스는 동료들의 냉철한 평가를 간절히 바랐다. 그가 평가를 적극적으로 구하는 사람인 만큼 마땅한 역할을 해줄 사람이 필요했다. 섀도란 이름의 파트너는 베이조스의 내면에서 최고의 CEO를 끌어내는 데 초점이 맞춰져 있었다.

당신의 타이틀을 새롭게 만들어라

2002년 앤디 재시Andy Jassy가 베이조스의 첫 공식 섀도로 임명됐다. 그는 2013년에 직접 설립 과정을 도왔던 수십억 달러의 자회사 아마존 웹 서비스Amazon Web Sevices의 CEO가 됐다. 17년 후인 2021년 말, 그는 베이조스의 후계자로 아마존 CEO에 임명됐다.

재시는 굉장한 섀도였다. 뛰어난 임원진 여럿이 실패했던 베이조스의 파트너 역할을 성공적으로 수행했다. 베이조스는 그동안 다른 임원진을 대상으로 섀도의 전신이었던 역할을 실험했었다. 하지만 하나같이 그 자리에 어려움을 느꼈다. 무엇보다 베이조스에게 필요했고 그가 바랐던 영향력을 발휘하는 데 실패했다. 베이조스의 탓도 아니고, 파트너십에 완벽히 집중하고 매진하지 못한 초급 임원진의 탓도 아니라고 생각한다. 리더처럼 사고하고 판단하는 것은 시간과 노력을 일부만 들여서는 가능하지 않다. 자신의 시간을 온전히 쏟아부어 최우선적으로 임해야 하는 일이다. 이 역할에 제대로 임했던 사람은 재시가 처음이었다.

섀도 역할을 하던 재시가 2003년 새로 생긴 아마존 웹 서비스를 지휘하는 자리로 옮기자 콜린 브라이어Colin Bryar가 베이조스의 두 번째 섀도가 됐다. 브라이어는 처음 섀도 역할을 시작할 당시 나를 찾아왔다. 그는 베이조스의 파트너 역할을 가장 잘 수행하고 효과적으로 기여하기 위해 어떻게 해야 하는지 물었다. 나는 사실상 깨어 있는 모든 시간을 베이조스와 1미터 거리 내에서 생활했기 때문에 그의 질문에 대한 적절한 답과 조언을 건네줄 수 있는 사람이었다.

나는 재시와 브라이어에게서 커리어를 새롭게 쌓을 아이디어를 얻었다. 베이조스의 섀도로서 일하는 법을 코칭해줄 능력이 내게 있다면, 내 역할 또한 일종의 섀도로 볼 수 있을 것이다. 나 역시 섀도가 취급하는 정보, 사람, 자원에 접근할 수 있었기 때문이다. 그럼에도 여느 사람처럼 대학 졸업 후 첫 직장에서 눈에 띄지도 않고 시시한 업무만 맡아서 수행하는 베이조스의 견습생 수준에서 머무를 수 있었다. 하지만 다른 두 섀도와 대화를 나눈 후 스스로 내 역할을 좀 더 가치 있게 대함으로써 다른 사람들이 나를 바라보는 시각 또한 달라지게 만들 수 있을 것 같았다. 나아가 베이조스의 비즈니스 본능을 내 안에 심고 싶었다. 그와 아마존이 마주할 모든 질문, 도전, 기회를 예측하고 그 해결책도 찾아내고 싶었다.

마음가짐이 달라지자 그동안 대단해 보이지 않았던 업무가 나를 매일같이 성장시키는 도전 과제로 다가왔다. 이전까지 일상적이었던 일들이 성장과 학습의 기회로 보이기 시작했다. 그동안 별생각 없이 처리해온 단순 업무가 기업 내부 전략을 파악하는 최적의 창구이자 효율적인 위임 전략이 담긴 전략서로 보였다. 나는 경영진의 업무 수행 아이템을 추적하는 등의 내용을 담은 서류들을 베이조스가 기업을 이끄는 비밀이 적힌 안내서처럼 대했다. 원래 내가 맡은 역할의 범위를 넘어서 내 자신을 확장하고 내가 배운 것들을 예상치도 못한 방식으로 적용할 수 있는 기회를 찾아다녔다.

내 커리어 성장에 중요한 터닝 포인트가 되는 변화의 시작이었다. 우리 팀이 베이조스의 핵심 업무를 추진하고 미래의 니즈와 걸림돌을 예측하는 데도 이러한 나의 마인드셋 전환이 매우 큰 도움이 됐다. 몇 년 후, 내가 구글 CEO의 효율적인 수석 보좌관 역할을 수행할 수 있는 기틀을 다지는 시간이었다.

승리는 함께할 때 2배의 효과를 가져온다

이후 구글 입사 초기, 메이어 밑에서 일하면서 나는 섀도의 역할을 떠올렸다. 그녀의 업무를 최대한 덜어주며 내 영향력을 확장해나갔다. 그 과정에서 내 능력을 넓히고 좀 더 학습할 수 있는 기회를 얻었다. 메이어의 팀이 기하급수적으로 성장하면서 그녀의 책임감 또한 점점 커지고 있었다. 얼마 지나지 않아 그녀는 프로덕트 팀을 대표해 대외적으로 사용자들 앞에 서는 스피커 역할을 담당했다. 그리고 메이어가 핵심 프로덕트와 코드 리뷰 등에 주력하는 동안 바쁜 그녀를 대신해 처리해야 할 일들이 있었다.

나는 우리 팀의 운영 구조를 하나도 빠짐없이 평가하고, 더욱 효율적이고 능률적으로 만들 방법을 찾기 시작했다. 그중 하나는 커뮤니케이션 팀을 통해 전달되는 언론 인터뷰 및 출연 의뢰를 능률적으로 평가하는 프로세스를 개발하는 것이었다. 내가 팀에 오기 전에는 외부 일정을 전부 스프레드시트에 나열한 후 메이어가 선택해야 했다. 수락하고 거절할 일정과 위임할 일정 등을 결정하는 체계가 잡혀 있지 않았다. 일정을 결정하는 일은 여러모로 복잡한 데다 메이어의 다른 업무에 비해 중요도가 떨어졌다. 하지만 일정을 제대로 선별하지 못하거나 사용자들과 관계를 쌓고 신뢰를 형성하는 데 전략적으로 접근하지 않는다면 심각한 문제를 야기할 수도 있었다. 우리는 빠르게 발전하는 기술을 만드는 기업으로서 사용자들에게 소속감과 안전함을 제공해야 했다. 지속적인 커뮤니케이션 전략이 필요한 시점이었다.

나는 매주 커뮤니케이션 팀과 회의를 하며 언론 인터뷰 요청 건을 검토하고 우선순위를 판단해 메이어에게 전략적 계획안을 작성해 결재를 올렸다. 수백 건의 요청 건을 모두 검토할 시간도, 여력도 없는 메이어를 위해 목록을 대폭 줄였고, 그녀가 몇 분 만에 계획안을 검토하고 꼭 해야 할 일들을 완수할 수 있는 시스템을 만들었다.

새로운 시스템 덕분에 커뮤니케이션 팀도 좀 더 적극적으로 좋은 기회를 찾아다닐 여유가 생겼다. 이전과 달리 수동적으로 들어오는 요청을 단순히 검토하는 수준 이상으로 대응했다. 2007년 한 해 동안만 〈투데이 쇼〉, 《마리끌레르》, 《디테일스》Details, MSNBC, NBC, ABC, FOX, CNBC 인터뷰를 진행했다. 또한 우리는 메이어가 CES, 〈포춘, 가장 영향력 있는 여성들〉Fortune: Most Powerful Women, DLD 등과 같은 콘퍼런스에 연사로 참여하는 기회를 더욱 늘리는 데 주력했다. 언론 인터뷰와 연사 요청을 전략적으로 접근한 결과 메이어는 순식간에 구글 프로젝트의 얼굴이 됐다. 대외적인 인지도를 높인 덕분에 그녀는 향후 CEO가 되겠다는 자신의 목표에 한 걸음 더 다가갈 수 있었다.

메이어의 〈투데이 쇼〉 출연을 앞두고 몇 가지 중요한 일정에 변동이 있었다. 뉴욕 출장 일정에는 몇 개의 생방송 TV 프로그램 출연과 내부 및 외부 미팅, 론칭 이벤트 준비가 포함되어 있었다. 당시 제품 론칭이 여럿 진행되었던 터라 어떤 론칭인지는 정확히 기억이 나지 않지만 아무튼 출장 일정이 매우 촉박하게 진행되었다. 하지만 메이어는 스케줄을 제시간대로 따르는 데는 영 소질이 없었다. 나는 그녀가 예정된 일정을 지키지 못해 TV 인터뷰에 참여하지 못할까 봐 걱정이 됐다. 문제없이 일정이 진행되려면 뉴욕에서 수행할 48시간 출장에 내가 직접 따라가서 보조하는 방법밖에 없다고 생각했다.

나는 메이어에게 함께 따라가도 될지 묻기가 망설여졌다. 론칭 이벤트 준비로 출장을 가는 것은 내 역할 밖의 일이었기 때문이다. 그녀와 함께 출장을 간 것은 취리히 콘퍼런스가 유일했다. 다행히 메이어는 내가 합류하면 도움이 될 수 있겠다며 같이 가자고 말했다. 우리는 샌프란시스코에서 야간 비행기를 타고 뉴욕에 도착하자마자 바로 미팅에 참석했다.

뉴욕에 도착한 후 그녀는 승승장구했고, 우리는 늦게까지 일을 해야 했다. 새벽 2시가 돼서야 호텔에 들어온 나는 다음 날 새벽 5시 알람이 울리기 전까지 세 시간밖에 잠을 자지 못했다. 〈투데이 쇼〉 출연을 하려면 헤어와 메이크업을 받고 준비해야 했기에 6시까지는 방송국에 도착해야 했다. 대기실에도 가보고 카메라맨 뒤에서 생방송 프로그램을 지켜보는 일은 완전히 새로운 경험이었다. 우리 팀과 기업에 메이어가 어떠한 영향력을 발휘하고 이를 어떻게 전달해야 하는지 좀 더 깊이 있게 이해하는 시간이 됐다. 론칭 이벤트 언론 행사의 속도, 파급력, 전략 모두 마음에 들었다.

무엇보다 언론 행사를 진행하며 우리 팀이 상품을 세상에 더욱 성공적으로 소개하기 위해 내가 무엇을 할 수 있고 또 무엇을 꿈꿀 수 있는지 시야를 확장하고 상상력을 키우는 계기가 되었다. 저녁이 되자 몸은 천근만근이었지만 가슴이 두근거려 캘리포니아로 돌아오는 야간 비행에서 잠을 이룰 수 없었다. 첫 뉴욕 방문이어서가 아니었다. 내 커리어에 도미노 효과가 시작되는 경험이었고, 좀 더 대담하게 내 것을 위해 나서고 더욱 중요한 프로젝트에 도전해도 된다는 자신감을 얻었기 때문이다. 나는 중요한 일이 이루어지는 곳에, 스포트라이트 속에 내 자리를 만들고 싶었다.

나는 뉴욕 출장 이후 메이어의 출장마다 동행하기 시작했다. 미국 내 구글 지사들을 방문했고, 핵심 기업들의 CEO를 만났으며 중요한 기술 콘퍼런스와 언론 행사에 참석했다. 어쩌면 그때의 경험이 아니었다면 훗날 구글의 CEO인 슈밋과 함께 회의실에 들어갈 꿈을 꾸지 못했을 것이다.

메이어와 나는 성장을 향한 목표를 공유하며 한 사람은 경영진으로서, 다른 한 사람은 개별 기여자로서의 영향력을 키워 나갔다. 우리가 함께 효율적으로 일하며 각자의 커리어에서 원원할 방법을 찾은 시작점이었다.

전략 2.
대담하게 꿈꾸고 겸손하게 나아가라

권한을 지닌 한 사람으로 목소리를 내는 법을 배울 수 있는 유일한 방법은 바로 그런 상황을 적극적으로 찾아다니고 부딪히는 것뿐이다. 역량을 키우고 싶다면 미리 정보를 수집하고 전략적 접근법을 취하고 현재 자신의 전문 지식 수준을 뛰어넘는 일을 맡으며, 새로운 영역으로 확장해나가야 한다. 나는 준비만 제대로 돼 있다면 내게 있는지도 몰랐던 강점을 발휘해 나 자신의 역량을 넘어선 프로젝트를 수행해나갈 수 있다는 것을 깨달았다.

역량을 키우려면 적절한 위험을 감수해야 한다. 적절한 위험이란 자신이 완벽하게 해내지 못할 것 같고 경험도 부족하지만 짧은 시간 내에 많은 것을 배울 수 있는 일을 뜻한다. 나는 이런 중압감을 느낄 만한 상황을 그저 받아들이는 것뿐만 아니라 찾아다니는 법을 배워나갔다.

대표적인 프로젝트 중 하나가 혼자서 구글 플라이트_{Google Flight} 부서를 만든 것이었다. 2011년 8월 구글은 모토로라를 125억 달러에 매입했다. 구글 역사상 가장 큰 규모의 인수 중 하나였다. 인수 과정이 매우 복잡했고, 경영진은 인수의 가치를 극대화할 방안을 찾는 데 굉장히 오랜 시간 고심했다.

회사는 매입 이후 모토로라가 지적 재산권과 특허권을 갖고 있는 앱으로 안드로이드를 더욱 개선시킬 수 있을 거라고 판단했다. 한편으로는 정리 해고 대상자와 구글 직원으로 흡수할 대상을 판단하고 가늠하는 어려운 일을 처리해야 했다.

당시 모바일 앱은 구글로서는 대단한 위험을 감수해야 하는 도박이었다. 내 관리자이자 CEO인 슈밋은 모바일 기술이야말로 구글이 앞으로 집중하고 제품 플랫폼을 형성해야 할 분야로 내다봤다. 그는 자신의 커리어를 걸고 큰 투자를 감행했다. 그해 구글의 OKR은 '모바일 퍼스트'Mobile First로 정했다. 사내 모든 팀은 무엇을 론칭하든 모바일에 최적화된 디자인을 고려해야 했다. 나는 기업이 주력하는 분야에서 참여할 기회를 얻고 싶었다. 기업과 내가 모두 원원할 수 있는 제안을 한다면 임원진의 지원도 얻을 거라 예상했다.

모토로라 인수 과정에서 내 역할과 리더십 경험을 확장할 기회가 예상치 못하게 전개됐다. 인수 조건에는 지적 재산권과 더불어 직원과 전용기 일체까지 모토로라의 모든 자산이 포함돼 있었다. 그야말로 매력적인 조건이었다. 슈밋은 전용기와 운항 승무원을 활용하는 방안에 대한 결정권을 내게 맡겼다. 구글은 지금껏 기업 전용기를 보유한 적이 없지만 나는 슈밋과 창립자들 소유의 개인 전세기를 활용한 경험이 있었다. 임원용 전세기 계약과 정책 수립을 했던 경험을 한 단계 확장하는 것이 자연스러운 수순처럼 느껴졌다. 나는 내 전문 지식을 활용해 기업이 전용기를 보유하는 데 필요한 사안을 책임지기로 했다.

처음에는 항공기 및 직원 관리, 운영 등에 관해 아무것도 모르는 상태였기에 내 권한을 한참 넘어선 프로젝트라 생각했다. 나는 직원, 항공기, 기업 이용 정책 수립 등 세 가지로 프로젝트를 나누었다. 우선 가장 어려운 일부터 접근하기로 했다. 모토로라의 항공 부서 직원들, 즉 관리자, 스케줄러, 정비공, 파일럿, 승무원 등 모든 사람을 인터뷰해 핵심 인력과 구글의 문화에 잘 어울릴 만한 사람을 가려내는 것이었다.

나는 얼마 후 모토로라의 기업 문화가 구글과 상당히 다르다는 점을 깨달았다. 항공 부서 직원 대부분은 새로운 환경에 적응하기 어려울 것 같았다. 나는 모토로라 항공 부서 직원들의 업무 능력 평가는 다른 직원에게 맡기는 대신 그들이 구글 문화에 잘 어울릴 수 있을지를 판단하는 데 주력했다. 그들이 속할 팀의 경우 구글 직원들과는 어느 정도 분리돼 운영될 예정이므로 유연하게 접근할 수 있었다. 하지만 그들과 주로 접점을 공유하는 사람들은 구글 내 가장 고위급 경영진이었다. 그들은 항공 부서에 필요한 자질 이외에도 우리가 내부적으로 '구글리'_{Googley} 마인드셋이라고 부르는 기업 문화의 핵심을 수용해야 했다.

구글리는 우리가 회사에서 매일같이 이야기하는 주제였다. 이는 창의적 문제 해결을 말하는 개념으로, 협조적이고 열정적이며 고도로 분석적인 동시에 겸손하면서도 너무 심각하게 접근하지 않는 태도를 뜻한다. 이 균형을 유지하기 위해서는 최고 수준의 전문 지식과 적당한 자의식이라는 쉽지 않은 조합이 필요했다. 두 가지를 모두 갖춘 사람은 드물었다. 물론 모토로라 항공 팀의 전문 지식수준은 상당했다. 다만 구글의 혁신적인 문화에 잘 적응하는 사람을 가려내야 했다. 즉 그저 지시를 따르기만 하는 수동적인 팀에서 벗어나 함께 새로운 팀 문화를 만들어가는 창의적 팀으로 사람들을 이끌 수 있는 인재를 가려내야 했다.

아무도 원치 않는 일에서 기회를 발견하라

항공 팀과의 첫 번째 미팅에는 지나치게 격식을 차린 딱딱한 프레젠테이션 자료와 구글의 혁신적이고 수평적인 구조와는 반대로 위계 서열을 바탕으로 한 비즈니스 플랜이 등장했다. 딱딱한 프레젠테이션 자료는 구글 내부 회의에서는 사용이 금지돼 있었다. 그들의 플랜에는 혁신적이거나 주도적인 모습이 보이지 않았다. 구글만의 특별한 문화와 성장 속도를 반영한 플랜을 만들어야 한다는 아쉬움이 들었다.

팀원 몇 명은 들뜬 표정으로 구글의 비전을 고려해 임원진의 여행에 대한 획기적인 접근 방식과 더불어 일에서 효율성과 즐거움을 높일 수 있는 방법에 대해 브레인스토밍했다. 반면 몇몇은 곧장 불편한 기색을 내비치고는 자신들이 고수해온 기존의 방식을 옹호하려는 태도를 취하며 새로운 실험을 마뜩찮게 여겼다.

내 커리어에서 처음으로 회사에서 내보낼 사람을 결정하는 일은 고통스러웠다. 하지만 몇몇 직원은 새로운 환경에서 행복을 느끼지 못할 것이고 좀 더 보수적인 팀에서 더욱 성장할 수 있다는 사실만큼은 분명해 보였다. 힘든 과정이었지만 결국 소규모의 핵심 파트너들을 추려냈다. 다음으로 그들과 함께 세 대의 전용기를 평가 분석하고 그중 비용을 들여 보유할 만한 전용기를 선별했다.

모토로라의 항공 팀과 함께 오랫동안 전용기 활용 사례와 비용을 분석했다. 나는 소형 전용기 한 대는 팔고 가장 큰 전용기는 장기적으로 보유하며 또 다른 소형 전용기는 유지 비용을 감당할 수 있는 동안만 보유하는 것으로 제안했다. 다음으로 사용 대상과 시기, 목적을 규정하는 구글 전용기 이용 정책을 수립해야 했다. 전용기를 사용할 때 발생할 수 있는 갈등 상황도 평가했다. 무엇보다 가장 중요한 사용처가 우선시되도록 하며 사내 서열에 좌우되지 않는 원칙이 필요했다. 간혹 직급이 높은 사람보다 낮은 사람에게 전용기가 더욱 필요한 상황도 있었다. 구글이 기업 전용기를 보유하기 시작한 이래로 처음 몇 년간은 내가 사용 허가와 운영 방침을 책임졌다.

나는 임원진 개개인에게 존중과 이해를 구하는 협력적인 접근 방식을 취했다. 투명한 가이드라인을 정하고 전용기 사용의 허가와 거부를 결정할 때마다 판단의 근거를 충분히 설명했다. 임원진 어시스턴트들에게는 전용기 사용 정책을 교육함으로써 출장 계획 초기 단계부터 가장 적합한 교통수단을 선택하고 꼭 필요한 경우에만 전용기를 활용할 수 있도록 지침을 알렸다. 임원진에게는 그들이 수행하는 업무의 중대성을 존중하면서도 전용기 이외에 효율적인 대안을 제시했다. 자원을 잘 활용하는 구글의 장점을 적극적으로 반영한 것이었다. 이렇게 신중한 접근 방식을 취한 덕분에 불필요한 힘겨루기나 오해를 방지할 수 있었다.

내가 임원진들과 신뢰 관계를 형성하지 않았다면 구글 플라이트 프로젝트를 결코 성공적으로 완수하지 못했을 것이다. 그 바탕에는 구글의 핵심 전략과 우선순위, 주주들에게 보여줘야 할 결과물에 대한 깊은 이해가 깔려 있었다. 나는 수년간 구글의 임원진들과 끈끈한 신뢰 관계를 쌓아왔다. 그 덕분에 전용기 사용 요청을 거부할 때마저도 그들의 권한을 해치지 않으면서 유연하게 대처할 수 있었다.

내 커리어를 쌓는 동안 이뤄온 대부분의 일을 요약하자면 정말 간단하다. 나는 사람들의 기분이 나쁘지 않게 '노'No라고 말하면서 돈을 벌었다. 이것은 정말 중요한 기술이다.

사람들은 화려해 보이거나 스포트라이트를 받는 프로젝트만이 성장 가치를 가진다고 쉽게 판단한다. 그것은 명백한 실수다. 내 커리어를 발전시킨 기회는 대부분 아무도 원치 않는 일을 할 때 찾아왔다. 구글 플라이트 부서를 운영하게 되면 온종일 매달려야 하는 업무가 굉장히 많아진다. 밤늦게까지 미국 연방항공청 규정을 배우고 항공 전문 변호사와 대화를 나누고 구글과 임원진에게 부과될 세금을 판단하고 기업의 우선순위가 달라지기 직전에 전세기를 교체해야 한다. 따라서 내 본업과 더불어 처리할 수 있는 부차적 업무로 삼으려면 좀 더 효율적인 방법을 찾아야 했다. 구글 플라이트 부서의 업무는 굉장히 번거로울지 몰라도 나는 주도적이고 협조적이며 회사에 필요한 일을 제대로 해내는 사람으로 평판을 쌓을 수 있었다. 당신이 누구든, 직급이 무엇이든 능동적으로 찾아나선다면 기회는 충분히 찾을 수 있다.

누구나 재밌고 돋보일 수 있는 일을 원한다. 또 팀에 필요한 수준의 헌신을 하지 않아도 되는 프로젝트만 맡고 싶어 한다. 하지만 가끔씩 자아는 자기 개발을 방해하는 가장 끔찍한 적이 되기도 한다. 겸손은 진정으로 혁신적인 사람들의 핵심 가치다. 역설적이지만 권한을 지닌 위치에 오르는 법을 배울 때 가장 중요한 요소이기도 하다. 겸손함을 바탕으로 어려운 프로젝트에 앞장서는 접근법이 내게는 잘 맞았다. 가치 있는 일에 기여하기 위해 주력할 때는 필연적으로 사람들의 눈에 띄게 된다.

그러면 자신의 손으로 직접 행운과 예상치 못한 기회를 만들어갈 수 있다.

직접 발로 뛰며 자신의 위치를 선점하라

새로운 권한을 얻기 위해서는 자신의 기여도를 높이고, 당신이 보고를 올리는 상사에게도 많은 역할을 감당할 수 있는 사람으로 인식되어야 한다.

2012년 여름, 국제 올림픽 위원회IOC는 구글을 런던 올림픽에 초청했다. 슈밋은 이미 올림픽에 몇 차례 참석한 바 있지만, 그해는 기업의 전력상 특히나 중요한 해였다. 구글 내 유튜브 스포츠 부서는 올림픽 중계권을 두고 IOC와 긴 협상을 하고 있었다. IOC는 본래 각 나라마다 주요 방송망 한 곳에만 중계권을 주는 모델을 유지했다. 하나의 콘텐츠 파트너만 둔다는 것은 곧 메이저 스포츠만 방송되고 다른 종목은 중계되지 않는다는 뜻이다. 우리는 비인기 종목에게도 방송 시간을 확보해주고 전 세계 어린 선수들에게 더욱 다양한 종목을 소개해 더 많은 멘토와 영감을 제공해주고 싶었다.

구글은 방송으로 중계되지 않는 콘텐츠를 온라인으로 송출할 인프라를 구축하고 있었다. 따라서 방송국들 간의 계약을 침해하지 않으면서도 시청자를 확장하고 전통적인 TV 시청에서 점차 멀어져가는 젊은 층도 끌어올 수 있었다. IOC는 새로운 비즈니스 모델에 적응이 느린 조직이라 구글과의 협상 대화는 좀처럼 진척되지 않았다. 심지어 이 협상은 이후 개최된 러시아의 소치 올림픽과 한국의 평창 올림픽까지 이어졌다. 나는 평생 올림픽과 올림픽에서 기량을 펼치는 놀라운 선수들을 존경해온 만큼 구글의 올림픽 중계 프로젝트를 반겼다.

처음으로 올림픽에 참석한 소감을 말하자면 무척이나 혼란스웠다. 다행히 우리 팀이 도착하기 전에 미리 알아보니 경기장, 행사장, 회의실 모든 장소에서 각각 다른 배지를 사용하는 것 같았다. 나는 입장 허가 배지와 보안 인가 등급을 확인해야겠다고 생각했다. 그것은 현명한 선택이었다. IOC가 내게 발급한 가장 낮은 등급의 특별 출입 배지로는 구글과 올림픽 위원회의 회의가 열릴 대부분의 장소에 입장하지 못했기 때문이다. 다시 말해 회사가 지구 반대편까지 나를 보내 맡긴 일을 할 수가 없다는 뜻이었다. 미팅이 열릴 장소까지 올림픽 교통 서비스를 이용하거나 구글 팀과 함께 회의실에 들어가 협력을 이끌어내지도 못할 상황이었다. 나는 어떻게든 방법을 찾아야 했다.

이내 IOC의 VIP 차량 코디네이터인 캐런과 친해져야 한다는 생각이 들었다. 그녀는 내게 전권을 주지는 못했지만 전용 차량 서비스를 이용할 수 있도록 배려했다. 그녀 덕분에 나는 우리 팀과 함께 이동하며 미팅 전에 브리핑을 검토하고 미팅이 열리는 장소 내 보안 구역까지 입장할 수 있었다. 하지만 내게 회의실에 앉을 권한까지는 없었다. 말 그대로였다. 어느 경기장에서도, 이벤트장이나 회의실에서도 자리에 앉을 수 없었다. 너무나 이상한 방침이지만 자리만 없을 뿐 내가 맡은 일은 할 수 있었다. 어쨌든 올림픽 현장에 있었으니 대단한 경험이었다.

올림픽 중계 프로젝트는 쉽지 않은 일이었지만 매순간 즐거웠다. 나는 매일 아침 일찍 일어나 우리가 가야 할 곳을 시험 삼아 둘러봤다. 각 장소마다 입장문 위치와 보안 절차가 달랐다. 또한 일정상 조금도 낭비할 시간이 없는 데다 입구와 보안 절차를 파악하는 데만 한 시간이 걸릴 때도 있었다. 나는 각 시설의 위치와 절차를 미리 확인해두기로 했다.

저녁에는 유튜브 스포츠 리더십 팀과 모여 그날 미팅의 성과를 검토했다. 이어서 후속 브리핑을 작성하고 각각의 실행 계획을 세워 각자의 역할을 분담했다. 늦은 시간까지 일한 뒤 고작 몇 시간 눈을 붙이고는 다시금 모여 회의를 가졌다. 나는 슈밋의 배려 덕분에 런던에서 며칠 머물며 여러 올림픽 행사에 참석할 수 있었고, 세계적인 선수들을 직접 보는 행운을 누렸다.

'그릿' 정신으로 나아가라

나는 올림픽에 출전한 선수들의 굉장한 실력에 놀라기도 했지만, 무엇보다 그들이 평범한 인간으로 태어나 훈련을 거쳐 그 자리까지 올랐다는 사실에 감동했다. 또 그들의 가족들이 치른 엄청난 희생에 경외감을 느꼈다. 그들은 아주 어린 나이부터 엘리트 선수로 성장할 커리어와 전문 기술을 갈고닦는 법을 배워야 했다. 나는 온 마음을 다해 응원하는 수영 선수 가족 옆에 앉아 경기를 지켜봤다.

라이언 록티 Ryon Lochte 부모님의 뒷줄에 앉아 그가 메달 개수를 늘려가며 역사상 두 번째로 많은 메달을 획득한 선수가 되는 모습을 지켜봤다. 모든 선수들이 세계 무대에서 승패를 가르는 100만 분의 1초 차이를 위해, 그리고 완벽함을 위해 끊임없이 훈련을 계속하며 노력했을 것이다. 잠을 줄이고 경제 활동을 포기하고 식단을 엄격하게 지키고 친구들과 어울리는 시간을 줄이는 것도 마다하지 않았을 것이다. 또 내 옆에는 메달 획득 가능성은 없지만 올림픽 출전이라는 자신의 꿈을 이룬 일본 수영 선수의 가족이 앉아 있었다. 그들도 모두 불가능해 보이는 과업을 위해 수많은 즐거움을 희생했을 것이다.

나는 마이클 펠프스가 고별 경기에서 역대 최다 올림픽 메달 기록을 경신하는 모습을 지켜보며 수영 선수들의 가족들과 이야기를 나누었다. 선수들이 극복할 수 없을 것 같은 실패와 고난을 경험했던 사연은 정말 인상 깊었다. 그들은 큰 부상을 입고 코치와 헤어지고 자금난에 허덕이는 등 꿈을 포기할 만한 수많은 일을 겪었다. 수많은 역경에도 불구하고 챔피언이 되는 꿈을 이루기 위해 고집스럽게 맞서 싸웠다.

그들의 이야기를 들으며 운동선수들의 성공과 비즈니스 성공에는 연관성이 많다는 것을 깨달았다. 첫째, 전광판 높은 곳에 이름을 올리겠다거나 CEO 사무실 문에 이름을 걸겠다는 꿈을 가질 정도로 대담해야 한다. 둘째, 부상을 입거나 자금이 부족해도 포기하지 않고 불필요한 비판에는 귀 기울이지 않을 정도로 고집스러워야 한다. 셋째, 이미 상위 1퍼센트의 실력을 갖춘 자신에게서 더 높은 차원의 위대함을 끌어내기 위해 한계를 시험하는 현명한 코치와 멘토들을 따를 수 있는 겸손함을 갖춰야 한다. 마지막으로 다른 누구의 인정도 필요치 않은, 마음 깊은 곳에서 우러나오는 자신감과 자신만의 나침반을 갖고 있어야 한다.

얼마 전에 나는 영국 챔피언십리그에서 축구 선수로 뛰고 있는 동료에게 자신의 유니폼을 입은 사람들을 볼 때, 그리고 경기장에 나서는 순간 사람들이 자신의 이름을 외치는 것을 들을 때 어떤 기분이 드는지 물었다. 그는 그런 것들에 영향을 받아선 안 된다고 답변했다. 만약 외부적인 요인에 좌우된다면 경기 중에 실수하거나 골을 넣지 못했을 때 경기장을 가득 메우는 야유에도 영향을 받게 된다고 했다. 현명한 생각이었다. 나는 지금껏 일터에서 나보다 높은 위치에 있고 영향력이 강한 사람들 앞에서 굴욕적인 실수를 많이 저질렀지만 실제로 야유를 받은 적은 없었다. 수십만 명의 사람들에게서 야유를 듣는 기분을 상상할 수 있을까? 그의 말이 옳았다. 내 가치가 타인의 의견이나 인정에 좌우됐다면 그들의 기대치를 넘어설 기회를 얻을 수 있을 때까지 살아남지 못했을 것이다.

실수가 학습과 발전에 필수 요소임에도 불구하고 오늘 당신을 응원했던 사람들이 내일 실수를 저지른 당신을 막아서기도 한다. 그동안 나는 스스로 모험을 시작하고 학습의 과정이 옳다고 믿고 내적 성장을 측정하는 법을 깨우쳤다. 챔피언의 사고방식을 유지하는 것이 힘들었지만 최대한 흔들리지 않도록 노력했다.

런던에서 올림픽을 처음 경험하며 내가 비즈니스적으로 많은 부분에 기여했다고 말할 수 있다면 좋겠다. 현실은 퉁퉁 부은 발로 수많은 시간과 에너지를 낭비하며 많은 것들을 배운 경험으로 그쳤다. 내가 미처 대비하지 못하고 예상하지 못한 일들이 많이 있었다. 솔직히 말해 그런 고생이 아니었다면 달리 배울 수 없었을 것들을 배웠다. 직접 부딪혀 나가며 경험해야만 느낄 수 있는 가르침들을 얻은 기회였다.

나는 좌절감과 시간을 생산적으로 전환하기로 마음먹었다. 올림픽 기간 동안 의사결정자들과 탄탄한 유대관계를 형성하고 정치적 관계를 개선하고 그곳에서 진행되는 일들의 고루한 방식을 타개할 방법을 배우기 위해 노력했다. 회의실에 들어가지 못하고 바깥에서 있어야 하는 시간이 너무나 길었지만 내게 주어진 일을 완수할 방법을 찾으려 최선을 다했다. 무엇보다 다음번에 더욱 효율적으로 일을 처리하기 위해 필요한 것들을 몸소 배웠다. 올림픽에서 경험한 난관에 대처하는 방식은 내가 커리어를 발전시켜온 과정과 유사했다.

러시아와 한국에서 열린 올림픽에 참여했을 때 런던 올림픽의 경험이 많은 도움이 됐다. 입장에 필요한 배지며, 사전에 티켓을 요청해야 하는 종목은 물론 세계 리더들과 유명 인사들, 고위직들과 자연스럽게 대화를 나누기 좋은 시간과 장소를 정확히 파악해 대비했다. 모든 것을 완벽하게 준비하기까지 경험한 수년간의 실험과 관계 형성은 통과의례였다.

운동선수와 CEO, 어느 분야에서든 챔피언의 위치에 오른 사람들 사이에는 차이점보다 공통점이 더 많다. 그들은 모두 철저한 계획하에 위험을 감수하고 낯선 상황에 용감하게 대처하고 자신의 능력의 한계를 끊임없이 확장해나가며 단계별로 조금씩 힘을 키우는 법을 배웠다. 다시 말해 강자는 타고나지 않는다. 그들은 자신이 있어야 할 곳에 들어서는 것만으로도 즉시 권위를 드러낸다.

전략 3.
당신의 네트워크에 투자하라

자신에게 투자하려면 다양한 사람들과 협력하는 프로젝트에 참여할 기회를 최대한 활용해야 한다. 프로젝트를 진행하며 자신의 능력을 키우는 동시에 조직 내에서 관계를 쌓을 수 있기 때문이다. 별것 아닌 것 같지만 가장 효과적인 방법이다. 커리어 내내 몇 번의 경험을 통해 깨달은 것이기도 하다. 나는 사소하고 하찮아 보이는 프로젝트에서 맺은 관계 덕분에 커리어 전환의 기회를 얻은 적이 몇 번 있었다.

구글에서 지낸 첫해, 나는 내 업무를 효과적으로 처리할 방법을 찾아야 했다. 현재 구글은 문서화된 절차와 시스템이 확립돼 있지만 이전까지만 해도 업무를 처리할 때 가장 중요한 요소는 '관계'였다. 나는 소속 팀을 넘어 전사적으로 관계를 형성해야 한다는 것을 깨달았다. 이후 여러 부서가 함께하는 프로젝트에 참여해 네트워크를 형성하고 프로젝트 관리 기술을 익히기로 결심했다.

관계는 미래를 잇는 주춧돌이다

메이어와 샌드버그가 구글에서 중역으로 일할 당시 우먼앳구글 Women@Google 토크가 처음으로 열렸다. 이후 이 행사는 사내 행사로 꾸준히 자리를 잡았다. 두 사람은 여성 임원으로서 안팎으로 사고 리더십 thought leadership 을 확립하고 중요한 안건에 대한 담화의 장을 마련하고자 했다. 첫 행사에는 제인 폰다 Jane Fonda 와 글로리아 스타이넘 Gloria Steinem 을 초청할 계획이었다. 나는 곧장 행사의 책임자로 자원했다. 어떻게 진행해야 하는지도 몰랐고 행사 준비에 참여할 시간도 전혀 없었다. 하지만 혼자서 효과적으로 일해보려고 몇 달 동안 고군분투해온 내가 구글에서 일을 처리하는 방법을 배울 기회라고 생각했다.

나는 본의 아니게 월권을 저질러 사람들을 언짢게 한 일이 몇 번 있었다. 작가, 유명인사, 과학자 등 인사를 초청하는 행사에 자원한 구글러들이 모인 톡스앳구글 Talks@Google 팀이 있다는 것을 몰랐던 것이다. 이후 톡스앳구글 팀원들이 처음 이벤트를 진행하는 나를 도와줬다. 그들은 내게 보안 문제, 광고, 도서 구매, 오디오 비주얼 팀 등 외부 인사를 초청할 때 고려해야 하는 복잡한 내용을 알려줬다.

행사는 성공적이었다. 메이어와 샌드버그는 사고 리더로서의 면모를 성공적으로 보여줬다. 나도 사내 여러 팀의 친구를 사귀고 향후 중요한 프로젝트를 할 때 도움을 요청할 만한 인적 자원을 구축하자는 개인적인 미션을 완수했다.

나는 톡스앳구글의 원년 구성원 열 명 중 한 명으로 가입해 구글에서 근무한 12년간 활동했다. 내 업무 이외에 부차적인 활동이었지만 중요한 행사를 성사시키는 데 필요한 모든 것들을 배울 수 있었다. 물론 해당 업무의 과정을 완벽하게 배우기까지 셀 수 없이 많은 실수도 저질렀다. 구글의 사내 대담 자리를 몇 차례 성공적으로 주최하며 사전에 미처 대비하지 못했던 실수에 빠르게 대처하고 배우는 법을 깨우쳤다.

내가 진행한 코미디언 코난 오브라이언 Conan O'Brien 토크는 인기가 정말 뜨거웠다. 몇백 좌석밖에 준비되지 않은 행사장에 들어가기 위해 행사장 바깥까지 수천 명의 직원들이 몇 시간이나 줄을 서서 기다렸다. 행사를 마친 후 커뮤니케이션 팀과 협력해 직원들의 값비싼 시간을 낭비하지 않는 시스템을 만들었다. 나는 행사 시작 전에 좌석을 추첨하는 시스템을 마련했다. 또한 유튜브 팀과 협력해 행사장에 들어오지 못한 직원들도 본인 자리에서 시청할 수 있도록 온라인 스트리밍 서비스를 제공했다. 구글 사용자들도 구글의 독점 행사를 시청할 수 있었다.

이후 10년간 나는 버락 오바마, 힐러리 클린턴, 티나 페이Tina Fey, 스티븐 콜베어Stephen Colbert의 대담 행사를 기획하고 주최했다. 어느덧 대담 행사 관리는 구글에서 내가 누릴 수 있는 최고의 특혜이자 회사 전반적으로 네트워크를 만들 수 있는 가장 효과적인 수단이 됐다. 회사는 물론 내게도 프로젝트가 유익한 기회를 마련하는 한편 세상에서 가장 영향력 있는 사람들과 직접적으로 자주 만나며 큰 영감을 얻었다.

수많은 행사 중 2008년 선거 당시 주요 대선 후보들의 대담회를 시리즈로 준비했을 때가 가장 기억에 남는다. 대담회를 마친 후 톡스앳구글 유튜브 채널에 콘텐츠를 올려 전국에 있는 유권자들에게 공유했다. 슈밋이 무대에 올라 오바마, 클린턴, 존 매케인 세 후보자를 각각 인터뷰했다. 나는 경호팀이 사전에 캠퍼스를 정찰할 수 있도록 조치를 취했다. 운 좋게도 후보자들이 무대에 오르기 전 당시 상원 의원이었던 오바마에게 짧게나마 캠퍼스를 보여주고 구글만의 특별한 문화를 소개하는 특권을 누렸다.

다양한 부서 간의 협력 프로젝트는 나에게도 도움이 됐고 향후 몇 년간 구글에게도 예상치 못한 성공 기회를 마련하기도 했다. 특히 오바마가 미국 대통령으로 선출된 후 구글은 정부 측과 주기적으로 회의를 갖기 시작했다. 구글에서 오바마를 처음 초청하고서 몇 년 후 슈밋과 함께 정책 회의에 참석하러 백악관에 방문했던 날을 평생 잊지 못할 것이다. 영화 속 장면과 똑같았다. 우리 차는 보안 검색을 통과한 뒤 몇 번 더 검문소를 지나야 건물 안으로 입장할 수 있었다. 보안 인가 등급을 색깔로 표시한 허가 배지를 받은 뒤 리셉션으로 들어갔다.

그날 웨스트 윙West Wing(미 합중국 대통령의 보좌관들의 집무 공간—옮긴이)의 메인 데스크에 있던 리셉셔니스트는 청각 장애인 여성이었다. 그녀와 함께 전화 응대와 중역 및 고위 관리직 접견을 돕는 통역사가 자리하고 있었다. 두 사람이 완벽한 한 조를 이뤄 일하는 모습이 인상 깊었다. 나는 백악관에서 경험하는 모든 것들을 놓치지 않기 위해 로비를 이리저리 둘러보느라 넋이 빠져 있었다. 그러다 웨스트 윙에서 나와 내 옆에 있는 문으로 나가는 웨일스 공작 찰스 왕세자를 보고는 뒤늦게 황급히 자리에서 일어났다. 다음은 우리 차례였다.

오바마 대통령의 개인 비서인 페이럴 고바시리Ferial Govashiri는 내게 오벌 오피스Oval Office(타원형 모양의 대통령 집무실—옮긴이)에 들어가겠는지 친절하게 물었다. 오벌 오피스에 처음 들어갔을 때의 기분과 크림색의 고급 카펫을 밟았을 때의 느낌을 평생 잊지 못할 것이다. 나는 오바마의 책상을 만지며 그곳에서 이뤄진 역사를 느꼈다. 그 책상은 1880년 러더퍼드 B. 헤이스Rutherford B. Hayes 대통령에게 빅토리아 여왕이 선물한 이후 존 F. 케네디, 지미 카터 대통령도 사용한 것이었다. US 공군 기지에서 태어난 미국 여성에게는 어느 때보다 특별한 순간이었다.

멋진 타이틀과 중요해 보이는 프로젝트를 좇으며 장기적인 눈을 기르지 못하는 사람들이 너무도 많다. 내 친구들 중에는 10년 전에 인턴십을 하며 알게 된 인연으로부터 결정적인 커리어의 기회를 얻은 경우가 굉장히 많았다. 가능한 한 많은 사람을 만나고 많은 것들을 배우며 인간관계에 투자하고 자신의 영향력을 넓게 알리는 것이 중요하다.

만약 자신의 능력 목록에 여러 직종의 기술을 장착했다면 자신보다 한 단계 또는 두 단계 위의 상급자와 함께할 수 있는 프로젝트 수행의 기회를 찾아야 한다. 그러면 승진은 물론이고 고위직과의 관계를 가장 빠르게 형성할 수 있을 것이다. 당신과 상급자 모두 해본 적이 없는 프로젝트를 노려야 한다. 둘 다 경험이 없을수록 서로 평등한 입장으로 프로젝트에 임하게 되고 서로 간에 자연스럽게 존재할 수밖에 없는 장벽이 사라진다. 겸손하고 협조적이며 배우겠다는 태도를 보이는 것도 중요하다. 만약 학습하려는 의지가 없다면 자기도 모르는 새 자신의 성장 가능성을 가로막고 당신이 인정받고 싶어 하는 중요한 사람을 밀어내는 결과를 낳을 수 있다.

발전 없는 협력은 함정이 될 수도 있다

2012년 슈밋은 구글에 새롭게 생긴 의장이라는 직함과 수석 보좌관이라는 내 직함으로 좀 더 파괴적인 일을 해보고 싶어 했다. 우리 두 사람이 새롭게 일을 시작하는 데다 함께 아이디어를 공유하고 브레인스토밍을 할 수 있다는 생각에 나는 프로젝트에 선뜻 참가했다. 흔치 않은 기회였다.

슈밋은 이전과는 다른 새로운 형식의 콘퍼런스를 열고 싶어 했다. 그는 매년 나이 든 백인 남성들이 모여 똑같은 이야기만 하는 비슷비슷한 콘퍼런스를 20년 넘게 다닌 덕분에 다양한 분야의 전문가와 세계에서 가장 영향력 있는 사람들이 함께하는 콘퍼런스를 꿈꿨다. 똑똑한 사람들이 함께 모여 소통하며 새로운 관계를 바탕으로 세계를 뒤바꿀 프로젝트가 자연스럽게 떠오를 만한 자리를 상상했다.

슈밋이 꿈꾸던 콘퍼런스는 연간 행사로 자리 잡았다. 슈밋은 자신과 친한 동료 다섯 명을 초청해 이 행사를 함께 진행하고 참석자를 골랐다. 참석자에는 저널리스트, 작가, 국가 원수, 경제학자, 과학자, 사진가, 아티스트, 뮤지션, 영화제작자 등 자신이 몸담은 업계에서 가장 영예로운 상을 받은 최고 인사들이 포함됐다. 콘퍼런스는 시사 문제와 세계 정치를 논하는 자리였다. 하지만 그보다 평소 만남이 성사될 기회가 없는 여러 분야의 사람들이 새로운 우정을 쌓는 계기를 제공하는 것이 목표였다. 콘퍼런스에서 형성된 관계가 앞으로 전 세계에 도움을 주는 협력 프로젝트로 이어질 수 있었다.

아무것도 없는 상태에서 대규모 행사를 성사시키기까지 우리 팀 전체의 막대한 시간과 프로젝트 관리 기술, 인내심이 필요했다. 첫해에는 슈밋이 과거 자주 참석했던 외부 콘퍼런스를 진행한 이벤트 기획자를 고용했다. 매끄러운 행사 진행 능력에 슈밋이 감탄하곤 했다. 슈밋의 현대적 '언콘퍼런스'un-conference 비전을 실현하기 위해 기획자와 고용 계약을 맺었다.

이벤트 기획자와 함께 일하며 엘리트 콘퍼런스를 주최한 경험과 리더십을 배울 생각에 나는 무척이나 들떠 있었다. 하지만 안타깝게도 그녀는 우리 팀 문화에 쉽게 적응하지 못했다. 직원들도 큰 스트레스와 피로를 호소했다. 그녀는 정보를 공유하지 않고 위계질서를 엄격히 따지며 신뢰와 투명성이 결여된 조직 문화에 익숙한 사람이었다. 반면 구글은 굉장히 협력적이고 아이디어와 제안에 열려 있으며 경영 구조가 지독할 정도로 수평적이었다.

구글 직원을 뜻하는 구글러들은 브레인스토밍 자료와 연락망, 프로젝트 점검 시트를 공유했지만 이벤트 기획자는 자신의 업무 일체를 공유하지 않아 서로 간에 일처리가 어려웠다. 무엇보다 그녀는 슈밋에게 단독으로 아이디어를 제안하고 싶어 했다. 슈밋과 나의 리더십 스타일에 맞지 않는 방식이었다. 그녀는 모든 것을 혼자만 알고 싶어 했고 아무도 효과적으로 기여할 수 없게 만들었다. 우리 팀은 준비 기간 내내 무시당하고 존중받지 못한다는 기분을 느꼈고 프로젝트에 기여하는 기회를 빼앗기고 있다고 생각했다.

첫해 치러진 콘퍼런스는 참석자들 입장에서는 굉장히 성공적이었다. 하지만 콘퍼런스를 준비했던 우리 중 누구도 온전히 뿌듯함을 느끼지 못했다. 나는 어찌 됐든 스트레스와 갈등이 마침내 끝났다는 데 안도했다. 팀 프로젝트를 운영할 때 주의해야 할 사항, 내가 함께하는 조직의 문화와 가치에 적응하는 것의 중요성을 제대로 가르쳐준 경험이었다.

이후부터는 외부 기획자 없이 내부적으로 콘퍼런스를 준비했다. 그 결과 행사 계획 과정은 물론 성과까지도 첫 번째와는 완전히 달라졌다.

우리가 주최하는 특별 행사의 준비 과정뿐만 아니라 함께 일하는 방식을 혁신적으로 개선할 수 있다는 데 큰 즐거움을 느꼈다. 첫해 콘퍼런스의 참석자들조차 두 번째 콘퍼런스가 놀랍게 향상됐다고 평가했다. 서로를 존중하고 소중히 여기는 태도와 개개인이 재능을 기여한 정도가 충분히 드러나는 멋진 결과물이 탄생했다. 야근을 숱하게 하고 계획을 수없이 점검하는 힘든 준비 기간이었지만 즐거운 프로젝트였다.

대부분의 테크 기업이 체계적인 혁신성으로 널리 알려진 데는 두 가지 주 요인이 있다. 첫째, 임원진의 소통 끝에 탄생한 분명한 기업 미션과 비전을 갖췄다. 둘째, 아래부터 위로 아이디어가 전달되는 채널에 걸림돌이 없다. 콘퍼런스 첫해에 영입한 이벤트 기획자가 협력적인 구글 팀에 큰 반감을 살 수밖에 없던 이유를 명확하게 설명할 수 있는 요인이다. '늘 하던 대로' 해야 한다는 부담 없이 기업의 미션과 자신의 결과물을 새로운 관점에서 접근하는 신입 직원들에게서 최고의 아이디어가 탄생할 때가 많다. 즉 새로운 시각을 통해 경험이 많은 팀원들은 생각해내기 어려운 창의적이고 혁신적인 해결책이 탄생할 수 있다.

우리 팀의 협동력이 좋다고 해서 좌절이나 성장통으로부터 자유로운 것은 아니었다. 해가 거듭될수록 나는 행사의 복잡한 문제를 감독하는 역할보다 콘퍼런스 안건을 만들고 초대 손님 목록을 작성하는 데 더 많은 기여를 하고 싶어졌다. 처음에는 콘퍼런스의 주제에 나만이 제공할 수 있는 사고와 다양한 전문성, 위치, 성별, 종교, 지역을 고려해 참석자 명단을 추리는 데 주력했다. 현장에서 오가는 담화와 경험에서 그간 소외됐던 사람들의 목소리를 더하고 싶었다. 또한 세계적인 관심이 필요하다고 여겨지는 주제를 제안하려고 노력했다.

　나는 항상 존중받으며 일해 왔다. 하지만 콘퍼런스 안건에 관여하고 참석자 목록에 자신의 인맥을 넣길 고수하며 통제권을 되찾으려는 그룹 내 몇몇 사람들이 문제였다. 그들에게 노골적으로 방해받고 있다는 기분이 들어 실망감을 느꼈다. 언제나 팀 중심의 접근 방식을 택했던 나는 내가 느끼는 모욕감을 모르는 척 흘려보냈다. 매년 특별한 목소리를 낼 수 있는 사람들과 안건을 제안함으로써 콘퍼런스의 미션에 더욱 열심히 기여하려고 노력했다. 안타깝게도 결국 기존의 틀을 흔드는 데 실패했다는 생각이 들었다. 첫 콘퍼런스를 진행하며 뿌리내린 문화는 단단했고, 내가 아무리 노력해도 장벽을 허무는 데 한계가 있었다.

　구글에서 처음 겪어보는 일이었다. 당시의 경험은 지금까지도 내가 실패라고 여기는 일이다. 7년 넘게 콘퍼런스 진행을 도우며 내가 추천한 참가자 중 세 명에게만 초대장이 전해졌고, 내가 제안했던 콘퍼런스 주제는 하나도 채택되지 않았다. 즉 다양한 배경의 참석자들을 초대하겠다는 내 개인 목표이자 콘퍼런스 기획 당시 핵심 목표를 달성하지 못했다는 뜻이다. 우리가 대체하려고 했던 기존의 콘퍼런스, 다시 말해 나이 든 백인 남성들이 똑같은 이야기만 하는 콘퍼런스와 별반 다를 게 없어졌다. 내 성장의 발걸음은 이제 구글이 아닌 다른 곳에서 이뤄져야 할지도 모른다는 것을 처음으로 깨달은 순간이었다. 그리고 5년이 더 지난 후에야 나는 변화를 만들 수 있었다.

　협력이라는 굳건한 문화가 형성된 조직이라도 의도치 않은 걸림돌이 있을 수 있다. 이때는 적극적으로 걸림돌을 제거해야 한다. 리더와 핵심 기여자들은 자신의 방식과 정책, 습관을 항상 의심하며 새로운 '스타'가 자연스럽게 성장해나갈 수 있는 길을 만들고 독려하고 구축해야 한다.

> **인생의 터닝 포인트를 만드는 ROI 실전 전략**

당신의 직무 기술서에 적힌 업무에서 벗어나 다양한 부서들이 함께할 수 있는 새로운 프로젝트를 기획할 방법은 무엇인가? 팀이나 관리자의 업무 부담을 줄여주는 동시에 당신이 새로운 능력을 키우거나 무언가를 새롭게 주도할 수 있는 윈윈의 기회를 만들 수 있는가? 어떻게 해야 당신의 능력을 확장하고 학습의 과정에서 실수를 저지른다 해도 흔들리지 않는 챔피언십 사고방식을 기를 수 있는가? 중요한 기술을 습득하거나 미션을 통제하는 자격을 얻는 데 필요한 전문 지식을 쌓을 수 있는 방법이 있는가? 창의적인 혁신을 통해 당신이 바로잡을 수 있는 비능률적인 문제들은 무엇인가?

- **인지하라:** 회사 또는 업계에서 당신의 영향력을 넓힐 수 있는 기회는 무엇인가? 어떻게 해야 당신보다 상급자와 당신 모두에게 이로운 방식으로 협력할 수 있을까?
- **당신의 것으로 만들어라:** 당장 이번 주, 다양한 능력이 필요한 프로젝트를 승인받기 위해 누구를 찾아가야 하는가?
- **실행하라:** 당신이 새로운 팀, 프로젝트, 능력, 전문성을 경험할 수 있는 성장 계획을 관리자와 함께 문서로 작성하라. 이를 통해 커리어를 발전시키고 사람들의 눈에 띌 기회를 마련할 수 있다.

제 7 장

할 수 있다고
믿는 만큼
승률은 높아진다

내 안의 역량을 발견하고 싶다면
먼저 스스로를 믿어라.
당신의 성장은 자신을 믿는 용기를 갖는 데서 시작된다.

BET ON YOURSELF

2000년대 초반 아마존에서 베이조스와 일할 때 위험을 과감하게 감수하면 큰 힘을 발휘할 수 있다는 것을 경험했다. 당시 그는 이커머스의 표준을 세우는 것 이외에도 우주 항공기를 만들고 있었다. 하지만 나는 구글에 와서야 문샷 프로세스의 비전을 목격할 수 있었다. 10년 넘는 세월 동안 일주일에 하루를 구글 엑스google X 팀과 함께하며 그들이 우리의 미래를 책임질 놀라운 과학 기술을 발명하는 모습을 지켜봤다.

이제는 '엑스'로 불리는 구글 엑스는 수십 년 전 쇼핑몰이 있던 건물을 쓰고 있다. 세계 곳곳에 있는 구글의 건물은 대체로 특유의 강렬한 색감과 세련된 인테리어로 장식돼 있다. 구글 창업자 중 한 명인 브린은 디자인 팀에게 엑스만큼은 군더더기 없는 작전실 같은 분위기로 꾸미길 요청했다. 엑스가 들어간 건물은 공간을 나누는 벽이 거의 없고 콘크리트 기둥만 세워져 있다. 또 엔지니어링 스프레이 자국이 곳곳에 그대로 남아 있고 천장에는 전기 케이블과 광케이블이 늘어져 있다. 차가운 느낌이 드는 인테리어지만 그곳 사람들이 만드는 뜨거운 에너지와 부산한 움직임 덕분에 마치 비행장 격납고 같은 느낌이다. 실내에는 각종 전선과 모형, 실물 크기의 자동차, 레이저, 카메라, 기상 관측용 풍선 그리고 정체를 알 수 없는 기계들이 들어차 있고 주변으로 온갖 부품들이 가득하다. 건물 정중앙의 오픈 아트리움을 가로질러서는 계단이 나 있다. 생생한 에너지가 넘치는 공간이다.

백지 상태의 환경 속에서 혁신적 사고를 자극하기 위해 구글 본사에서 열리던 임원진 리더십 전략 팀 회의를 엑스가 속한 건물에서 진행했다. 나를 포함해 수석 부사장의 직속 부하 직원들은 회의실 밖의 탁 트인 공간에서 높은 탁자를 스탠딩 데스크 삼아 일했다. 우리는 벌떼처럼 온종일 무리 지어 다니며 아이디어를 교환하고 서로 소식을 나누고 계획을 세우고 협업했다. 상당히 생산적인 자극을 주는 환경이었던 터라 분기별 이사 회의도 이곳에서 갖기 시작했다. 모두 문제가 없었지만 더욱 혁신적이고 창의적이며 획기적인 행보를 이어가기 위한 노력의 일환이었다.

커리어 내내 업계를 파괴하는 일을 능동적으로 구하고 찾는 사람들이 내 주변에 가득했다. 그들은 아직 세상에 존재하지 않는 새로운 것을 만들어내기 위해 매일같이 막연한 현실을 견뎌냈다. 또한 다음 단계로 나아가기 위해 끊임없이 거쳐야 하는 실패의 사이클을 즐기고 있었다. 그들을 보며 나 또한 많은 것을 배웠다.

무인 자동차를 비롯해 엑스가 세상을 바꾸는 기술을 발명할 수 있었던 비결은 개인의 삶과 커리어 포부에도 적용될 수 있다. 맬컴 엑스Malcolm X (흑인해방 운동을 이끈 시민운동가—옮긴이)는 "미래는 오늘 준비하는 사람들의 것이다."라는 유명한 말을 남겼다. 1962년 미국에서 벌어진 시민 평등권 운동과 관련해 한 말이었지만 지금도 널리 적용할 수 있는 말이다. 특별한 기회를 선사하는 미래를 바란다면 쉬운 길을 택하기보다 당장부터 무엇이든 행동에 옮겨야 한다. 결단력 있는 행동이 선행되지 않는다면 미래의 기회는 오지 않는 법이다.

나는 일찍이 기회가 오기만을 가만히 기다려서는 내 꿈을 이룰 수 없다는 것을 배웠다. 미래에 오르고 싶은 위치에서 적절한 기여를 하고 싶다면 오늘 더욱 배우고 경험을 쌓으며 토대를 마련해 자격을 갖춰야 한다. 실패를 경험하지 않고서는 그러한 자격을 얻을 수 없다.

나는 20년간 아마존과 구글에서 일하며 자신만의 문샷 기회를 만드는 데 중요한 세 가지 전략을 발견했다.

- 전략 1. 모험의 동력은 배움에서 나온다
- 전략 2. 믿으며 뛰어들 때 추락은 비행이 된다
- 전략 3. 처음 모험할 땐 누구나 빈털터리다

미래의 성공을 예측하려면 자신이 바라는 결과를 만들어낼 때까지 학습과 실험, 실패, 반복을 감내할 의지가 있는지를 살펴야 한다. 새로운 능력을 배우고 능숙해지는 과정에서 경험하는 도전은 그 자체로 보상이 되기도 한다. 또한 다음번에 자신이 더욱 위대한 성취를 이룰 수 있는 자격을 보장하기도 한다.

내 업무 철학은 내가 일을 하며 기여하는 만큼 일에서 얻는 것이 있어야 한다는 것이다. 높은 기대치인 것만큼은 분명하다. 하지만 나는 시간과 노력 그리고 내가 감수하는 위험만큼 학습, 능력, 성장과 권한이 부여된 승진을 보상받아야 한다고 생각한다. 적절한 보상을 위해서는 내가 주도권을 쥐고 거래를 요구해야 한다. 보상은 자동적으로 또는 수동적으로 얻을 수 없다. 내가 배우고 싶은 것, 내가 바라는 자신을 깨닫고 달성하기 위해 적극적으로 나서야 한다.

●

전략 1.
모험의 동력은 배움에서 나온다

베이조스가 이 시대의 가장 성공한 CEO 중 한 명이 된 것은 우연이 아니다. 물론 굉장한 재능과 지능, 투지를 타고난 것은 맞다. 그는 성공을 위한 자질을 키워나가는 방식 면에서 남들과 다르다. 나는 아마존에서 일할 당시 분기마다 베이조스가 홀로 일주일간 생각할 시간을 마련했다. 내가 입사하기 훨씬 전부터 그가 지켜온 일이었다. 그는 회사 근처 호텔에서 혼자 일주일간 지내며 평소의 루틴과 직원, 가족들과 떨어져 지냈다. 처음 며칠 동안은 신문, 책, TV, 사람과 같은 외부 자극과 멀어지는 시간을 가졌다.

베이조스는 자신의 마음에서 잡생각과 소음을 몰아내는 시간을 가져야 혁신적인 아이디어가 들어올 여유를 만들 수 있다고 설명했다. 그의 창의적 사고 과정에서 지루함은 필수 불가결한 요소였다. 호텔에 갈 때 그가 갖고 가는 것은 빈 노트와 펜뿐이었다. 나머지 사나흘 동안은 자유롭게 떠오르는 대로 정제되지 않은 아이디어를 적으며 노트를 채웠다. 그다음 주면 그는 업계를 바꿀 만한 아이디어와 전략이 가득 적힌 노트를 들고 출근했다. 그러면 우리는 다음 분기 동안 그의 아이디어를 시행해야 했다.

놀랍게도 베이조스는 기업 성장에서 가장 중요한 순간에 오히려 한 발 물러나는 시간을 가졌다. 그럴 때 다른 사람들이라면 사무실과 회의실에서 평소보다 두 배의 시간을 더 머물며 업무에 매달렸을 것이다. 그는 자신의 가장 위대한 자산이 자신의 '마인드'라는 것을 알고 있었다. 그는 내면의 강점과 독착성을 온전히 발휘할 수 있는 환경을 만들었다. 베이조스가 사무실에 복귀할 때쯤이면 그의 창의성은 언제나 정점을 찍었고, 자신이 자리를 비운 시간을 그 이상의 결과물로 상쇄했다. 벌써 20여 년 전에 경험한 일들이다. 나는 지금도 오래전 베이조스가 생각하는 시간 동안 기록한 아이디어가 아마존에서 하나둘 상품으로 론칭되는 것을 지켜보며 미소 짓곤 한다.

나도 한 번씩 나만의 생각하는 시간을 실행해왔다. 커리어 초기에는 회사에서 내게 분기마다 일주일간의 휴가를 허락해주길 기대하지 않았다. 사실 당시에는 나 스스로도 점심시간을 제대로 갖지 못할 때가 대부분이었다. 멀리 내다보지 못한 내 실수였다. 내가 가치 있는 자산이 되려면 균형을 유지하고 나 스스로를 돌봐야 한다는 것을 나중에야 깨달았다.

나는 메이어 밑에서 일주일에 평균 100~130시간을 일했다. 그녀는 종종 "자신의 리듬을 찾아라."라는 말을 했다. 내가 배운 최고의 교훈 중 하나는 그녀가 말한 리듬에 집중해야 한다는 것이었다. 그녀는 직속 부하들에게 과도한 업무량에 불만을 갖지 않을 수 있는 업무 방식을 적극적으로 물었다. 한 예로 메이어의 직속 부하 중에는 세 아이를 키우는 엄마가 있었다. 그녀는 아이들과 저녁을 먹고 재울 수 있는 시간만 확보된다면 인도의 벵갈루루에서 진행하는 중요한 프로젝트를 관리하며 새벽 2시에 정기적으로 화상 회의를 해야 한다 해도 개의치 않았다. 그녀는 적극적인 엄마 역할과 기업에서 가장 전략적인 프로젝트 중 하나를 진행하는 역할 두 가지를 모두 중요하게 여겼다. 이것이 그녀의 리듬이었다. 메이어는 각 팀원들이 가치 있게 여기는 것, 업무 외적으로 충만하게 만드는 것을 파악한 뒤에는 이를 반드시 지킬 수 있도록 도와줬다. 일과 삶의 균형보다는 장기적으로 페이스를 지키고 행복을 느끼게 해주는 리듬에 가까웠다.

메이어의 지원 속에 나는 자신을 더욱 단단하게 무장시키고 정신없는 업무 속도를 유지하는 데 필요한 회복력을 얻을 수 있도록 나만의 리추얼을 만들었다. 처음으로 나 자신을 돌보는 일을 우선시한 것이다. 우선 매일 아침 한 시간 동안 반드시 운동을 하기로 했다. 내 뇌에서 가장 창의적이고 문제 해결 능력을 담당하는 부위를 자극하려면 몸을 계속 써야 했다. 내가 관리자가 된 후에는 업무 시간을 정해 온전히 휴식을 취할 수 있는 시간을 마련했다. 팀원들에게도 나와 똑같은 시간을 갖도록 했다. 재충전하는 데 필요한 리듬을 만들어나갈 수 있도록 업무 외적인 취미를 하나씩 만드는 것도 팀의 OKR 목표로 정했다.

현재 나는 자유롭게 시간을 쓸 수 있는 기업인으로 살아가고 있다. 운동 시간 이외에도 매일 아침 한 시간씩 자유롭게 영감을 얻는 시간을 가진다. 기사나 책을 읽거나 팟캐스트를 듣고, 다른 한 시간은 내 회사에 또는 고객의 회사에 적용하고 싶은 생각과 아이디어, 시스템을 기록한다. 매일 아침에 갖는 리추얼 시간은 열린 마음과 혁신적인 문제 해결 접근법을 가능케하는 동력이 돼준다. 이렇듯 꾸준히 내게 투자한 시간이 판도를 바꾸는 결정적인 역할을 했다.

호기심을 가지고 매일 마음가짐을 고쳐라

베이조스는 마음가짐이란 고정된 것이 아님을 보여주는 본보기였다. 실제로 그는 마음가짐을 의식적으로 채택하고 인식하는 것이 얼마나 중요한지를 증명해줬다. 그간 나는 삶과 비즈니스를 대하는 베이조스의 놀라운 접근 방식을 직접 지켜봤다. 아마존에서 일하는 동안 마인드셋을 콕 짚어서 이야기하는 사람을 본 적은 없지만 온전히 베이조스를 보며 마인드셋의 중요성을 몸소 배웠다. 스탠퍼드대학의 캐럴 드웩Carol Dweck교수의 《마인드셋》이 출간되기 몇 년 전의 일이다. 나는 드웩의 책에 소개된 프레임워크를 통해 베이조스의 방식을 제대로 이해할 수 있었다. 또한 그의 일상적인 선택과 패턴을 지켜본 덕분에 나는 타고난 소심함에도 불구하고 모험가처럼 삶과 커리어에 접근하고 생각하도록 진화할 수 있었다.

아마존은 대학 졸업 후 내 첫 직장이었다. 베이조스와 일하기 시작했을 때만 해도 내게는 성과 마인드셋이 확고히 자리 잡혀 있었다. 학교 시험에서 가장 높은 점수를 받듯 성과를 내야 한다는 기대가 내 목표와 동력의 근간이었다. 또한 좋은 성과로 칭찬을 받고 동료들보다 나은 평가를 받고 싶었다. 그래야만 앞으로 더욱 잘하고 싶다는 마음이 생길 것 같았다. 하지만 베이조스와 아마존의 동료들을 보며 성과 마인드셋은 자신의 한계를 제한한다는 사실을 깨달았다. 물론 성과 마인드셋은 내가 목표를 설정하고 성장을 평가하는 데 중요한 역할을 했다. 하지만 완벽하게 해내지 못할 거라는 두려움이 마음을 지배해 위험 앞에서 몸을 움츠리게 만들기도 했다.

무엇보다 만약 잘해내지 못할 거라는 두려움에 새로운 프로젝트를 피한다면 아마존이라는 기업에서 일하는 즐거움을 잃을 것이라는 깨달음을 얻었다. 또한 새로운 재능을 발견하고 아직 미숙한 재능을 가다듬을 기회를 놓치는 것은 물론 이커머스를 구축해나가는 초기 시절 그 중심에서 굉장한 모험을 하며 느낄 흥분도 경험하지 못했을 것이다.

물론 나 역시 아직도 성과 마인드셋에 현혹될 때가 있다. 완벽주의자인 내가 가장 두려워한 것은 중요하게 신경 쓰는 사람들에게 한심한 사람처럼 보이는 것이었다. 하지만 지금껏 일해오며 주변 사람들이 생각하는 나에 대해 관심을 둘 필요가 없다는 것을 배웠다. 정말 중요한 것은 나와 핵심 이해관계자들의 의견이다. 이것만 신경 쓰면 된다.

베이조스는 학습 마인드셋이 무엇인지 보여줬다. 실제로 아마존의 직원 평가 기준인 열네 가지 리더십 원칙 중 하나가 "배우고 호기심을 갖는다."이다. 그는 일이든 사람이든 학습을 최우선으로 삼았다. 그래서 평소 미팅에 참석할 때마다 사전에 완벽히 정리된 안건과 해당 주제에 대한 보고서, 조사에 근거한 실행 방안 제안서를 요구했다. 미팅을 시작하면서 참석자 전원에게 서류들을 읽게 하기 위해서였다. 파워포인트 프레젠테이션은 금지였다.

베이조스는 데이터에 근거한 의사 결정을 신봉했고 오직 문서로 작성된 보고서만이 그를 만족시킬 수 있었다. 프레젠테이션은 팩트와 적극적인 토론보다는 발표자의 카리스마로 회의 분위기가 좌우될 수 있지만 보고서는 그런 위험이 없기 때문이다. 스무 장짜리 슬라이드를 만드는 것보다 여섯 페이지의 분량 제한이 있는 보고서를 쓰는 것이 더 어려웠다. 베이조스가 원하는 보고서에는 해당 주제에 맞는 심도 있는 이해와 상세한 논의가 담겨 있어야 하기 때문이다. 구글이나 다른 테크 기업에서도 마찬가지로 파워포인트를 금지하는 것이 일반적인 관행으로 자리 잡았다.

베이조스가 데이터에 근거한 보고서를 선호한 것은 미팅에 참여하는 임원진이 현명한 결정을 내리고 철저한 계획하에 위험을 계산하는 데 필요한 팩트를 제공하기 위해서였다. 우리 팀도 베이조스에게 보고할 때는 수석 부사장들이 보고하는 방식으로 회의를 진행했다. 그에게 하나의 사안을 보고할 때는 모두 철저한 조사를 거쳐 실행 방안을 제안한 뒤 논의와 승인을 구했다. 그래야 그에게 문제점만 나열한 목록을 제시하지 않을 수 있기 때문이었다. 즉 우리는 '해결책'을 찾고 제안하는 데 초점을 맞췄다.

나는 학습 마인드셋을 익히며 실수를 저지를까 봐 두려워하기보다 공부하고 내 의견을 만들고 목소리를 낼 때 이점이 훨씬 많다는 것을 배웠다. 일일 팀 미팅 때마다 베이조스에게 잘못된 제안을 할까 봐 망설이던 태도를 고치는 데까지 몇 달이 걸렸다. 막연한 두려움 때문이 아니었다. 실제로 베이조스는 직원이 깊이 고민하지 않았거나 제대로 일을 처리하지 못한 것 같다는 판단이 들면 참지 않았다. 그의 코멘트는 자칫 듣는 사람이 마음을 다칠 정도로 매서웠다. 그와 효과적으로 일하고 그의 언행에 자존심을 다치지 않으려면 무신경하게 대응하는 법을 하루빨리 배워야 한다. 하지만 그의 비판이 듣기 고통스러울지 몰라도 결과적으로는 더욱 현명하게 사고하는 법을 배우는 데는 큰 도움이 된다.

학습은 실행의 초석이다

커리어 초반에는 내가 알아서 준비하는 것만으로는 부족했다. 준비와 조사를 통해 머리로 배운 것을 행동에 옮겨야 했다. 돌이켜 보면 나는 내가 맡은 업무와는 한참 동떨어진 일에 자발적으로 참여한 덕분에 아마존에서 성장할 수 있었다. 한 예로 당시 최고의 인기를 구가했던 패리스 힐튼이 자신의 주얼리 라인을 출시했을 때 아마존 주얼리 숍 론칭 이벤트에 참석하는 베이조스의 전체적인 업무 사항과 일정을 매끄럽게 조율하는 일을 도왔다. 또한 아마존 스포츠 상품 페이지 론칭 때는 뉴욕

그랜드 센트럴 터미널에서 진행한 미디어 이벤트에 테니스 스타인 안나 쿠르니코바를 초청했다. 물론 당시 론칭 행사 때 내가 어떤 일을 했는지 기억하는 사람은 없다. 나는 대부분 눈에 띄지 않는 업무에 자원했기 때문이다. 하지만 개인적으로는 세계적인 행사를 진행하고 다양한 부서가 함께하는 프로젝트를 관리하는 경험을 쌓을 수 있었다. 또한 CEO실에서 우리가 한 일이 고객에게 전달되는 과정과 결과를 지켜보는 귀중한 시간이었다.

그때의 경험은 주니어 사원이자 팀원이었던 내게는 업무에 좀 더 깊이 있게 참여하는 원동력을 마련해줬다. 하루에 열여덟 시간을 일하고 극도로 스트레스받는 상황을 마주하기도 했지만 다른 곳에서는 배우지 못할 많은 일을 배운다는 사실만으로 충분한 가치가 있었다. 수동적인 태도를 고수하며 내 역할의 경계선 내에서만 머물렀다면 다시없을 수많은 기회를 놓치고 말았을 것이다.

그 후 나는 일에서 위험을 감수하는 패턴을 만들어가기로 결심했다. 구글에서도 똑같은 패턴을 반복하며 내 직함에 주어진 것보다 훨씬 큰 역할을 만들었다. 내 위치에서는 맡기 어려운 글로벌 프로덕트 론칭에도 영향력을 미쳤다.

나는 아이디어를 제안했을 때 어리둥절한 침묵만이 감돌아도 두려워하지 않는 법을 배워야 했다. 실제로 회의에서 모두가 침묵하는 상황을 여러 번 겪었다. 하지만 커리어 초기 시절, 사람들이 나를 어떻게 판단할지는 내가 하기 나름이라는 사실을 깨달았다. 내가 상대방에게 어떤 사람으로 보일지는 시간과 꾸준한 노력을 들여 만들어가야 하는 과정이다. 어쩌면 커리어에서 가장 힘든 일이 될 수도 있다. 누구라도 항상 용감한 모습을 보이기는 쉽지 않다. 하지만 시간이 지날수록 팀원들의 눈에 항상 가치를 더하는 사람으로 인정받는다면 내 의견은 흘려들을 만한 수준이 아니라 반드시 따라야 하는 것이 된다. 하지만 내가 가치를 부여하는 사람으로 인식되기까지 길고 긴 시간을 감내하는 과정이 가장 힘들었다.

나는 회의실에서 직급이 가장 낮았던 커리어 초기 때도 창의적이고 대담하며 지략 있는 사고 리더로 보이고 싶었다. 당시에 내가 깨달은 한 가지는 자신이 그곳에 있는 사람들 중 가장 똑똑한 사람처럼 느껴진다면 그것은 곧 당신이 잘못된 장소에 앉아 있다는 것이다. 주변으로부터 배울 것이 없는 곳에서는 성장할 기회가 없다. 용감하게 자리에서 일어나 직접 의자를 챙겨 다음 테이블에 앉아야 할 때다.

나는 내가 굉장히 불편할 만한 상황이라도, 아니 오히려 그럴수록 내 한계를 넓힐 기회를 찾기 위해 더욱 참여해야 한다는 사실을 배웠다. 나는 그동안 노벨상을 탄 과학자들, 국가 원수, 유명인사 등 다양한 분야에서 세계적인 명성을 떨치는 전문가들이 함께하는 자리에 참여했다. 슈밋과 일하면서 그가 누구와 대화하든 끝없는 호기심을 보이고 존경을 표현하고 겸손한 자세를 취하는 것을 지켜봤다. 내 잠재력에 도달하기 위해서는 나 역시도 그처럼 행동해야 한다는 결론을 내렸다.

구글에 있는 슈밋의 책상에는 "가능하면 예스라고 말하라!"라고 적힌 명판이 있다. 그는 매일같이 자신의 신조대로 실천하며 살았다. 최대한으로 열심히 노력하라는 단순한 의미가 아니다. 당신의 안전지대를 포함해 그 무엇보다도 학습의 경험을 가치 있게 여기라는 뜻이다. 슈밋은 새로운 시각을 열 수 있다면 무엇이든 하고 어디든 가고 누구와도 대화를 나눌 사람이다. 그는 불편함이나 당황스러움을 피하고 싶은 마음이 의사 결정 과정에 작용하는 것을 원치 않았다. 슈밋이 그런 신조를 지니고 있는 만큼 내게도 무엇이든 과감히 수락하라는 허락을 내린 것이나 다름없었다.

슈밋은 자신이 한 번도 해보지 못한 일을 하며 배우고 역량을 키울 방법을 찾았다. 그리고 늘 새로운 모험을 갈구했다. 하지만 오랫동안 새로운 일을 찾은 탓에 그가 한 번도 해보지 못한 일을 찾기가 어려웠다. 한 예로 구글 CEO가 되기 전 그는 임원진인 자신이 앞으로 비행기에서 시간을 보낼 일이 많을 거라 예상했다. 비행기 안에서 오랜 시간 머문다면 그 안에서 할 수 있는 재밌는 일을 직접 하면 좋겠다는 결론에 이르렀다. 그것은 바로 비행이었다. 그는 곧바로 비행과 관련된 공부를 하고 훈련을 마쳤다. 결국 여러 비행기 기종을 조종할 수 있는 자격까지 얻었다.

이제 그는 전용기에 오를 때면 비행 기술을 유지하고자 거의 매번 직접 이착륙을 시도한다. 비행기를 조종하는 그의 모습을 볼 때마다 놀라웠다. 나는 힘든 협상을 마친 뒤 공항에 도착해 비행기에 오르면 곧장 좌석에 앉아 이후 참석하게 될 미팅 준비를 할 뿐이었다. 나와는 달리 그는 비행기에 오르면 조종석으로 가서 전용기를 직접 몰아 다른 나라로 이동했다. 심지어 비행 도중에 조종석에서 나와 브리핑 서류를 검토한 뒤 다시 들어가 비행기를 착륙시키기도 했다.

결국 비행기 조종으로 만족하지 못한 슈밋은 헬리콥터 조종을 배우기로 결심했다. 베이조스가 겪었던 끔찍한 헬리콥터 일화를 떠올리면 이쯤에서 선을 그어야 했다. 나는 슈밋에게 헬리콥터를 조종할 생각이라면 내가 회사를 그만두겠다고 말했다. 하지만 그는 해볼 테면 해보라는 듯이 헬리콥터 조종을 배웠다. 그가 헬리콥터 비행 훈련을 받거나 자격시험을 볼 때면 나는 온종일 불안에 떨었다. 그가 처음으로 날 태우고 맨해튼에서 뉴저지의 티터버러 공항까지 7분간 헬리콥터를 몰았을 때 내가 손톱으로 좌석 팔걸이를 긁어냈던 자국이 아직도 남아 있을 것이다.

전문가가 되었다면 이젠 움직일 때다

슈밋이 헬리콥터 파일럿 자격을 얻고 약 1년쯤 지난 2013년, 우리 팀은 아프리카 6개국을 돌며 각국의 지도자를 만났다. 그들을 만나 아프리카 국가가 온라인 글로벌 경제의 혜택을 누리는 데 우리가 할 수 있는 역할에 대해 논의했다. 우리가 '미래의 10억 유저'라고 부르는 프로젝트의 시작이었다.

우리는 제3세계 국가에서 처음으로 온라인 세상을 경험할 인구가 약 10억 명이라고 추산했다. 구글은 그들을 위한 프로덕트를 개발할 계획에 있었다. 새로운 인터넷 이용자가 될 사람들은 대부분 데스크톱이나 노트북을 써본 경험이 없었다. 그들이 주로 사용하는 단말은 모바일이었다. 다만 모바일 앱이 점차 더욱 높은 대역폭을 사용하도록 설계되고 있었기에 머지않아 인터넷 연결성을 더욱 개선해야 할 필요성이 제기됐다.

우리는 아프리카 개발도상국의 지도자들에게 자국민을 위해 온라인 경제를 형성하는 데 필요한 인프라에 투자하도록 유도하고자 했다. 또한 수도와 하수관, 전선을 설치할 때 빠르고 접근성 높은 와이파이 광케이블을 함께 설치하는 방안을 제시했다. 비단 구글 이용자가 늘어나는 것뿐만 아니라 국민들이 새로운 정보와 교육, 디지털 경제에 접근할 수 있는 기회였다.

당시 구글 나이로비 지사에는 스무 명가량이 일하고 있었다. 우리는 구글 지사를 방문해 직원들과 인사를 나누고 그들이 겪고 있는 문제와 진행 중인 프로젝트, 목표에 대해 듣는 시간을 가졌다. 이후 한 대학교에 찾아가 기업가 정신의 미래와 구글의 케냐 스타트업 지원 사업에 대해 소개했다.

우리는 가능한 한 학습과 경험에 초점을 맞췄다. 형식적인 출장이나 단순히 상황을 살펴보기 위한 여정으로 만들고 싶지 않았다. 진정으로 변화를 이끌어내고 싶다면 나부터 긴장을 풀어야 했다. 또한 자유롭게 질문하고 내 의견을 밝혀 깊이 있는 담화의 장을 마련해야 한다는 것을 깨달았다. 처음에는 공손한 모습을 보이고 싶은 마음에 자꾸 경직됐다. 아프리카 나라들이 지닌 복잡한 문제를 어떻게 해결해야 할지 방법을 찾지 못한 나머지 여러모로 마음이 불편하기도 했다. 나는 결과에 대한 두려움을 떨치기 위해 일부러 미팅을 시작하자마자 5분 안에 입을 떼고 내 의견을 말했다.

내 의견을 솔직히 전달하자 분위기가 달라졌다. 슈밋과 세계에서 가장 부유하고 영향력 있는 사람들이 참석한 회의 같던 경직된 만남은 이

내 옳은 일을 하기 위해 모인 동료들 간의 대화로 탈바꿈했다. 상대적으로 낮은 내 직급이 그곳에 있던 사람들에게는 약점이 아니라 강점으로 작용했던 것이다.

당시의 대화를 통해 얻은 관점이 향후 몇 년의 글로벌 프로젝트를 접근하는 방식을 완전히 뒤바꿔놓았다. 우리는 아프리카에 머무는 동안 외진 지역에서 모바일을 어떻게 사용하는지 확인하고 싶었다. 마사이마라 인근의 한 마을을 방문할 때 슈밋의 헬리콥터 조종 능력이 빛을 발했다. 헬리콥터는 마을 사람들이 손으로 지은 움막과 염소 떼 한가운데 착륙했다. 마사이마라의 마을을 시작으로 이후 아프리카 전역에 고립된 지역을 여러 곳 방문했다. 그때마다 고대로부터 이어져온 풍습과 현대 과학 기술이 접목된 주민들의 생활 방식에 감탄했다. 케냐, 르완다, 남수단, 차드, 코트디부아르, 나이지리아 전역의 외딴 지역에서는 '단 한 대'의 단말을 공유하고 있었다. 그들은 모바일 단말을 이용해 작물 수확에 적합한 날씨를 확인하고 낙후된 의료 시설을 대신해 의료 정보를 얻었다. 어린 학생들, 특히나 학교에 갈 수 없는 아이들에게 필요한 교육용 도구도 얻었다. 우리는 그들이 보여준 독창성과 창의성, 지혜와 타고난 기업가 정신에 감동받았다.

아프리카를 다녀온 이후 나는 스스로에게 묻는 습관이 생겼다. 주로 내 커리어가 정체돼 있다고 생각될 때면 현재 내 안전지대에서 얼마나 오랜 시간 머물고 있는지를 물었다. 즉 내가 이미 권한을 발휘할 수 있는 자리에만 머물고 있는지를 확인했다. 그런 뒤 캘린더와 업무 목록을 살피며 실제로 시간을 계산해본다. 내가 전문가이고 문제에 대한 답을 알고 있는 일들에 내 시간의 80퍼센트 이상을 쓰고 있다면 다음 단계로 올라갈 때였다. 다음 도전을 감행하고 다시 한번 편치 않은 흥분을 경험할 차례가 된 것이다.

•

전략 2.
믿으며 뛰어들 때 추락은 비행이 된다

나는 역대 가장 위대한 리더 중 몇 명의 성장 초기를 지켜봤다. 그들이 성공을 향해 가는 과정은 보기보다 순탄하지 않았다. 하지만 그들에게는 공통점 한 가지가 있었다. 바로 '끊임없이 배우는 학습자가 되겠다'는 다짐이었다.

매일 아침, 나는 1996년에 페이지와 브린이 스탠퍼드대학교 기숙사에서 만든 최초의 구글 서버가 전시된 빌딩 42의 로비를 지나 임원진 사무실이 마련된 2층으로 올라갔다. 외부 손님들이 캠퍼스를 방문할 때면 항상 로비에서 투어를 시작하므로 구글의 탄생부터 볼 수 있다. 구글이 만든 최초의 서버는 오래된 판지로 절연처리돼 레고 케이스에 담긴 원형 그대로 보관돼 있다. 나는 그 서버를 보며 온 세상을 변화시키기 위해 용감하게 발을 뗀 두 사람의 모습을 매일같이 떠올렸다. 우리는 끊임없이 질문을 던지고 배우고 전환하고 결과물을 탄생시킨 두 명의 대학원생의 정신을 매일 구현하려고 했다.

'불편함'은 성장의 또 다른 이름이다

내가 구글에 입사하기 2년 전인 2004년, 페이지는 기업 공개와 함께 〈구글 주주들을 위한 오너 설명서〉라는 제목으로 창립자들의 IPO 서한을 썼다. 첫 문장은 내가 구글에서 일한 초창기에 이미 외워버렸다. 내가 업무를 하며 거의 매일같이 마주한 정신이었기 때문이다.

"구글은 관습적인 기업이 아닙니다. 그런 기업이 될 생각이 없습니다."

구글의 모든 직원이 매일같이 자신의 업무를 해내며 구현하고자 했던 기업의 강령이다. 나는 구글을 나와 내 회사를 시작하면서 바로 그 첫 문장을 모토로 삼았다. 구글 창립자들은 사람들이 기대해야 할 가치들을 자신들이 제공하고 알려줘야 한다는 필요성을 일찍이 깨달았다. 두 사람은 다른 어떤 기업과도 다른 여정을 앞두고 있었다. 그리고 그들을 지지해줄 만한 투자자들만 함께하길 바랐다.

나는 지금도 페이지가 서한에 쓴 "가능한 한 많은 사람의 삶을 크게 향상시키는 서비스를 개발한다."라는 미션 위에서 업무를 수행하려고 노력한다. 내가 구글에서 일할 당시 매일매일이 중요하게 느껴졌다. 어떤 프로젝트든 서한에 기술된 것처럼 이 세계를 더욱 나은 곳으로 만들 수 있는 실제적인 가능성을 지녔다. 세상을 더 나은 곳으로 만든다는 책임감과 가능성은 직급과 관계없이 모든 직원들의 마음을 뜨겁게 만들고 온몸을 짜릿하게 만드는 동력이 됐다.

페이지는 열정을 기반으로 위험을 감수하는 태도를 '편치 않은 흥분감'으로 표현했다. 그의 말을 들은 이후 나는 그의 철학을 내 커리어와 삶의 모든 단계에 적용하는 지침으로 삼았다. 그의 철학은 구글 프로덕트 팀에서 일할 당시, 끊임없이 방향을 전환하는 기업의 항로를 따르는데에도 큰 도움이 됐다. 당시에는 하나의 상품에 온 마음을 다 바치고 완벽한 론칭을 위해 최선을 다했음에도 결국 취소돼 새로운 상품이나 아이디어로 자원과 집중력을 전환해야 하는 일이 잦았다. 롤러코스터 같은 과정을 경험하며 높이 올라갈 때도 깊이 떨어질 때도 모두 즐길 줄 알아야 한다는 것을 배웠다.

조직 내에서 성과로 인정받고 승진과 투자의 자격이 있는 사람으로 평가받으려면 성장하는 모습을 보여줘야 한다. 보통 자신의 안전지대를 벗어나야 성장할 수 있는 만큼 나는 지금도 현재 내 능력 이상을 발휘해야 하는 프로젝트를 찾아다닌다. 분명 프로젝트를 완수하는 과정은 힘든 일이다. 하지만 궁극적으로 내가 이루고자 하는 목표를 상기한다면 견디기 힘든 고통도 어느새 짜릿한 경험으로 탈바꿈하기 마련이다.

입사 2년 차에 나는 구글의 철학을 완전히 흡수하기로 결심했다. 내 안전지대 밖의 일이지만 우리 팀의 효율성을 높일 수 있고 내가 성장할 수 있다면 어떤 사안이라도 과감히 제안하기로 했다. 당시 메이어는 프로덕트 팀 내 컨슈머 프로덕트 팀을 운영하고 있었다. 우리의 업무 속도를 고려하면 그녀가 컨슈머 프로덕트 팀에서 진행하는 안건 대부분은 높은 직급 한두 단계까지만 전달될 뿐, 그 이하로는 하달되지 않았다. 팀의 낮은 직급 직원들은 업무 프로세스에 포함되지 않아 효율적으로 보조를 맞출 수가 없었다.

나는 메이어가 직속 부하들과 주간 경영관리 팀 미팅을 하는 자리에서 제안하기로 했다. 현재 진행되는 이니셔티브에 관련된 비즈니스 총괄 파트너들과 실시간으로 소통하며 해당 안건이 각 팀에 미치는 영향과 실행 계획을 확인하면 좋겠다고 한 것이다. 나는 위험을 신중하게 계산한 뒤에 책임을 맡겠다고 했다. 이전까지 경험하지 못한 새로운 도전이었다. 전략을 실행하고, 효율적으로 안건을 정리할 능력이 내 안에 있다고 믿어야 했다. 과도하게 쌓인 기존 업무 위에 요식적인 절차만 한 무더기 더하는 수준이 아니라 실제로 모든 구성원의 시간을 줄일 시스템을 마련할 역량이 내게 있다고 무조건적으로 믿는 수밖에 없었다.

처음에는 우왕좌왕하기도 했다. 무엇보다 동료들에게서 존중을 얻는 법을 배워야 했다. 내가 평가자나 관리자의 스파이가 아니라 직원들의 입장을 대변하는 사람이자 더욱 효율적으로 업무를 진행하게 도와주는 조력자라는 점을 보여줘야 했다. 다양한 회의 방식을 실험하고 일대일 신뢰관계를 쌓고, 팀 전략을 각각의 개별 기여자가 해야 할 업무로 세분화시키는 법을 배우기까지 꼬박 6개월이 걸렸다. 수십 년이 지난 현재도 매일같이 내 컨설팅 고객을 대상으로 활용하고 있는 기술들이다.

미팅 진행 방식을 완벽하게 확립시키기까지 몇 달이 걸렸다. 막상 미팅을 시작한 후부터는 업무에서 제대로 진행되고 있는 것들, 고전하고 있는 팀, 필요한 방침이나 자원을 곧장 파악할 수 있었다. 또한 미팅으로 얻은 다양한 정보를 활용해 개선안을 제안할 수 있게 됐다. 무엇보다 내가 컨슈머 프로덕트 팀에서 효율적이고 가치 있는 인력이라는 것을 인정받을 수 있었다. 그동안 수동적인 역할에 머물렀던 나는 의도적으로 주도적인 역할을 맡아 전략에 대해 전문 지식을 쌓고 리더이자 믿을 만한 인력으로 거듭났다.

당신은 포기하는 사람으로 기억되고 싶은가

나는 내가 직접 만든 주도적인 역할로 메이어와 파트너 관계를 형성할 수 있었다. 그녀가 위에서 팀 방향을 제시하면 나는 아래에서부터 그녀의 전략이 잘 적용될 수 있도록 도왔다. 그 덕분에 우리 팀의 능률이 높아졌을 뿐만 아니라 일과 삶의 행복도도 올라갔다. 이후 나는 팀 내 주니어 사원들의 요청에 부응하기 위해 직원 트레이닝도 회의 안건에 포함시켰다. 직원 트레이닝은 주목받지 못하는 업무다. 무엇보다 트레이닝에 쏟는 내 노력을 우리 팀의 가장 높은 직급의 사람들이 알 수가 없었다. 하지만 나는 우리 팀 목표를 이루는 데 직원 트레이닝이 중요하다고 생각했다. 그리고 번거롭더라도 팀이 성공하는 데 필요한 일이라면 기꺼이 맡을 의지가 있었다.

이니셔티브와 관련한 여러 팀들과의 미팅 덕분에 우리는 방향을 일찍 그리고 자주 전환할 수 있었다. 모든 사람이 합을 맞춰 업무를 진행할 수 있게 됐을 뿐만 아니라 우리 팀은 눈부시게 성장하며 프로덕트 론칭 사이클을 양적으로나 속도로나 크게 향상시켰다. 더욱 까다롭고 도전의식을 자극하는 중요한 프로젝트 관리를 맡을 기회가 열렸고, 내 능력과 역량도 크게 성장해 개인적으로 무척이나 만족스러웠다.

나는 메이어와 교류가 덜한 팀 내 직급이 낮은 직원들 사이에서 전문가로 불리기 시작했다. 관리자의 전략이 팀 전반에 실행될 수 있도록 주도적으로 나서서 돕는 역할을 맡은 덕분이었다. 이후 예상치 않게 프로덕트 팀의 평가 위원회로부터 부름을 받았다. 업무 평가와 승진, 보너스와 관련해 6개월마다 실시하는 인사고과 평가에서 팀원을 평가하는 역할을 맡아달라는 말을 그들에게서 들었다. 임원진의 결정이 오가는 공간에 함께 자리할 수 있는 특권이었다. 임원진은 회사의 자원을 효율적으로 배분해 성장하고 있는 우리 팀에게 적절한 지원과 장려책을 제공하고자 했다. 때마침 이를 판단하는 데 필요한 전문 지식과 색다른 관점을 내가 제공할 수 있었기에 초대된 것이었다.

새로운 스포트라이트를 받으며 평가와 비판, 검증의 잣대 앞에 서는 데는 위험이 따른다. 하지만 자신의 한계 안에서만 머물러도 위험은 있기 마련이다. 나는 아무것도 하지 않고 팀을 포기하는 사람이 되기보다 주도적으로 나서서 문제를 해결하는 모험을 감행하는 사람이 되기로 결심했다. 첫 번째 시도에 성공하지 못하는 위험을 감수하기로 한 것이다.

리더십을 발휘하려면 팀 내에 필요한 것을 파악하고, 주도적으로 해결책을 찾고, 누군가 나를 찾기보다 열정적으로 구하는 능력이 필요하다. 재직 기간 같은 것은 중요하지 않다. 자신의 일에서 기꺼이 편치 않은 흥분을 경험할 준비가 될 때 대담함과 발전이 뒤따르는 법이다.

•

전략 3.
처음 모험할 땐 누구나 빈털터리다

아마존에서 썼던 내 책상은 언젠가 박물관에 전시될지도 모른다. 내가 그 책상을 썼던 2002년에도 그랬고, 지금은 더더욱 회사 내에서 상징적인 존재일 것이다.

베이조스는 워싱턴주 벨뷰에서 세를 내어 살던 집 차고에서 아마존을 시작했다. 그는 딱딱한 바닥에 무릎을 꿇은 채 주문 고객에게 발송할 상자를 포장하는 데 이골이 났었다. 처음에는 무릎 패드를 구매하려 했지만 이내 자신에게 필요한 것은 포장 테이블이라는 사실을 깨달았다. 그는 길 건너 홈 디포Home Depot에서 포장용으로 쓸 테이블을 발견했지만 가격이 너무 비쌌다. 결국 그는 평범한 나무 문짝을 몇 개 구매해 직접 포장용 테이블로 만들었다. 베이조스가 초기 시절에 차고 스타트업을 하며 직접 만든 도어 데스크door-desk 세 개 중 하나가 바로 내가 쓰던 책상이었다. 그가 꿈을 이루는 데 필요했던 투지와 희생, 겸손함이 고스란히 묻어 있는 물건이었다.

도어 데스크는 아마존의 열네 가지 리더십 원칙 중 하나인 '검소함'이라는 기업의 핵심 가치를 보여주는 상징물이 됐다. 베이조스는 연간 전체 회의 자리에서 가장 혁신적인 아이디어를 낸 직원에게 도어 데스크 상Door Desk Award을 수여한다. 바로 그가 차고에서 스타트업을 할 때 만들었던 책상을 미니어처 모형으로 만든 트로피를 건네는 상이다.

매일 새 출발선 앞에 설 마음을 새기다

아마도 매일같이 실제 도어 데스크에 앉아 일했기 때문인지 모르지만 나는 도어 데스크 상보다 '저스트 두 잇' 상Just Do It Award에 더욱 동기부여가 됐다. 한 번도 수상한 적은 없지만 내가 노력을 했다는 것만큼은 확실히 말할 수 있다. 이미 눈치챘겠지만 나이키의 유명 슬로건에서 이름을 딴 상이다. 이 상은 상사의 승인을 기다리지 않고 자발적으로 아마존의 열네 가지 리더십 원칙을 실행한 사람에게 수여된다. 쉽게 말해 옳은 일을 한 직원에게 주는 상이다.

내가 아마존에 있을 때 물류센터에서 일하는 한 여직원이 '저스트 두 잇' 상을 받은 적이 있다. 그녀는 상자를 포장하는 일을 하다 직원 휴게실에 있는 자판기에서 환한 불빛이 새어 나오는 것을 발견했다. 불필요한 에너지가 낭비된다는 생각에 그녀는 자판기 안을 열어 전구 절반을 꺼버렸다. 이후 아마존의 에너지 비용이 크게 감축된 것을 확인한 경영진이 전말을 알게 됐다.

나는 그 직원의 사례를 본받아 회사에서 가장 낮은 직급일 때에도 회사의 가치를 최대한 실현하기 위해 노력했다. 아마존이 웹사이트에 뷰티 카테고리를 시작할 당시 우리는 가능한 한 검소하게 진행하고자 했다. 기업의 가치를 실현하려면 에이전시나 전문 모델을 고용하는 대신 회사 직원을 모델로 쓰는 것이 더욱 적합하다고 판단했다. 나는 뷰티 팀을 도와 론칭의 얼굴이 될 직원을 다양하게 섭외하기 위해 노력했다. 결국 론칭을 대표하는 핵심 모델로 회사 우편물 분류 일을 하는 파트타임 여직원이 발탁됐다. 기업 입장에서 경제적일 뿐만 아니라 고객의 다양성을 전면에 내세운 선택이었다.

나는 아마존이라는 기업이 조금 어수선했고, 또 직원 개개인의 창의성과 민첩함에 기업의 생존이 달려 있던 시기에 근무하며 아마존의 정신을 목격했다. 그로부터 십몇 년의 세월을 거쳐 아마존은 베이조스의 데이 원Day One 마인드셋 덕분에 시장을 지배하는 위치에 우뚝 섰다. 기업의 모든 면면에 속속들이 스며든 데이 원 마인드셋은 그가 매일매일을 성공이 보장되지 않은 기업의 첫 번째 날로 여긴다는 의미에서 탄생했다.

오늘날 우리는 아마존의 성공이 필연적이라고 생각하기 쉽다. 지금 돌아보면 당연히 성공할 수밖에 없지 않겠는가? 하지만 제아무리 아마존이라도 성공이 보이지 않았던 시절도 있었다. 기업 공개 과정과 만연하던 회의론, 비판적인 언론의 헤드라인, 주주들로부터 한 번씩 명백한 조롱을 받던 초기 시절 말이다. 베이조스는 "기업가라면 마땅히 오랜 시간 오해를 받을 각오가 돼 있어야 한다."라고 자주 말했다. 대부분의 사람은 그럴 만한 용기가 없어 일찍 포기하거나 시도조차 하지 않는다.

베이조스는 자신이 만든 도어 데스크를 사용하는 것뿐만 아니라 새로 연 시애틀 오피스 빌딩에 데이 원이라는 이름을 붙이는 것으로 본인의 다짐을 매일같이 되새겼다. 그처럼 세계에서 가장 부유한 사람 중 하나가 되는 것을 개인의 목표로 삼지 않아도 괜찮다. 하지만 유례없는 성공을 이룬 베이조스의 행동 패턴을 자신의 능력 내에서 따르는 것은 한 번쯤 해볼 만한 일이다.

무엇을 배울지는 당신에게 달렸다

베이조스는 무엇과도 견줄 수 없는 성공을 이뤘다. 하지만 그가 전해준 리더십 교훈을 평범한 삶과 목표에 적용할 방법은 무궁무진하다. 내가 큰 모험을 걸 정도로 그리고 나를 안전지대 바깥에서 계속 머무르게 할 정도로 내 열정을 자극하는 일을 파악하려면 시간이 필요했다.

그동안 나는 대단한 영향력을 발휘하는 사람들을 많이 만났다. 그들은 하나같이 사소한 일들이 유례없는 결과로 이어질 수 있다는 점을 먼저 배웠다. 자신의 꿈을 이루려면 때로는 무릎을 꿇을 정도로 겸손함을 갖춰야 한다. 많은 사람이 자신의 안전지대 안에서 이룰 수 있는 그저 그런 수준의 성취에 만족하고 만다. 그런 탓에 자신의 한계를 넓힐 수 있다는 사실을 알게 됐을 때 느끼는 짜릿함과 즐거움을 놓친다.

십수 년간의 수습 기간을 거쳤음에도 위대한 리더십 교훈을 내 스타트업에 적용하는 법을 배우는 과정은 예상보다 훨씬 힘들었다. 마침내 용기를 내어 실리콘밸리에서의 커리어를 청산하고 내 회사를 차리겠다고 나섰을 때도 즉각 성공을 거둔 것은 아니었다. 오히려 반대였다. 처음 몇 년간 내가 살아남을 수 있을지 고민하는 것은 사치에 불과했다. 업계에서 설 자리조차 잃을까 봐 두려웠다. 구글과 아마존 같은 대기업의 지원을 받지 않는 나란 사람은 초라하고 별 볼 일 없는 존재처럼 느껴졌다. 나는 주체할 수 없는 두려움에 항복하기보다 다시 마음을 다잡고 지난 커리어 동안 배웠던 교훈을 적용하기로 결심했다. 수동적이고 움츠러든 모습에서 능동적인 학습자이자 내 야망과 함께 당당하게 성장하는 사람으로 달라져야 했다.

CEO 컨설팅 고객들에게 필요한 조언자가 되려면 업계에 관한 공부와 조사를 열심히 하는 습관을 되찾고 내 접근 방식과 전문 지식을 갈고 닦아야 했다. 다시 한번 경영 대학원에서 공부하듯 내 일에 접근할 필요가 있었다. 먼저 오전 시간에는 고객들과 논의 중인 주제에 관한 도서와 기사를 가능한 한 많이 읽었다. 그러고 나서 고객들이 몸담은 업계에서 내가 몰랐던 사람들과 내가 이해하지 못하는 용어들을 전부 조사했다.

간혹 실리콘밸리에서 겪은 내 경험과 모범 경영 사례를 고객들이 속한 다양한 업계에 적용하고 싶을 때가 있다. 그러면 열심히 조사한 뒤에 적용 가능한 것과 불가능한 것을 고객들과 함께 실험해야 했다. 그 덕분에 기업 전략뿐만 아니라 핀테크FinTech(금융을 의미하는 파이낸셜과 테크놀로지의 합성어로 첨단 기술을 바탕으로 기존과는 차별화된 새로운 형태의 금융 기술을 뜻하는 용어—옮긴이), 애그테크, 인공지능 등 다양한 분야의 전문가로 자리매김했다.

수동적인 일꾼이 아니라 능동적인 학습자가 될 때 어떤 일에서든 대단한 성공의 시작이 될 초석을 다질 수 있다. 하지만 그 과정에서 자신의 이해의 한계를 마주하고 날카롭게 직감을 발휘해야 하기에 때때로 두려워지기도 한다. 내가 맡은 컨설팅 업무에 어울리는 자격을 갖추고 고객에게 유익한 기여를 하고 결과를 도출하려면 빠르게 성장해야 했다. 그처럼 빠른 성장 속도를 가능케 할 유일한 방법은 능동적인 학습자가 되는 것밖에 없었다. 다시 한번 방대하고도 끊임없는 학습을 내 직무 기술서에 적힌 필수 자격이라 여기고, 자격 미달자가 되지 않기 위해 노력했다. 베이조스, 메이어, 슈밋이 가르쳐준 것처럼 열정적이고, 투지 넘치며, 실패를 두려워하지 않고, 현실에 안주하지 않는 법을 깨우쳐야 했다. 인생은 끝나지 않는 학교다. 그 교과 과정은 온전히 당신의 손에 달려 있다.

당신의 삶에서 색다른 것을 혹은 더욱 대단한 것을 갈망하는가? 자신의 목표를 깨닫기 위해서는 희생도 할 수 있는가? 한 가지 비밀을 말하자면 당신은 더 많이 또는 더 오래 일하지 않아도 된다. 다만 올바른 위험을 감수하고 더욱 힘차게 앞으로 나아가는 데 에너지와 자원을 효율적으로 사용할 줄 알아야 한다. 당신의 열정과 가치, 일의 균형을 유지할 수 있는 삶과 일의 리듬은 무엇인가? 자신이 영향력을 발휘할 수 있는 목표를 달성하려면 혁명적인 것을, 즉 낯설고 도전 의식을 불러일으키는 것을 탄생시키기 위해 현재의 편안한 상태를 벗어나야 한다.

당신의 한정된 자원 또는 초급이라는 위치를 이롭게 활용할 수 있는 방법이 있는가? 팀에서 당신만의 의견이나 당신만 접근할 수 있는 무언가로 프로젝트 리더십을 발휘할 기회를 만들 수 있는가? 한 직급 또는 두 직급 높은 동료 중에 당신에게 영감을 주거나 당신이 따르고 싶은 성장 경로를 밟고 있는 사람이 있는가? 당신의 능력을 뛰어넘는 프로젝트를 진행하거나 스스로에게 창의적인 사고를 발휘할 기회를 준 적이 있는가? 오늘 당신이 배운 것을 실행해볼 수 있는 일이 있는가?

- **인지하라:** 당신이 갖고 있는 야망 중 편치 않은 흥분을 선사하는 것은 무엇인가? 팀이 현재 고전하는 문제 중에 당신이 해결할 수 있는 것은 무엇인가? 오늘 당신만이 제공할 수 있는 것을 바탕으로 자원해볼 수 있는 일은 무엇인가?
- **당신의 것으로 만들어라:** 당신만의 큰 모험에 도전한다는 목표에 다가가기 위해 배우거나 연습해야 할 것은 무엇인가? 장기적 효율성을 유지하기 위해 어떠한 리듬을 지켜야 하는가?
- **실행하라:** 오늘 큰 모험 한 가지를 감행해보라!

제 8 장

미래는
내 손으로 만든다

확실한 목표를 마음 속에 그릴 때
당신이 그린 미래는 반드시 찾아온다.

BET ON YOURSELF

전환은 모든 삶과 커리어의 일부다. 의도적이든 의도적이지 않든 말이다. 혼란스러운 순간이 닥치기 전 전략을 준비해놓는다면 경쟁에서 우위에 설 수 있다. 피할 수 없는 스트레스도 조금이나마 미리 예방할 수 있다. 내 인생에서 몇 번의 전환은 내게 굉장한 자신감을 줬다. 또 속이 뒤틀리는 고통을 선사하기도 했다. 하지만 매번 어디서도 배울 수 없는 귀중한 교훈을 얻은 것만은 분명하다.

자신이 가장 소중히 여기고, 자기 자신을 정의하는 중요한 요소를 갑작스럽게 잃어버렸을 때 가장 힘든 전환이 찾아온다. 스스로 의도적으로 선택한 전환이라 하더라도 스트레스를 경험할 수밖에 없다. 우리의 신념과 결심이 시험대에 오르기 때문이다. 따라서 전환하기 위해서는 더욱 훌륭한 무언가로 다시 채워질 거라 믿어야 한다. 또한 자신에게 소중한 것을 놓아주는 과정도 필요하다.

전환은 나와 인생, 일을 무너뜨릴 수도, 세울 수도 있다. 보통의 경우 두 가지를 함께 경험한다. 삶의 변화에 동반되는 스트레스를 잘 관리해 이전보다 더욱 나은 모습으로 성장할 수 있도록 도와주는 전략들이 필요하다. 이 전략들을 따른다면 앞으로 찾아올 전환을 준비할 수 있다.

- 전략 1. 스스로 밀어붙이는 사람이 되어라
- 전략 2. 당신처럼 살라고 말할 수 있는 삶을 산다
- 전략 3. 최고의 인생 가이드는 내 안에 있다

내 커리어를 되돌아보면 당시에는 몰랐지만 이제야 보이는 성장 패턴이 있다. 스티브 잡스의 스탠퍼드대학교 졸업 연설처럼 삶의 경로를 만들어낸 순간들은 훗날 뒤돌아봤을 때 비로소 연결이 되고 이해가 된다. 전환의 순간에 경험하는 혼란들도 마찬가지다.

나는 전환의 순간을 실제로 경험했다. 아마 당신도 공감할 수 있을 것이다. 내가 처음 일을 시작했을 때 앞으로 20년간 세계에서 가장 영향력 있는 사람들 곁에서 어떻게 일해야 할지 철저하게 계획한 것은 아니었다. 다만 내 안에는 학습에 대한 채워지지 않은 욕구와 꺼지지 않는 야망이 있었다. 나는 최대한 배우겠다는 마음을 잃지 않았다. 어쨌거나 내 삶을 이룬 순간들은 내가 아무리 예기치 못한 경로에 접어들었다 해

도 언제나 내 능력 안에서 이어져 있었다.

내가 무엇을 어떻게 해야 할지 알려줄 멘토가 일찍부터 있었다면 좋았을 것이다. 다행히 내 삶에 찾아온 극적인 경험들과 매일같이 접했던 지혜에 감사함을 느낀다. 마침내 변화가 닥쳐오는 시기에 주도권을 쥐고 변화가 진행되는 과정에서 통제력 비슷한 것을 느낄 수 있는 사람이 되어서 기쁘다.

•

전략 1.
스스로 밀어붙이는 사람이 되어라

2000년대 초 아마존에서 일할 당시 첫날부터 베이조스가 전환이란 개념을 조직의 문화와 중심 가치로 만들어나가는 것을 확인했다. 초기부터 아마존처럼 지혜와 선견지명을 발휘하는 기업은 거의 없다. 규모를 키우고 시장을 점령하는 기업이 변화에 실패한 기업보다 앞서나가는 이유다. 베이조스는 기존의 시스템이나 전체적인 프로세스가 기업의 규모에 어울리지 않을 때까지 기다렸다가 새로운 시스템을 만들고 투자하는 쪽이 아니었다. 그는 아마존을 세계에서 가장 강력한 기업 중 하나로 만들겠다는 자신의 비전을 달성하려면 끊임없이 전환해야 한다는 것을 알고 있었다. 그는 전환을 성공의 지표로 삼아 아마존의 문화가 전환을 두려움의 대상으로 여기지 않고 반기도록 만들었다.

베이조스는 전환의 문화를 데이 원 마인드셋으로 명명했다. 데이 원

마인드셋은 기업이 새로운 과학 기술과 트렌드, 시장 수요에 적응하고 중요한 전환을 비즈니스 모델로 삼는 것이다. 그러면 조직은 빠른 의사 결정으로 신속하게 변화하고, 혁신적인 아이디어의 전달과 수용을 가로막는 걸림돌을 모두 제거하는 수평적 경영 구조를 유지할 수 있다. 그리고 기업의 규모가 커져 관료주의와 경직성, 현실에 만족한 위험 회피로 둔해지는 경우를 가리켜 데이 투Day Two라고 불렀다.

베이조스는 아마존이 민첩하고 탄탄한 기업이 되도록 설계했다. 그가 제시한 비전은 개인의 커리어에도 적용해야 할 올바른 모델이다.

안일함이라는 엔트로피에 대항하라

베이조스는 내게 아마존의 성장 전략은 '엔트로피를 용납하지 않는 기업이 되는 것'이라고 설명했다. 그가 열역학에서 차용한 용어인 엔트로피란 닫힌계closed system에서 활용할 수 없는 에너지와 해당 세계의 무질서를 측정한 단위다. 그는 엔트로피에 맞서 싸울 능동적인 계획을 세우지 않으면 기업이 성장할수록 비효율성이 조직에 퍼져나갈 수밖에 없다고 판단했다. 그렇게 되면 변화에 둔감하게 반응하는 기업으로 전락한다고 예측했다.

엔트로피는 개인에게도 적용된다. 누구나 현실에 만족하고 자신의 가치에 부합하지 않거나 자신을 더 큰 목표로 밀어붙이지 않는 패턴과 습관을 계속 유지할 때가 있다. 우리는 습관과 익숙함이 주는 안정감에 속아 잠재력을 발휘하지 않는 편이 더욱 현명하거나 적어도 더욱 안전한 선택이라고 판단한다. 능력과 자원을 최대로 발휘하고 끊임없이 새로운 무언가를 향해 확장해 나갈 때 오는 성장과 큰 행복이 처음에는 위협적이고 심지어 혼란스럽게 느껴지기도 한다.

역설적이게도 변화를 만들기 위해 의식적인 노력을 기울일 때 통제권을 훨씬 더 많이 쥘 수 있다. 자신의 미래에 대한 책임감을 다른 사람의 손에 떠넘기는 안전지대에서 편히 머물 때는 경험할 수 없는 일이다. 자신이 주도권을 쥐고 변화를 직접 실행할 때 예상치 못한 삶의 전환에 뒤처진 피해자로 남지 않을 수 있다.

삶은 우리에게 온갖 고난과 시험, 고통을 안겨준다. 이러한 순간에 반응하는 방식이 운명을 크게 가른다. 고난이 예상치 못하게 찾아오는 경우도 있지만 우리가 스스로 선택한 도전일 때도 있다. 힘든 시간을 경험하며 어떠한 괴로움을 감내해야 후한 보상을 얻을 수 있는지, 어떤 고통이 자신에게 변화하고 다른 길을 택하라고 말하는지를 배우는 것이 중요하다. 시행착오 속에서 많은 것을 잃어버리는 만큼 이러한 지혜를 쌓는 과정이 힘들게 느껴질 수 있다. 계속 방향을 전환하면서도 길을 잃지 않으려면 자신의 최종 목표를 마음속에 확실히 새기고 있어야 한다. 무대 위를 누비며 몇 바퀴나 피루엣을 도는 발레리나처럼 한 점을 정해 시선을 고정시켜야 어지러움에 취해 경로를 이탈하지 않을 수 있다.

세계에서 가장 영향력 있는 CEO들마저도 자기 회의에 빠지는 순간이 있다. 두려움이나 가면 증후군의 경험 여부는 고성과자와 자신의 권한을 다른 사람의 손에 넘겨주는 사람을 나누는 기준이 아니다. 다만 두려움과 불신의 상태에 얼마나 자기 자신을 오래 가두느냐가 차이를 만든다.

과거는 더는 당신의 전부가 아니다

2017년 6월, 나는 비바 테크놀로지 콘퍼런스에 참석하기 위해 파리에 갔다. 당시 슈밋을 보며 언제나 자신을 앞으로 밀고 나아가야 하고 자신을 규정하는 과거의 정의에 발목을 붙잡혀서는 안 된다는 점을 배웠다. 슈밋의 연설문 작성자 맷과 함께 연설문 작성을 막 마친 참이었다. 연설문의 주제는 머신 러닝과 인공지능의 태동과 함께 새로운 풍요의 시대로 접어드는 세계에 관한 것이었다. 슈밋은 빠르게 발전하는 과학 기술에 대한 우려를 잠재우고 공공의 이익에 기여하도록 과학 기술을 충분히 이용할 수 있으며 각계각층에 새로운 일자리와 발전 기회를 선사할 수 있다는 희망적인 메시지를 전 세계 청중들에게 전달했다.

슈밋은 타고난 연설가인 데다 경험도 많았다. 하지만 그날은 평소와 다르게 무대로 올라가기 전 조금 긴장한 듯 보였다. 연설문 원고가 촉박하게 완성된 이유도 있었고, 프랑스를 '스타트업의 나라'로 만들겠다는 주제로 연설 중인 새 프랑스 대통령 에마뉘엘 마크롱에 뒤이어 무대에 오른다는 부담감도 있는 듯했다. 무대로 이동하기 전, 슈밋은 자신이 전달할 메시지에 집중하고 방금 완성된 연설문을 다시 한번 훑어보기 위해 나를 제외한 필수 수행단과 잠시 떨어져 있는 시간을 가졌다. 무척 더운 날씨였던 데다 콘퍼런스 센터의 무대 뒤편으로는 바람이 불지 않아 슈밋과 나는 땀으로 흠뻑 젖었다. 마크롱 대통령의 경호 팀이 대통령 도착 전에 모든 방을 확인한 뒤 보안 봉인 테이프로 문을 막아 놔서 공기가 조금도 통할 여지가 없었다. 나는 등이 땀으로 흠뻑 젖은 채로 슈밋이 무대에 오르는 모습을 지켜봤다.

슈밋의 천부적인 재능 중 하나는 복잡한 과학 기술을 최신 기술에 문외한인 사람들도 이해할 수 있게 설명하는 능력이었다. 그의 파리 연설을 시작으로 인공지능은 최고의 연구형 대학에서뿐만 아니라 탕비실과 저녁 식사 자리의 대화 소재로 대중화됐다. 과학 기술 업계의 리더라는 역할에 진지하게 임하는 슈밋은 더 나은 성과를 내고, 더 많은 사람에게 영향을 미치고, 국제 사회에 더 많은 지원을 하기 위해 스스로를 밀어붙이는 사람이다. 그가 스스로 선택한 중압감이지만 여전히 그도 그 무게에 짓눌릴 때가 있다.

나는 슈밋이 늘 그렇듯 연설 후 무대에서 내려와 내게 연설에 대해 기록한 노트와 의견을 요청할 거라 생각했다. 하지만 이번에는 나에게 곧장 다가와 진지하지만 부드러운 목소리로 물었다.

"괜찮았어요?"

나는 깜짝 놀란 채 피드백을 적은 노트를 내려놓고는 웃으며 답했다.

"물론이죠! 에릭 슈밋이잖아요!"

그는 웃으며 고개를 저었다.

"가끔은 내가 더 이상 버지니아 출신의 꼬마 슈밋이 아니라고 되뇌어야 할 때가 있어요."

지난 20년간 나는 유명인사, 국가 원수, CEO 그리고 당신이 상상할 수 있는 모든 종류의 권력자들에게 둘러싸여 지냈다. 내 경험상 누구라도 가면 증후군, 의심, 좌절의 순간을 경험한다. 누구나 그런 순간을 맞이하고, 모두 자신의 삶을 반영하는 무대 중앙에 서서 스포트라이트를 받을 자격이 있다는 사실을 한 번씩 상기해야 한다. 차이가 있다면 고성과자는 스포트라이트를 받는 경험을 가면 '증후군'syndrome이 아니라 가면의 '순간'moment으로 여긴다는 것이다. 고성과자들은 그 순간을 자신을 정의하는 영구적인 진단명이나 존재 상태로 삼지 않는다.

슈밋이 겸손함을 보였던 그때, 그리고 자신의 속마음을 내게 기꺼이 드러냈던 그때 나 역시도 스스로를 더 이상 시애틀 출신의 꼬마 앤이 아니라고 되뇌게 됐다. 그간의 치열한 훈련과 노력을 거치고 전투의 상흔을 새겨가며 내가 입장할 권리를 얻은 곳이라면 어디든 내 자리를 요구할 자격이 있다는 것을 깨달았다.

·

전략 2.
당신처럼 살라고 말할 수 있는 삶을 산다

2016년은 일적으로도, 개인적으로도 내가 전혀 예상치 못했던 방향으로 극적인 변화를 경험했던 해다. 2015년 한 동료의 사망 이후 조금씩 시작된 변화는 내 삶의 중요한 터닝 포인트가 됐다.

몇 년간 우리 팀은 일주일 중 하루는 슈밋이 주간 경영진 회의를 주최하는 구글 엑스 캠퍼스로 출근했다. 내가 만나본 사람들 중 가장 뛰어나고 똑똑한 몽상가들과 문샷 아이디어로 가득한 곳이었다. 나는 구글 창립자인 브린과 구글 엑스 CEO 애스트로 텔러Astro Teller의 지휘하에 그들이 불가능해 보이는 아이디어를 기획하고 론칭하기 위해 10년 넘도록 매진하는 모습을 지켜봤다. 그들이 웨이모Waymo(구글의 무인 자동차

기업—옮긴이)에서 무인 자동차를 현실화하는 데 필요한 기술을 발명하는 모습도 봤다. 또한 프로젝트 룬Project Loon을 통해 외딴 지역에도 4G 인터넷 서비스를 제공하는 무선 연결망을 만들기 위해 성층권까지 올라가는 풍선을 제작하는 모습도 지켜봤다.

그들 무리 중 댄 프레딘버그Dan Fredinburg라는 대단히 똑똑한 엔지니어가 있었다. 프레딘버그와 나는 회사 밖에서 어울리던 친구 사이는 아니었다. 하지만 6개월 차로 구글에 입사해 지난 9년 동안 최소 일주일에 한 번은 얼굴을 보고 반갑게 인사를 나누던 사이였다. 그는 인생을 정말 충만하게 살았던 사람이다. 당시 프레딘버그는 구글 엑스의 개인 정보 보호 책임자이자 구글 어드벤처Google Adventure 팀 창립자였다. 구글 어드벤처 팀은 직접 여행을 갈 수 없는 사람들에게 그레이트 배리어 리프Great Barrier Reef와 산악 지방 같은 외딴 지역을 구글 어스 수준의 사진으로 보여주는 지도 제작 프로젝트를 진행했다. 그는 세계 곳곳의 아름다운 자연을 사람들이 경험하고 감상하길 바랐고 자연을 보존하는 마음을 갖도록 독려하고자 했다.

프로젝트 수행을 위해 에베레스트산 등반 경로를 기록하러 간 구글 직원 네 명 중 한 사람이 프레딘버그였다. 비극적이게도 그는 자신이 가장 좋아하던 일을 하던 중 지진으로 발생한 눈사태로 사망했다. 그의 나이 서른다섯이었다.

만약 지금처럼 살다가 죽는다면

프레딘버그의 사망 이후 유족은 그를 기리며 자선 단체를 설립했다.

리브 댄Live Dan이라는 웹사이트를 열어 그에게 영향을 받은 사람들이 두려움 없이 살아가겠다는 서약을 하는 창구를 마련했다. 그가 살아온 것처럼 말이다.

당시 나는 이혼과 그 일로 남은 트라우마로 무척이나 힘든 시기를 보내고 있었다. 나는 슬픔을 거부하는 단계에서 몇 년이나 머물렀다. 그러던 중 리브 댄 웹사이트를 본 순간 내가 죽은 뒤 절대로 나와 같은 삶을 사는 누군가가 있어서는 안 된다는 생각이 들었다. 정신이 번쩍 들었다. 웹사이트에 프레딘버그의 가족은 다음과 같은 글을 썼다.

"댄처럼 산다는 것은 지금 그대로의 모습으로, 당신 자신의 모습으로, 당신이 살고 싶은 형태의 삶을 산다는 것입니다. 이룰 수 없는 것은 없습니다. 사람들이 가지 않은 어려운 길을 가게 될 때도 있을 겁니다. 댄은 미지의 길을 갔습니다. 그는 삶이란 여정의 주인이었습니다. 가능성과 행복의 무한한 세계를 탐험했습니다."

나도 그와 같은 인생을 살고 싶을 뿐만 아니라 다른 사람들도 나와 같은 삶을 살도록 영감을 주는 사람이 되고 싶었다. 이후 나의 바람을 다양한 방식으로 이루고자 노력했다.

위기를 낭비하는 것만큼 끔찍한 일은 없다는 말이 있다. 나는 내 운명을 받아들이고 난 후부터 무한한 가능성이라는 새로운 현실을 적극 누릴 수 있게 됐다. 내가 잃은 것을 부여잡고 슬픔에 빠지기보다 모든 에너지를 쏟아 자부심을 느낄 만한 일을 하는 편이 나았다. 내 인생의 새로운 단계가 흥분, 용기, 성취라는 말로 표현되길 바랐다.

나는 모험을 찾아 나섰다. 어려운 일을 하는 데서 오는 즐거움을 되찾았다. 내가 어려운 일을 '해내는 데서'라고 말하지 않았다는 점을 의식하길 바란다. 진정한 인생의 즐거움은 개인이 목표로 삼은 산 정상에서만 느낄 수 있는 것이 아니다. 바로 그 일을 시도하는 데서 찾을 수 있다. 우리가 여정의 제일 마지막에 찾아오는 단 한 순간에만 집중한다면 마땅히 기념해야 할 중요한 사건들을 놓치고 만다. 강해지고 지식을 얻고 두려움을 정복하는 순간들 말이다. 사실 결과는 우리의 손을 벗어날 때가 많다. 우리가 하는 일이 어떻게 받아들여질지는 통제할 수 없다. 우리는 오직 용기를 내어 시도할지 안 할지의 결정만 통제할 수 있다. 그리고 시도하고 추구하는 과정에서 즐거움을 경험한 뒤에는 삶이 더욱 풍성해지고 진정한 행복을 이룰 수 있다.

나는 새로운 삶의 철학을 향한 첫 번째 발걸음을 조금씩 신중하게 내디뎠다. 그리고 평소라면 내가 거절했을 만한 일들을 수락하기 시작했다. 그 결과 뜻밖의 문이 열리기 시작했다.

가보지 않은 곳에 나아갈 때 길이 열린다

어느 날 갑자기 한 번도 만나본 적 없던 사람이 링크드인에서 내 프로필을 봤다면서 몇 달 후 뉴욕에서 열릴 한 콘퍼런스에 나를 연사로 초청하고 싶다는 연락을 해왔다. 나는 연설을 해본 적도 없거니와 수석 보좌관들을 대상으로 한 콘퍼런스에도 참석해본 적 없던 터라 본능적으로 거절하고 싶었다. 하지만 일정을 확인하니 마침 그 주에 뉴욕 지사에서 근무가 예정돼 있었다. 내 마음속 깊은 곳에서 한번 시도해볼 만한 가치가 있을 것 같다는 생각이 일기 시작했다. 콘퍼런스에 참석하는 사람들 중 아는 사람은 한 명도 없었다. 설령 참혹한 실패로 끝난다고 해도 잃을 것이 전혀 없었다. 반면 최소한 내가 무언가를 배울 기회는 얻을 수 있었다.

나는 앞으로 벌어질 일을 예상하지 못한 채 콘퍼런스에 참석했다. 파워포인트 프레젠테이션을 준비하지 않은 사람은 나뿐이었다. 나는 그저 내가 사람들과 나누고 싶은 이야기와 중요 사항들만 적은 노트를 들고 무대에 올랐다. 그리고 지금껏 내가 커리어를 쌓으며 어렵게 배우고 느낀 것들에 대해 솔직하게 이야기를 시작했다. 전문 연사들 사이에서 나는 완전한 초보에 불과했다. 하지만 내 부족한 프레젠테이션을 핑계로 다른 사람들에게 도움이 될 만한 이야기들을 전달하지 못하는 일은 없어야 했다.

무대에 오르자 자연스럽게 긴장이 됐다. 다행스럽게도 말을 시작하자 초조함은 사라졌다. 조금 지나자 청중과 진실하게 소통할 수 있을 정도로 여유를 찾았다. 정말 다행히도 연설을 마친 뒤 청중들의 피드백은 긍정적이었다. 나도 참석자들과 공감대를 형성할 수 있는 이야기를 나누는 시간이 즐거웠다. 그때 연설을 지금 다시 본다면 분명 민망하겠지만 내가 모험을 감행했다는 것만은 정말 잘한 일이라고 생각한다. 이후 내게 많은 기회의 문이 열렸기 때문이다.

연설을 마치자마자 비키라는 사람이 내게 다가와 첫 무대를 축하한다고 말했다. 그녀는 마이크로소프트 제품의 기술 교육에 관한 프레젠테이션을 맡은 연사였다. 어려운 기술 지식에 유머를 적재적소에 섞어가며 청중의 몰입도를 높이는 그녀의 연설은 인상적이었다. 마이크로

소프트 제품을 한 번도 써본 적이 없어 제품 기술 교육은 내게 필요 없었지만 두 시간 동안 그녀의 이야기에 푹 빠져들었다.

그녀는 축하 인사를 건네며 내 프레젠테이션에 대한 피드백을 듣고 싶은지 물었다. 피드백을 전해주고 새로운 능력을 개발할 수 있도록 돕겠다는 그녀의 말에 나는 큰 감동을 받았다. 우리는 연락처를 주고받았다. 그로부터 일주일 후, 추수감사절을 앞둔 어느 날 그녀가 내게 전화를 했다. 그녀는 정제되지 않은 내 이야기가 굉장히 특별하고 인상적이었다고 했다. 내가 타고난 연사인 것 같다는 칭찬도 잊지 않았다. 덧붙여 청중들의 머릿속에 내 프레젠테이션을 더 오래 남길 수 있도록 멋지게 구성하는 법에 대해 들려줬다. 끝으로 내가 계속 연사로 활동해야 한다고 북돋워줬다.

지금껏 비키처럼 가공되지 않은 내 재능을 알아보고 자신의 시간을 내어 어떻게 해야 그 재능을 더욱 잘 활용할 수 있을지 코치를 해준 사람은 거의 없었다. 그녀는 내가 연설에 바로 적용해볼 만한 실용적인 조언을 전해줬다. 그녀는 프레젠테이션 내용이 사람들의 기억에 잘 각인되도록 다섯 가지 원칙으로 내용을 정리하고 내가 커리어에서 경험한 사연을 더해 각 원칙을 설명하는 것이 좋겠다고 제안했다. 콘퍼런스 당시에는 너무 위축됐던 나머지 내가 직접 그녀에게 물어볼 수 없던 것들을 그녀가 먼저 조언해준 것이다.

이후 나는 오대륙을 넘나들며 수많은 무대에 올랐고 그곳에서 내 인생을 바꿔놓은 평생의 친구들을 만났다. 전혀 자신도 없었고 준비도 돼 있지 않은 연사 초청 자리를 수락한 것만으로 벌어진 변화였다. 나는 나처럼 레벨 업 하고 싶은 의욕이 넘치고 커리어 기회를 최대한 활용하고자 하는 사람들에게 내 경험을 공유하면서 큰 만족감을 느꼈다.

나는 더블린과 뉴욕 지사의 글로벌 트레이닝 자리에 참여해 커리어와 영향력을 키우는 방법을 주제로 연설하며 내 새로운 능력으로 구글에 이바지했다. 무엇보다 내 뒤를 잇는 직원들에게 지금껏 내가 배운 교훈들을 전해줄 수 있어 보람이 컸다.

그로부터 2년 후, 텍사스주 오스틴에서 열리는 사우스 바이 사우스웨스트(이하 SXSW)에서 난생처음 연사로 초청받는 꿈같은 일이 벌어졌다. 슈밋이 연사로 무대에 오른 다음 날에 연설하는 일정이었다. 우리는 그의 전용기를 타고 함께 콘퍼런스 장소로 향했다. 그와 내가 오를 무대의 규모는 차이가 컸다. 하지만 슈밋의 수석 보좌관인 내가 그와 함께 연설 무대에 오를 수 있다니 굉장한 일이었다.

마음을 놓아줄 때 때론 굉장한 힘이 찾아온다

나는 무대 위에서 작은 실수를 저지르기도 했다. 연사로 활동을 시작하던 초기에 밀워키에서 열리는 상당히 큰 규모의 콘퍼런스 자리에 초청받은 적이 있다. 지금껏 내가 마주해온 파괴적 혁신가들과는 상당히 다른 유형의 청중을 대상으로 한 콘퍼런스였다. 수천 명의 사람을 앞에 두고 가장 큰 무대에 오른 것이다. 그처럼 큰 규모의 청중과 소통하고 유대감을 나눌 기회를 얻게 돼 무척이나 설렜다. 하지만 무대에 오르자마자 나는 물론 내가 준비한 자료도 평소와 같은 반응을 전혀 이끌어내지 못한다는 것을 직감했다. 무대에서 내려온 내게 말을 거는 사람이 거의 없었다.

캘리포니아로 돌아온 후 나는 내 프레젠테이션과 전달 능력을 개선하기 위해 주최 측에 피드백을 요청했다. 내 연설이 대히트를 친 것은 아니라는 사실을 잘 알고 있었기에 개선점을 살펴볼 생각이었다. 주최 측은 참석자들이 내 세션에 대해 남긴 소감을 여과 없이 전해줬다.

일시적이나마 자아에 큰 상처를 입었지만 이내 한 가지 중요한 사실을 깨달았다. 그저 그들은 내 청중이 아니었을 뿐이었다. 내가 모든 사람에게 공감을 얻을 수 있는 것도 아니고, 사실 그럴 필요도 없다는 깨달음에 이르자 내 인생에서 가장 큰 해방감을 느꼈다. 만약 그때 내가 깨닫지 못했다면 내가 생각하는 이상적인 청중에 가까운 사람들과 기업인들이 함께 모인 SXSW 같은 무대에 오를 기회가 없었을 것이다.

나는 새로운 내 모습을 찾아가고 있었다. 어쩌면 캘리포니아가 더 이상 내가 있어야 할 무대가 아닐 수도 있겠다는 생각이 들었다. 캘리포니아는 내 과거와 예전의 내가 너무 많이 남아 있는 곳이었다. 구글은 내 안전지대이자 내게 남은 유일한 정체성이었고 자부심의 원천이었다. 하지만 인생의 다음 장을 시작하기 위해서는 일정 부분 위험을 감수해야 한다는 것을 알고 있었다.

슈밋에게 내가 몇 달간 런던 지사에서 근무하는 게 어떨지 제안했다. 6개월 전 영국이 EU 탈퇴를 두고 국민 투표를 한 결과 브렉시트가 결정된 시점이었다. 브렉시트가 유럽 비즈니스와 경제에 미칠 영향을 누구도 예측할 수 없는 상황이었다. 그로부터 몇 개월 후 프랑스와 독일의 대통령 선거가 예정돼 있어 세계 정치와 경제의 판도에 더 많은 변화가 예상됐다.

나는 유럽의 정책 팀, 커뮤니케이션 팀과 함께 내가 현지에서 구글 의장 팀에 힘을 보탠다면 중요한 사안과 관계에 주도적으로 대응하기가 수월할 것 같다고 슈밋을 설득했다. 유럽에서 진행 중인 일을 성사시키기 위해서는 전략적 정치 관계를 쌓고 또 돈독하게 다져야 했다. 또 우리의 영향력과 전문 지식을 적극 활용해야 기업의 목표를 달성할 수 있었다. 다행히도 슈밋은 내 의견에 동의했다.

2017년 4월 1일, 캘리포니아의 서니베일에 있는 우리 집 문을 마지막으로 닫고 나와 명확한 계획도 없이 무작정 런던으로 향했다. 내 인생 처음으로 닻을 내리지 않은 채 일말의 얽매임도, 기대도 없는 자유를 느꼈다. 그 후 2년 동안 나는 온 세계를 누비는 방랑자처럼 살았다. 여러 도시에 거주하는 배려 깊은 친구들의 도움을 받아 내 삶의 터전을 완전히 옮긴 것이다. 내겐 어떠한 제한도 없이 나 자신을 마음껏 다시 만들어나갈 자유가 있었다. 마치 외줄 한가운데 서 있는 듯한 나로서는 앞이 아닌 뒤로 되돌아가서 좋을 게 없었다. 선택지가 무한할 때 그전까지는 감히 엄두도 내지 못했던 대담함과 명료함을 발휘할 수 있다. 더 이상은 나에게도, 다른 누구에게도 나 자신의 가치를 증명하고 싶지 않았다. 내 삶을 있는 그 자체로 사랑하고 싶었다.

자아 발견이라는 목표를 향해 절벽 아래로 뛰어내릴 때 구글은 낙하산이 돼줬다. 런던의 구글 동료들은 내게 새로운 집과 소속감을 제공했다. 그들과 함께 세계적으로 영향을 미치는 중요한 프로젝트에 매달려 일하며 나는 새로운 정체성과 목표 의식을 찾아갔다. 그해 여름 나는 변화하는 세계 역사의 한 페이지 중심에 서 있는 기분이었다.

그 무렵 나는 런던 팀과 함께 이탈리아에서 열리는 구글 캠프 콘퍼런스 준비 과정에 참여했다. 세계에서 가장 영향력 있는 사람들이 일주일 동안 국제 사회 문제를 논하는 자리였다. 또한 나는 슈밋이 요르단의 라니아 왕비, 토니 블레어와 대담을 나누었던 '구글 자이가이스트'Google Zeitgeist를 준비하며 커뮤니케이션, 이벤트, 정책 팀과 협력했다. 구글 컬처럴 인스티튜트Google Cultural Institute 팀과 함께 자연사 박물관에서 론칭 이벤트도 준비했다. 독일에서는 새로 임명된 앙겔라 메르켈 총리와 지역의 기업가 정신을 장려하고 지원하는 정책 디자인의 방향성을 논하는 전략 회의를 준비했다. 또한 뮌헨 안보 회의에 참석해 군사 의사결정권자들과 인공지능과 같은 과학 기술 발전을 논의했고, BMW 등과 같은 전략 산업 파트너들과 무인 자동차의 미래에 대해 토론했다.

나는 유럽에서의 활동으로 내 삶의 새로운 방향키를 만들어가고 있었지만 아직 나만의 북극성은 찾지 못한 상태였다. 내게는 가이드가 필요했다.

●

전략 3.
최고의 인생 가이드는 내 안에 있다

실리콘밸리에는 최고 수준의 기술 역량에 이르기 위해 멘토십을 활용하는 오랜 전통이 있다. 지속적인 학습과 탐험이라는 문화에 일치하는 전통이다. 슈밋은 10년간 구글 CEO를 지내고 알파벳의 의장으로서 자신이 기여하고 싶은 분야에 안착한 뒤에도 새로운 정상을 향해 성장하고 영감을 얻고자 지속적으로 전력을 쏟았다. 그중 멘토를 찾는 일에 가장 큰 노력을 기울였다.

슈밋은 자신의 분야에서 세계 최고 일인자 중 한 명으로 손꼽힌다. 그럼에도 불구하고 올림픽 선수들처럼 자신 안의 최고의 모습을 보여주기 위해 지속적인 코칭과 중립적인 외부 관찰자가 필요하다고 생각했다. 슈밋의 오랜 멘토는 빌 캠벨이었다. 캠벨은 실리콘밸리 엘리트들의 멘토로 활약한 풍부한 경험을 가지고 있었다. 15년간 캠벨은 구글, 인튜이트Intuit, 이베이, 야후, 트위터, 페이스북 임원진을 코치했다.

나는 캠벨의 태도에 감탄하고 말았다. 그는 누구를 만나든 자신에게 가장 소중한 사람처럼 대했다. A급 CEO 고객 목록은 그에게 중요하지 않았다. 그는 정말 친절한 사람이었다. 그는 그냥 웃으며 스쳐 지나갈 수도 있는 상황에서도 걸음을 멈추고 내가 팀에서 가장 소중한 인재이자 그에게 중요한 사람인 것처럼 대해줬다.

캠벨은 2016년 75세의 나이에 암으로 사망했다. 당시 애플은 그의 추도식을 마련하기 위해 역사상 처음으로 분기별 실적 화상 회의를 연기했다. 나도 세계에서 가장 영향력 있는 경영진 몇 명과 함께 추도식에 참여해 그와 관련된 재밌는 추억과 그가 우리에게 남긴 교훈을 이야기하며 눈물을 흘렸다.

그의 멘토십 스타일은 한마디로 전인적 접근 방식whole-person approach으로 설명할 수 있다. 그는 멘티들에게 하나의 비즈니스 문제가 아닌 큰 그림을 보게 했다. 그의 조언을 듣는 임원진들 스스로 자신이 어떤 사람이고, 무엇을 가치 있게 여기며, 이 세상에 어떤 기여를 하고 싶은지 생각하도록 만들었다. 소중한 사람을 잃을 때 우리는 고통스럽지만 삶의 되돌아보는 기회를 맞는다. 그 기회를 통해 우리는 자신이 제대로 된 길을 걷고 있는지, 정말 중요하게 여기는 일에 에너지를 쏟고 있는지 확인할 수 있다.

당신의 멘토 아바타를 만들어라

나는 계속 나아갔고 세계에서 가장 위대한 사람들과 함께할 수 있었다. 그리고 더욱더 크게 기여하고 싶다는 나의 비전에 영감을 불어넣고자 내가 속한 환경을 활용하는 방법에 신중하게 접근하고자 했다. 나는 내가 갈망해온 개인의 성장을 이루려면 나만의 지원 네트워크가 필요하다는 결론에 이르렀다.

당신에게 기회의 문을 열어줄 코칭을 받고 위대한 사람들에게서 영감을 얻기 위해 억만장자가 갖고 있는 인맥을 동원할 필요는 없다. 사실 내가 오랫동안 멘토로 삼아온 사람들 중 몇 명은 내 존재조차도 모른다. 우리의 상호작용이라고 해봐야 고작 내가 온라인으로 그들을 찾아보는 정도다. 나는 내가 우러러보는 능력과 커리어를 갖춘 수많은 사람을 합쳐 한 명의 멘토로 만들었다. 다시 말해 여러 사람들의 좋은 부분만 모아 내게 영감을 주는 롤 모델 아바타로 삼았다.

내게 최고의 가이드 역할을 해줄 사람을 찾기 위해선 내가 가고자 하는 방향부터 파악해야 했다. 나는 커리어를 쌓으며 배우고 싶고 성취하고 싶은 것들로 가득 채운 내 꿈의 이력서를 작성했다. 내 커리어를 돌아보며 타이틀에 치중하기보다 학습에 중점을 둘 때 막대한 영향력을 발휘할 기회를 알아볼 수 있다는 것을 깨달았다.

나는 하찮은 삶을 사는 것을 가장 두려워한다. 하지만 그 덕분에 필연적인 실수와 창피함, 나와 비슷한 길을 가지 않는 사람들의 평가에도 개의치 않고 특별한 사람이 되기 위해 겪어야 하는 위험을 감수할 수 있었다.

또한 나는 내게 주어진 한정된 시간에 해내고 싶은 일은 물론, 그 일을 해야 하는 이유, 함께하고 싶은 사람을 분명히 정하는 것을 중요하게 생각했다. 따라서 내 꿈의 이력서를 작성하는 첫 단계는 나와 같은 큰 목표를 지닌 사람들 중 나보다 5년 또는 10년 정도 앞서 있는 사람을 찾는 것이었다. 창립자가 되고 싶었던 나는 내가 모방하고 싶은 리더십 자질을 지닌 사람들을 찾고 그들의 여정과 터닝 포인트, 모범 사례를 적극적으로 연구했다. 또한 세계적으로 무대를 누비며 연설을 하고 싶었기에 내가 생각하는 이상적인 청중들을 상대로 연사로서 활동하는 사람들을 찾았다. 그리고 그들이 세계적인 무대까지 올라갈 수 있었던 과정을 조사하며 내가 배울 수 있는 것은 모두 배우려고 했다. 그뿐만 아니라 나는 기업인들이 충만하고 의미 있는 삶을 살도록 힘을 실어주고 교육하는 데도 매진하고 싶었기에 사회의 이익에 기여한 리더들이 세상에 목소리를 내는 방식을 연구했다. 이들 중 나와 대화를 나누겠다고 의사를 밝힌 사람들과는 인터뷰를 했다. 만나거나 대화를 나누지 못하는 사람들에 대해서는 내 나름대로 조사했다.

적합한 멘토를 찾는 일은 지금도 진행 중이다. 내가 조사를 하며 확실히 배운 점은 영향력을 지속적으로 발휘하는 사람들 중 하룻밤 새 성공을 이룬 사람은 아무도 없다는 것이다. 다시 말해 모든 것이 불분명한 초기 시절부터 내가 지속적으로 실천할 수 있는 한 가지 전략을 세워야 한다는 뜻이었다. 하지만 찾고 정리하는 모든 과정을 혼자 한다고 생각하면 굉장히 외로운 여정이 될 것 같았다. 나는 다른 사람들이 걸어온 성공 경로를 가능한 한 많이 찾고 그들이 현재 위치에 오르기까지 어떤 과정을 거쳤는지 역으로 되짚어 분석했다. 그리고 내가 존경할 만한 사고 리더를 발견하면 그들의 처음 시작이 어디부터였는지, 그들의 네트워크에 누가 있었고, 어떤 콘퍼런스에 참석했는지를 살피고 그 경로를 모방할 수 있는 방법을 생각했다.

미래를 만드는 능력은 내 안에 있다

나는 처음부터 내 일을 수습직에 가깝다고 여기며 매일같이 가능한 많은 것을 배우려고 했다. 즉 내 일상에 멘토십은 이미 내재돼 있었다. 내 경험을 나와 비슷한 주변 사람들과 나누기 시작한 후부터 내 역량을 제대로 발휘하고 있다는 생각이 들었다. 내가 콘퍼런스 무대에 서는 것을 즐기고 열정적인 사람들을 코칭하고 힘을 북돋워주는 것을 좋아하는 이유도 같은 맥락이다. 나는 내가 배운 것들을 지금 내가 할 수 있는 최대로 다른 사람들에게 전해주는 데 보람을 느꼈다. 그 과정에서 내가 누군가를 가르치거나 멘토가 돼줄 때 이전과는 완전히 다른 차원의 학습을 얻는다는 것도 깨달았다.

탁월한 인재가 아니지만 리더가 된 사람들을 전 세계 곳곳에서 봤다. 그들은 굉장한 자신감으로 일단 나서서 손부터 들었다. 만약 당신이 리더처럼 보이고 싶다면 초점을 기여에서 영향력으로 옮겨야 한다. 슈밋도 진정한 리더와 관리자의 가장 큰 차이에 대해 자주 말하곤 했다. 그에 따르면 리더는 영감을 주고 관리자는 사람들에게 무엇을 해야 하는지 알려준다고 한다. 아주 단순했다. 당신에게도 언젠가 스포트라이트 안에 서야 할 때가 찾아올 것이다. 그때 무대 위에서 대담하게 자리를 요구하는 것은 온전히 당신의 몫이다.

나는 미국에서 가장 일하고 싶은 직장으로 선정된 기업에서 12년간 내가 꿈꾸던 일을 했다. 2018년 9월 1일에 구글을 퇴사해 이후부터는 혼자 새롭게 일을 시작했다. 언뜻 보기엔 말도 안 되는 결정이었다. 나 또한 아직도 한 번씩 내 선택이 과연 옳았는지 자문하곤 한다. 구글은 10년 넘게 내 집이자 가족이자 정체성이자 안전지대였다. 하지만 나는 지금 사회생활을 시작한 후 처음으로 회사로부터 돈을 받고 다른 사람의 꿈을 이뤄주는 게 아니라 내 꿈을 만들어나가고 있다.

구글에서 나는 내 자신을 처음부터 다시 만들어갔다. 낯선 나라에서 새로운 언어로 말하고, 새로운 문화를 배우고, 새로운 네트워크를 형성했다. 위험을 감수하는 과정에서 두려움에 사로잡힐 수도 있었다. 압도당할 것 같은 상황에서도 나를 붙잡아준 것은 실리콘밸리에서 일하며 배웠던 성공의 원칙들과 내 북극성을 찾을 수 있도록 도와준 멘토들이었다. 나는 다른 사람들이 이 세상에 유익한 것을 창출하도록 영감을 주는 데 내 삶과 커리어가 기여하길 바란다. 나 역시 내 가치와 열정의 목표를 알기에 혼란스럽고 두렵고 힘든 기업인의 길을 잘 헤쳐나갈 수 있었다.

나는 남들보다 더 열심히 일하기보다 남들에게 따뜻함을 더욱 전하던 예전으로 되돌아갔다. 내가 맡은 프로젝트나 문제, 도전을 넘어선 의미를 내 일에 부여하고 그 의미를 타인에게도 전하고 있다. 내가 얼마나 오래 일하는지 또는 최종 결과가 무엇인지보다 내 업무의 질과 의미를 더욱 중요시하게 됐다. 또한 내 고객들이 진정으로 해결하고 창출하고 기여하고 싶은 것을 깊이 들여다보며 그 본질에 곧장 파고들었다. 다른 사람의 여정에 멘토 역할을 하면서 나 스스로도 깊이 성장했다.

나는 미래를 만드는 능력이 사실 내 안에 있었음을 깨닫게 됐다. 성장하며 마주하는 압박감에 대처하고, 힘든 일을 맡아 내 권한을 키워가고, 알맞은 안내자를 찾고 따를 때 뿐만 아니라 나 스스로 누군가의 안내자가 되어주는 경험을 한 후에 비로소 깨달음을 얻을 수 있었다.

더 이상 테이블에 앉을 자격을 얻기 위해 내가 아닌 다른 사람의 이름이 필요하다는 생각이 들지 않는다. 사실 여기까지 오기 위해 길고도 고통스러운 터닝 포인트를 경험했다. 그 과정에서 얻은 도구는 나란 사람을 다시 만들어나가는 데 필요했던 것이 아니었다. 그저 내 안에 숨어 있던 본질을 드러내는 데 필요했던 도구였다.

마침내 나는 충분한 사람이라는 것을 깨달았다.

현실에 대한 만족감 때문에 삶이 당신에게 제공하고자 하는 모험을 하지 못했던 적이 있는가? 의심의 순간에도 꾸준히 나아가며 지금껏 이만큼 왔다고 스스로에게 일깨워줄 수 있는가? 오늘 하루 자신에게 있는 힘을 깨닫고 두려움 없이 살아가려면 어떻게 해야 할까? 당신은 어떤 무대에 오르고 싶고 또 어떤 무대에서 유명해지고 싶은가? 당신을 얽매고 있는 무엇이든 놓아줄 준비가 돼 있는가? 오늘 당신이 가고 싶고, 되고 싶은 위치로 대담한 한 걸음을 내딛기 위해 어떠한 멘토 아바타를 만들고 어떤 점을 모방할 수 있겠는가?

- **인지하라:** 당신의 일상 습관 속에 엔트로피가 발생했는가? 새로운 도전을 감행하는 것으로 당신의 일에 더 많은 즐거움을 부여할 수 있는가? 다른 사람들에게 귀감이 되는 삶을 살고 있는가? 당신의 다음 단계에 영감을 주는 멘토가 있는가? 당신만의 꿈의 이력서를 신중하게 써 내려가본 적이 있는가?
- **당신의 것으로 만들어라:** 당신이 더욱 발전하기 위해 어떠한 성장 프로젝트를 진행할 수 있는가? 당신의 성장을 뒷받침해주고 당신이 원하는 방향으로 이끌어줄 사람들과 함께하고 있는가?
- **실행하라:** 이번 주, 당신이 바라는 이상적인 커리어에 가까워지는 데 도움이 될 무언가를 요청하라.

제 9 장

내가 가진 힘으로
최고의 속도를
만드는 법

실패는 목표를 이루는 과정에서 필수적인 부분이다.
백만 번의 단계를 건너뛸 수 없으니
가능한 한 빨리 해치우는 것이 낫다.

BET ON YOURSELF

회복력은 한 번 익히면 영원히 내 것이 되는 능력이 아니다. 꾸준히 쓰고 단련해야 강도가 유지되는 근육에 가깝다. 기업인으로 전향해 내 사업체를 설립하는 과정은 내 커리어에서 가장 극단적인 고강도 운동을 매일 하는 것과 비슷한 느낌이었다. 머리로 이해하는 것과 실제로 행하는 것의 차이를 비로소 이해한 시간이었다.

내 진짜 가치는 내 안에 자리한 자신감을 쌓는 과정에서 발견할 수 있다. 이 가치는 내가 가진 타이틀이나 기업, 외부의 지원에 영향을 받지 않는다는 것을 깨달았다. 지금도 매일같이 내 가치를 발견하기 위해 노력하지만 내 나름대로 가치를 끌어내는 세 가지 중요한 전략을 찾았다.

당신도 충분히 당신의 가치를 끌어낼 수 있을 것이다.

- 전략 1. 내 안의 능력을 찾아 문을 두드려라
- 전략 2. 당신의 북극성부터 먼저 찾아라
- 전략 3. 때론 전력 질주, 때론 마라톤 하듯 달린다

최고의 멘토들로부터 가르침을 받았음에도 기업인이 되는 과정은 고난과 흥분을 동등하게 경험하는 일임을 비로소 깨달았다. 나도 예상하지 못했던 기회들로 시작된 일이었다.

•

전략 1.
내 안의 능력을 찾아 문을 두드려라

동료들에게 12년간 몸담아온 구글을 퇴사할 생각이라는 것을 밝혔을 때 예전이라면 내가 감히 넘볼 수도 없는 기회를 몇몇 사람이 제안해줘서 무척이나 뿌듯했다.

지난 10년간 슈밋과 함께하며 나는 종종 그의 벤처 캐피털 회사인 이노베이션 인데버스 관련 업무를 처리했다. 이 기업은 투자를 가치 중심적으로 접근하는 특별한 방법을 택했다. 이러한 접근 방식에 관심을 갖는 기업인 중 나와 정말 잘 통하는 사람들이 많았다. 이노베이션 인데버스의 CEO인 드로 버먼Dror Berman은 한 번씩 CEO 고객들을 내게 소개

해줬다. 그러면서 그들이 마주한 성장 과제를 해결하도록 도와달라고 부탁했다.

지난 몇 년간, 이노베이션 인데버스의 고객인 젊은 스타트업 CEO들을 만나 기업의 운영 및 절차상 문제에 대해 조언해주며 만족감을 느꼈다. 그 과정에서 자연스럽게 내가 경험한 모범 사례와 베이조스, 메이어, 슈밋에게서 배웠던 교훈들을 공유하게 됐다. CEO들과 커피를 마시며 대화를 나누는 시간은 흥미로운 시간이었다. 의사 결정의 초기 과정에 그들을 도울 수 있다는 사실이 내게는 좋은 자극이 됐다.

당시는 회사에 다니고 있을 때라 내가 쓸 수 있는 시간이 제한적이었다. 언제 시간을 낼 수 있는지도 예측할 수 없어 CEO들과 체계적으로 소통하기는 어려웠다. 또한 비즈니스 멘토링에 대한 정식 트레이닝 방법론도 없었기에 어디서 어떻게 시작해야 하는지도 판단할 수 없었다. 멘토링을 막 시작했던 초반에 내가 그들에게 실질적으로 도움이 됐는지는 모르겠다. 하지만 나는 분명 그 과정에서 무척이나 많은 것을 배울 수 있었다.

구글에서 퇴사하기로 최종 결정을 내리자 젊은 스타트업 CEO들 중 몇몇이 내게 정식으로 멘토십을 제안해왔다. 유럽에서 자기 탐구의 시간을 보내는 와중에 몇 가지 프로젝트에 참여해 실리콘밸리와의 인연을 이어가는 것도 좋겠다는 생각이 들었다. 당시 나는 실리콘밸리의 정반대편에 있는 스페인에서 나란 사람을 처음부터 다시 만들어갈 계획이었다. 결국 나는 최고 경영진 최적화 프로그램, 리더십 전략, 역공학적으로 접근한 문샷 목표 설정을 전문으로 하는 내 회사를 시작하게 됐다.

지난 몇 년간 진화를 거듭했지만 내 회사는 구글에 있는 동안 내가 만들 어놓은지도 몰랐던 기회 덕분에 탄생했다.

한 번도 해보지 않은 일을 하며 스스로를 검증하라

처음에는 내가 아는 고객들을 대상으로 소소하게 사업을 시작했다. 내 첫 번째 고객은 오랫동안 알고 지낸 CEO였다. 똑똑하고 진정성 있 으며 미션을 중요시하는 CEO이자 내가 편안히 일할 수 있는 유형의 리 더였다. 그의 기업은 애그테크 스타트업으로 전통적인 영농법에 비해 99퍼센트나 적은 부지와 95퍼센트나 적은 물로 작물 재배가 가능한 실 내 농장을 지어 무농약, 비 유전자 변형 작품을 키우고 있었다. 그에 따 르면 식물과 사람, 지구에도 더욱 이로운 농사법이라고 했다. 그는 기존 의 영농법으로 키운 작물보다 훨씬 풍부한 영양소를 함유한 신선한 농 산물을 시장에 제공하기 위해 매진했다. 이들의 미션이 무척이나 와닿 았기에 나는 그의 기업이 충분히 내 시간을 투자할 만한 기업이라 판단 했다.

나는 가장 먼저 그와 함께 미국 내 여러 지역에 흩어져 있는 팀과 경 영진이 좀 더 조직적으로 일할 수 있도록 도왔다. 빠른 속도로 성장하고 있는 기업인 만큼 적절한 시스템이 필요했다. 즐거운 도전이었고, 스스 로 이 영역에서는 충분한 전문성을 갖췄다는 자신이 있었다.

이후 그는 중동 지역에서 진행하는 프로젝트를 도와달라고 부탁해왔 다. 당시 두바이는 아랍에미리트에 기업을 유치해 중동의 실리콘밸리 를 만들 계획하에 스타트업 기업에 대한 장려책을 지원하고 있었다. 그의 기업도 두바이의 장려제도에 관심을 가지고 있었기에 내게 두바이로 가서 협상을 진행시킬 수 있을지 물었다.

아랍에미리트는 이웃 국가들에 의존해 국민들의 수요를 충족시킬 수 없던 관계로 식량이 국가 안보와 직결된 문제였다. 따라서 무엇보다 농업 발전을 이루는 것이 중요했다. 국가 간의 평화로운 시기가 보장된 것이 아닌 만큼 모두를 만족시키기 위해서는 실내 농업과 같은 해결책이 필요했다. 나는 전기료를 두고 정부 관리들과 협상을 해본 적이 없었다. 하지만 두바이 미래 재단Dubai Future Foundation의 최고 운영 책임자를 알고 있었기에 도움을 받을 수 있을 것이라 생각했다. 그는 아랍에미리트 국무총리실에서 미래, 예측, 혁신 분야의 전 고문으로 활약하고 있었다. 나는 한 번도 해본 적 없는 일에 도전하기 위해 비행기에 오르며 두려움과 흥분을 동시에 느꼈다.

두바이에 가기 전 구글에서 오랜 시간 나와 함께 일했던 여동생과 대화를 나눴다. 동생에게 지방 정부와 전기료를 협상하러 간다고 설명했다. 내 고객사의 입장에서는 전기료가 사업 확장의 수익성을 판단하는 데 핵심적인 역할을 했다. 동생은 내게 물었다.

"협상을 한다고? 어떻게 하는지 알아?"

나는 단호하게 대답했다.

"아니. 어떻게 해야 하는지 전혀 몰라. 그래도 하다 보면 감이 잡힐 것 같아!"

나는 달리 도리가 없었다. 두바이로 향하는 여정은 긴장감 속에서 시작됐다. 애그테크, 즉 농업 기술에 대한 용어가 너무 낯설었던 터라 협상을 어떻게 이끌어야 할지 걱정이었다. 하지만 스페인에서 두바이까지 가는 동안 무엇을 주제로 이야기를 해야 하는지 전부 외웠다. 하지만 안타깝게도 이보다 더 큰 문제가 나를 기다리고 있었다.

나는 비행기 안에서 내 인생 최악의 독감에 걸리고 말았다. 머리가 깨질 것 같은 두통과 기침, 열에 시달렸다. 두바이에 도착하자마자 공항 약국에서 살 수 있는 약을 전부 사고는 택시를 타자마자 쓰러졌다. 페어몬트 두바이 호텔에 도착한 내 몰골은 누가 봐도 병색이 완연했다. 호텔 측에서는 체크인 과정을 생략하고 곧장 나를 객실로 안내했다.

다음 날 아침, 침대에서 일어나 샤워를 하러 갈 수 없는 몸 상태였지만 굉장히 상대하기 어려운 정부 관리들 앞에서 최고의 기량을 보이겠다고 굳게 다짐했다.

회의실에는 차를 내오는 직원 이외에 여자는 나뿐이었다. 나는 짧게만 말한다면 기침을 참고 대답할 수 있었다. 기침을 가라앉히기 위해 뜨거운 물과 레몬, 꿀을 넣은 차를 내가 계속 리필하는 바람에 차를 준비하는 직원이 바쁘게 움직였다. 회의는 기적처럼 끝났고, 이후 6개월간 수없이 많은 대화가 이어졌다.

결과적으로 두바이 프로젝트는 성사되지 않았다. 과거의 나라면 회의에서 발표할 다른 누군가를 위해 브리핑을 작성하는 역할에 그쳤을 것이다. 두바이 프로젝트는 내가 중대한 회의를 운영할 능력이 있다는 것을 내 스스로에게 증명하는 기회가 됐다. 나는 자신감이 커졌고, 내가 어떤 일을 할 수 있는지에 대한 새로운 관점이 생겨났다.

두바이에 있는 동안 독감 증상이 날로 심해졌지만 아직 집으로 돌아갈 수가 없었다. 여행 앱 스타트업 CEO인 새 고객을 위해 런던에서 열리는 론칭 이벤트에 연사로 참여하기로 예정돼 있었기 때문이다. 지인의 소개로 연이 닿은 고객과 이상적인 파트너십을 나눌 수 있을 것 같았다. 여성 창립자와 일하게 돼 무척이나 기뻤고, 더구나 이 회사의 목표 고객은 기업 임원진 여행자였다. 회사가 비즈니스를 시작하는 과정에서 내가 쉽게 도움을 줄 수 있을 거라고 생각했다. 하지만 안타깝게도 그녀에게 내 최고의 기량을 보여주지 못했다.

나는 그녀의 론칭 행사 자리에 어울리는 연설을 선보이지 못한 것보다 내 회사를 시작했다는 데 너무 큰 부담을 느꼈다. 평소만큼 일관되고, 적극적인 태도로 그녀를 돕지 못해 아쉬웠다. 나는 혼란스러웠고 정신이 없었으며 모든 것이 비효율적이었다. 내가 훨씬 잘할 수 있다는 것을 알기에 처참한 심정이었다. 회계, 계약, 브리핑, 여행 계획, 연설문 작성 등 모든 것을 책임져야 하는 새로운 역할과 환경에서 내 능력을 어떻게 발휘해야 할지 방법을 찾느라 헤맸다. 비단 내 고객뿐만 아니라 내 자신의 기대에 미치지 못하는 모습을 보였다.

나의 가치는 타인이 흔들 수 없다

얼마 뒤 나는 또 한 번 실패의 순간을 경험하고 나서야 내게 재충전의 시간이 필요하다는 것을 깨달았다. 나는 과거 구글에서와 같은 페이스로 일했지만 문제는 내가 무엇을 보여줘야 하고 누구를 위해 이 일을 하며 각 기회에서 무엇을 배우고 싶은지에 대한 명확한 나침반이 없었다.

안타깝게도 초기 고객 중 한 명이 자멸하는 모습을 지켜보며 뼈아픈 교훈을 얻었다. 내가 컨설팅을 했던 스타트업 창립자 두 명은 성공에 대한 만반의 준비를 갖춘 사람들이었다. 두 창립자 모두 대단한 잠재력과 상당히 유망해 보이는 큰 아이디어를 갖고 있었다. 하지만 우리는 시작부터 비즈니스 플랜을 두고 큰 견해 차이를 보였다.

그들은 투자 유치 목표가 상당히 공격적이었다. 자금 조달 대상과 규모에 대해 우리 셋 사이에 다른 의견이 오갔다. 더구나 그들은 불명확한 비즈니스 모델과 빈약한 제품 콘셉트를 가지고 경쟁이 상당히 치열한 시장에 진입하려 하고 있었다.

나는 마땅한 수요를 찾아 최고가의 상품으로 시장을 개척하고 높은 몸값의 뛰어난 인력을 구하는 데 집중하는 쪽으로 두 사람을 밀어붙였다. 그들은 성공에 필요한 개발 인력을 고용하기 위해서는 하루빨리 투자자를 찾아야 한다고 강조했다. 창립자 한 명은 CEO 역할을 맡아 자본 조달에 매진했고 다른 한 명은 최고 기술 책임자가 돼 제품의 기술과 특허 개발에 집중했다. 투자금 유치에 탁월한 재능을 보인 CEO는 유명인들과 만나고 시드머니를 최대한 키우는 데 집중했다. 그들은 최고의 인재를 고용했고 이미 포화 상태가 된 인공지능 스타트업 시장에서 경쟁할 준비가 된 듯 보였다. 최고 기술 책임자는 본래 제품의 기술적인 부분과 특허권 신청에만 집중하기로 했었지만 항상 CEO와 함께 비행기에 올라 부유한 잠재 투자자들을 만나러 다녔다.

문제는 실제로 기업을 운영하는 사람이 아무도 없었다는 것이다. 사람을 관리하고, 운영 절차를 마련하고, 그날그날 결재를 하고, 성장 전략을 개발하는 등의 지루한 기본 업무를 누구도 하고 싶어 하지 않았다.

한마디로 기업에 리더가 없었다. 두 사람의 직함은 리더였지만, 그 역할에서 실제로 해야 하는 업무가 그들의 열정과 일치하지 않거나 그들이 시간을 쓰고 싶은 일과 달랐다.

무엇보다 상품이 단 하나도 준비되지 않은 상태였다. 그보다 자신들이 세상의 어떤 문제를 해결하고 싶은지에 대한 아이디어를 정확히 정립하지도 않았다. 심지어 고객층이 누구일지도 생각해보지 않고 있었다. 하지만 그들은 굉장한 투자금을 유치했다. 나는 우려 섞인 조언을 몇 번이나 전했지만 그들은 내 말을 무시하고, 평가절하했다. 심지어 가스라이팅까지 했다. 이후 나는 기업이 무너져 그동안 힘들게 쌓아온 자산을 잃고 재능 있는 인재가 떠나가는 모습을 지켜봤다. 자아가 눈을 가려 자신들의 강점을 발휘하지 못하고 있다는 사실을 깨닫지 못한 결과였다.

나는 가족과 동료들의 인정을 받을 수 있을 거라는 생각에 자신이 감당하지 못할 지위나 타이틀을 좇으며 아무런 즐거움도 느끼지 못하는 사람들을 너무 많이 봤다. 그들은 재밌고, 영향력 있고, 겉보기에 멋져 보이는 직무 기술서에 사로잡혀 본인이 매일같이 하고 싶은 일이 무엇인지 잊고 만다. 보통 이러한 자기 파괴의 희생자들은 굉장히 똑똑하고 열심히 일하는 유형일 때가 많다. 그들은 타이틀과 함께 따라오는 존경을 좇은 것에 불과하다. 하지만 그 타이틀에 동반되는 책무가 자신들이 진정으로 열정을 갖고 기여할 수 있는 일과 일치하지 않는 만큼 금세 지치고 만다.

컨설팅 일을 시작하고서 몇 년이나 지난 지금 다시 생각해보면 두 창립자들은 제멋대로 날뛰는 자아로 고통을 받았던 것이라 생각된다. 하지만 나 역시 정반대의 잘못을 저질렀다. 내가 끼칠 수 있는 영향력을 두려움 때문에 가두고 만 것이다. 기업의 방법론에 의심을 품었을 때 주도적으로 나서는 대신 두 사람의 회의적인 태도에 입을 닫고 말았다. 내가 용인할 수 있는 한계를 직접 정하고 밝히기보다 두 사람의 전화를 피하고 그들의 프로젝트에서 점점 손을 떼기 시작했다. 돌이켜보면 평소와는 다르게 문제 앞에서 수동적인 반응을 보이고 말았다. 내 뒤를 지켜주는 구글의 명성과 도구 없이 강한 영향력을 발휘할 수 있을지에 대한 내 안의 두려움 때문이었다.

두려움에 굴복하고 만 나는 내가 뭘 하고 있는지도 제대로 판단하지 못했다. 더불어 내 직감에 대한 믿음을 타인이 흔들게 내버려두었다. 실질적이고도 특별한 가치를 어떻게 더할 수 있을지는 생각지 않고 내 가치를 의심했다. 기업인으로서 성장하기 위해선 조치가 필요한 상황이었다.

•

전략 2.
당신의 북극성부터 먼저 찾아라

나는 두 창립자와의 경험을 계기로 깊은 생각에 빠졌다. 한 걸음 물러나 나 자신을 날카롭게 관찰하고 내 커리어를 관리해나갈 방법을 고민했다. 그동안 내 비즈니스는 순식간에 성장해버렸다. 나는 늘어나는 업무량에 맞춰 빠르게 대처하는 시스템을 확립하지 못했다. 어쩌다 보니 나는 너무 많은 고객을 상대하고 있었고, 그 덕분에 너무 많은 시간을 빼앗기고 있었다. 결국 내가 기존에 갖고 있는 기준에 따라 일을 처리할 수 없는 지경에 이르렀다.

현재 내 상황을 점검한 결과 더욱 확고한 기반을 세워 새롭게 시작해야 한다는 사실을 깨달았다. 나는 업무량을 효율적으로 관리하고 성장 속도에 따라 확장되는 경영 시스템을 만들지 못했다는 아이러니한 현실에 충격을 받았다. 다른 누군가에게 진정으로 도움을 주고 싶다면 우선 내 비즈니스를 운영하는 방법부터 도움을 받아야 했다.

우선 나는 생각하는 시간을 갖기로 했다. 나만의 전략 세션을 마련해 비즈니스 플랜을 정리하고, 내가 이루고 싶은 것에 대한 미션을 정립하는 과정을 거쳤다. 결국 컨설팅은 내가 제공하고 싶은 일의 지극히 작은 일부였음을 깨달았다. 이후에는 아마존과 구글에서도 수없이 반복했던 일을 행했다. 바로 내 개인의 발전을 위한 로드맵을 작성하는 것이었다. 대기업이라는 안전지대 내에서 나 스스로 로드맵을 작성하는 훈련을 하지 않았다면 난생처음 혼자서 헤쳐나가야 하는 상황에서 나 자신을 위한 로드맵을 작성할 엄두도 내지 못했을 것이다.

방향을 알 때 걸음은 더욱 대담해진다

나뿐만 아니라 다른 사람들에게도 로드맵 수립을 독려하기 전에 먼저 앞으로의 커리어에서 내가 원하는 것과 원하지 않는 것을 구체화해야 했다. 내가 원치 않는 것은 수많은 상사를 두고 내 에너지를 앗아가는 수많은 프로젝트에 시달리는 것과 내가 우선시하는 일과 가치를 조금도 반영하지 않는 스케줄로 가득 찬 일정표였다. 반면 나는 가치를 만들고 싶었고 그러기 위해선 내가 누구를 돕고 싶고 어떤 것을 제공할 수 있는지 판단해야 했다.

내가 비즈니스의 방향을 잃어버린 것은 나를 찾아온 고객들의 일을 전부 맡아야 한다고 생각한 탓이었다. 내게 의뢰한 프로젝트를 가리지 않고 하기보다 내가 이름을 올리고 싶고 내 시간을 들이고 싶은 일을 주도적으로 선별할 수 있고 또 그래야만 한다는 사실을 깨달았다. 나는 잠재 고객과 첫 미팅을 갖기 전 고객이 원하는 가치와 결과물, 기대치가 일치하는지를 확인하기 위해 약간의 테스트를 거치기로 했다. 그런 다음 본 계약에 앞서 우선 3개월의 임시 계약을 맺어 서로가 잘 맞는지를 확인하는 시간을 가지면 됐다.

나는 고객과 같은 열정, 같은 목표를 공유할 수 있는 프로젝트를 수행하고 싶었다. 내 나름대로 결론을 내린 후 내 개인의 가치와 비슷한 성격의 일과 가치를 가진 사람들의 프로젝트만 수용하기 시작했다. 또 나는 기업이 속한 지역 사회에 이바지하거나, 소수에 속한 기업인들에게 성장 기회를 제공하거나, 업계를 변혁시킬 잠재성이 있는 기업과 함께하고 싶었다. 학습을 간절히 바라고, 타인의 이야기에 귀 기울일 정도로 겸손하며, 계산된 위험을 감수할 줄 아는 기업인들하고만 일하기로 결심했다. 무엇보다 직원들을 아끼고 미션을 중요하게 여기는 사람들인지를 눈여겨봤다.

나는 어떤 고객들에게 도움을 주고 싶고, 그 이유가 무엇이며, 어떻게 할 것인지에 대한 답을 바탕으로 앞으로 비즈니스를 결정할 때 가이드가 돼줄 내 정북true north(방향을 알려주는 기준으로 개인 및 기업의 사명 또는 원칙을 의미한다―옮긴이)이자 한 가지 미션을 정립했다. 내 미션은 "이 세상에서 우리가 바라는 훌륭한 것을 만들어가기 위해 실천 가능한 교육과 멘토십으로 전 세계 소수의 기업인들을 탄생시키고 이들에게 힘을 실어주겠다."는 것이다. 내 미션을 기준으로 삼자 어떤 고객과 일하고 어떤 프로젝트를 맡을지, 어디에 내 시간과 자원을 쏟을지 결정하는 것이 쉬워졌다.

일단 결정을 하고 나자 주도적으로 프로젝트를 수행할 수 있게 됐다. 이제는 내가 힘을 실어줄 수 있는 소수의 목소리를 적극적으로 찾고 싶고, 내 안전지대에서 벗어나 영향력의 반경을 넓혀야 한다는 점을 잘 알고 있다. 그래서 경제적 이득보다도 내 개인의 가치와 부합하는 프로젝트만 진행한다. 더불어 전 세계에서 접근 가능한 능동적인 교육을 제공하는 데 내 시간과 자원을 투자한다. 이것이 나만의 북극성이 됐다. 그 이후의 여정은 그 어느 때보다 쉽고 가벼워졌다.

나는 모든 것을 정리하고 새롭게 시작했다. 애그테크 기업만 남기고 다른 고객들과는 관계를 정리하고 향후 서로 공조할 기회는 열어두었다. 내 미션이 뚜렷해지자 내 영향력 또한 뚜렷해졌다.

과거에는 주변 사람들보다 그저 열심히 일하는 것에만 의지했다. 더는 과거의 방식이 내게 도움이 안 된다는 것을 깨달았다. 대신 나는 사람들에게 따뜻함을 더욱더 전하기로 결심했다. 막연한 생각이지만 내 태도에 굉장한 터닝 포인트로 작용했다. 내가 맡은 프로젝트나 문제, 도전 그 이상으로 내 일과 고객에게 무언가를 전해주는 것도 가능해졌다. 이제는 내가 들이는 시간이나 최종 결과보다 내 업무의 질과 의미를 더욱 중요시하고 있다. 또한 내 고객들이 진정으로 해결하고 창출하고 기여하고 싶은 것을 깊이 들여다보고 그 본질에 곧장 파고들기 위해 창의적으로 접근하게 됐다.

망설임은 성공의 속도만 늦춘다

구글에 몸담고 있을 당시, 나는 1인 기업인의 진정한 의미를 경험할 수 있었던 획기적인 프로젝트에 참여했다. 2018년 3월, SXSW 콘퍼런스 무대에 연사로 오른 후 내 연설과 관련해 좋은 내용을 공유한 한 트윗을 발견했다. 나는 댓글을 남기고 계정의 주인인 크리스와 대화를 나눴다. 영국에 있는 그는 내가 발표한 주제와 관련해 굉장히 통찰력 있는 아이디어를 갖고 있었다.

나는 콘퍼런스를 마치고 얼마 뒤 구글 런던 지사에서 근무할 예정이었다. 런던에서 크리스를 만나 커피를 한잔하며 대화를 이어가기로 약속을 잡았다. 당시에는 그 약속이 6개월 후 내 인생 처음으로 이사회에 진출하는 기회로 이어질 거라고는 꿈에도 생각 못 했다. 연쇄 창업가인 그는 어떤 주제로 대화를 나눠도 진정성과 비전, 타고난 멘토 역량이 드러나는 사람이었다. 그는 영국 브리스톨의 고객 관계 관리CRM 에이전시의 이사장 이외에도 여러 역할을 맡고 있었다.

기업의 비상임 이사를 찾고 있던 그는 장기적 성장 목표를 이루는 데 도움을 줄 수 있는 다양한 관점과 테크놀로지 업계에 경력이 있는 사람을 원했다. 그와 더불어 CEO인 제임스와 최고 재무 책임자 재시는 얼마 전 경영자 매수 방식으로 기업을 인수했고, 새로운 디지털 마케팅 시대에 경쟁력을 확보하기 위해 기업을 대대적으로 혁신하고 싶었다. 크리스가 내게 이사회에 참여할 의사가 있는지 물었을 때 웃음을 터뜨렸던 것 같다. 나는 CRM에 대해서 전혀 몰랐기 때문이다. 더욱이 그가 제시한 위치에서 내가 조직에 기여할 만한 능력을 갖추고 있지 않다는 생각뿐이었다.

마케팅 분야에 대한 전문 지식도 없고 업계에 탄탄한 인맥도 없는 실리콘밸리 출신의 미국 여성을 이사회에 들이는 것은 말도 안 되는 일일 것이다. 하지만 크리스는 나처럼 아무 관련이 없는 아웃사이더야말로 새로운 관점으로 판을 흔들 수 있을 거라고 믿고 있었다. 결과적으로는 아무것도 모르는 초보자를 합류시킬 때 이점이 있다는 크리스의 생각이 옳았다. 크리스 덕분에 나도 초보자의 낯선 시각과 아이디어가 유익하게 작용할 수 있다는 비즈니스 교훈을 새삼 다시 깨달았다.

나는 미팅이 어떻게 흘러갈지 모르는 상태에서 브리스톨로 이동해 크리스의 비즈니스 파트너들을 만났다. 저녁 식사가 끝날 즈음에는 우리 넷 사이에 무언가 통하는 느낌을 받았다. 그들은 내가 회사에 합류하는 것이 위험을 감수할 만한 가치가 있다고 판단했다. 크리스의 기업에서 이사로 기여했던 일이 구글을 떠난 이후 시작된 삶에서 가장 힘들고도 가장 보람된 일 중 하나였다. 나는 실리콘밸리 기업에서 얻은 지식을 전혀 다른 성격의 업계와 성장 규모, 유럽 시장에 어울리도록 전환해야 했다. 크리스가 제공한 감사한 기회 덕분에 훗날 여러 고객들의 의미 있는 프로젝트를 진행할 수 있었다. 또한 이사회 자리에 오를 수 있었을 뿐 아니라 무엇보다 테크놀로지 업계라는 틀을 넘어서 가치를 기여할 수 있는 내 능력을 신뢰하게 됐다.

이 기업의 이사회원으로 1년을 보낸 뒤 우리는 개인 평가와 팀 평가 시간을 가졌다. 그 시간은 내 자신감을 높이고 더욱 의미 있는 기여를 시작하는 계기가 됐다. 다른 이사회원들이 익명으로 전해준 피드백은 명료했다. "자신 있게 의견을 밝혀라." 나는 내 전문성이 부족하다고 판단한 나머지 내 의견을 제시해 다른 사람들의 시간을 낭비하는 것은 아닌지 너무 걱정하고 있었다. 그런 이유로 누군가 직접적으로 내게 물어보기 전에는 내 의견을 말하거나 제안을 하는 데 불필요하게 망설였다.

나는 중요한 이사회 프로젝트에서 CEO인 제임스의 지명으로 '악마의 변호인'devil's advocate (토론의 활성화를 위해 어떠한 사안 또는 의견에 의도적으로 반대를 표명하며 선의의 비판자를 맡은 사람―옮긴이) 역할을 맡아 누군가 제안한 해결책에 따른 문제점을 예측하고 허점을 찾아야 했다. 놀라운 경험이었다. 내게 할 말이 그렇게 많은 줄 새삼 깨달았다. 그동안 나는 누군가의 허락을 기다리며 망설였던 것이었다.

구글에서 12년간 일하며 나는 깊이 있는 경험이 뒷받침된 전문 지식을 전달하거나 확실한 근거가 있는 제안만 하는 데 익숙해 있었다. 이사회의 자리에서도 말을 하기 전에 나 나름의 확신이 생기기까지 기다렸던 것이었다. 나는 커리어 초기에 경험한 교훈을 잊고 있었다. 나는 외부인이자 초보자로서 그 공간에 초청된 것이므로 의견을 마음껏 전달하고 어려운 질문을 해도 되는 자격을 얻고 있었다. 내가 중요한 이야기가 오가는 곳에 자리를 얻을 수 있었던 이유가 바로 내 위치 때문이었다. 이제는 내 지식의 깊이가 아니라 관점과 경험의 폭이 중요한 역할을 하고 있었다.

회사에서 지내는 시간은 한 달에 하루 정도였다. 따라서 구글에서 발휘한 자신감을 갖는 데 필요한 깊이 있는 지식을 쌓기가 어려웠다. 우리는 방식을 달리해 일주일에 한 시간씩 영상으로 이사회 미팅을 갖기로 했다. 그러자 현재 회사의 쟁점과 장점, 개선이 필요한 부분 등을 이전보다 더 정확하게 파악할 수 있었다. 그 덕분에 나는 전체 이사회의가 열릴 때면 기본적인 지식을 갖춘 채 실질적인 조언을 할 수 있는 입장이 됐다.

나는 격려 어린 진솔한 피드백에 힘입어 각 의사 결정에 고려된 요소들을 파악하기 위해 더 많은 질문을 하기 시작했다. 또한 유사한 상황을 경험한 다른 기업의 사례에서 효과가 있었던 요소들을 바탕으로 더 많은 제안을 하기 시작했다. 그러자 기업에 조금 더 깊이 있게 기여할 수 있게 됐다. 또한 성장 규모나 업계에 관계없이 리더들에게 진짜 가치를 전할 수 있다는 자신감이 쌓였다.

•

전략 3.
때론 전력 질주, 때론 마라톤 하듯 달린다

내 기업의 비즈니스 모델과 이상적인 고객을 명확하게 설정한 후 나를 얽매고 있는 다른 문제들에 에너지를 집중시킬 여유가 생겼다. 내가 경험하고 있던 큰 문제 중 하나는 바로 내가 낯선 나라에서 회사를 운영하고 있다는 것이었다. 생각을 정리하고 브레인스토밍을 하기에 좋은 곳을 찾던 내게 스페인은 기대에 완벽히 부응하는 장소였다. 새로운 일상에서 마주하는 풍경, 소리, 음식 모두 즐거움과 영감을 줬다. 다만 실리콘밸리에서 지내다가 스페인의 작은 해안 마을로 터전을 옮기며 경험하는 극단적인 문화적 차이를 너무 얕잡아 봤다.

스페인은 은행, 음식점, 거리를 걷는 사람들의 속도마저도 모두 느렸다. 사람들의 걸음 속도와 도시의 특허 수 사이에 직접적인 상관관계가 있다는 것을 혹시 아는가? 각 도시는 거주자들의 태도, 성급함, 혁신적 경향을 반영하는 정량적 특징을 갖는다. 그동안 내가 새로운 도시에서 속도감에 대한 변화를 왜 그토록 극단적으로 느꼈는지 이해가 됐다. 휴가지라면 환경의 변화가 매력적으로 다가오겠지만 자기 자신을 새롭게 만들 목적일 때는 기대와 어긋나는 느낌을 받을 수 있다. 하지만 불편함이야말로 내 안의 가장 깊은 욕망을 깨우는 데 필요한 것이었다.

비행기를 타고 바삐 오가며 영향력 있는 사람들을 주기적으로 만나던 바쁜 삶이 그리워졌다. 혼란스럽고 비생산적이라는 기분에서 벗어날 방법을 찾아야 했다. 나는 갑자기 나 이외에는 아무런 자원이 없는 1인 1팀으로 홀로 남겨져 있었다. 그 순간 1인 기업가라는 현실을 뼈저리게 느꼈다. 다시 한번 운전석에 앉아 추월 차선을 내달리고 싶었다.

가장 빠르게 백만 번의 실수를 저질러라

가장 먼저 나는 자신감과 정체성을 되찾아야 했다. 내 예상보다 스페인어를 배우는 것은 훨씬 어려웠다. 어렸을 때 몇 개 국어를 배웠고 유창하게 말할 수 있었기에 그때와 비슷한 학습 곡선을 경험할 것이라 생각했다. 나는 스물한 살 때 스웨덴에서 살면서 6개월 만에 스웨덴어를 유창하게 구사할 수 있었다. 하지만 내 생각과는 달랐다. 어쩌면 나이가 들어서 두뇌 유연성이 떨어진 탓일 수도 있다.

나는 이미 여러 도전을 직면하고 있던 터라 제대로 의사소통을 하지 못하고 사람들과 진정성 있는 관계를 형성하지 못하자 굉장한 좌절감을 느꼈다. 언어를 유창하게 하지 못한다는 사실 때문에 혼란스럽고 외롭고 고립된 느낌을 받을 때가 종종 있었다. 파티에서 대화를 할 때면 느리게 말하는 탓에 상대방이 지루해할까 봐 소심해졌다. 또 대화를 완성하는 데 필요한 네 가지 과거 시제를 제대로 사용하지 못해 망신을 당하는 상황이 생길까 봐 걱정이 앞섰다. 결국 내 이야기를 굳이 먼저 하지 않다 보니 재미없는 사람처럼 보일 것 같아 늘 위축됐다.

얼마 후, 나는 마음을 가다듬었다. 그리고 새로운 언어를 배우기 위한 엄청난 학습량에 겁먹을 것 없다고 스스로를 다독였다. 조금씩 소화시킬 수 있는 단위로 공부를 시작해나간다면 언젠가 배운 것들이 머릿속에 다 정리될 것이라 생각했다. 나는 매일 아침 세 시간 동안 스페인어 수업을 듣기 시작했고, 친구들이 하는 말을 거의 알아듣지 못해도 최대한 대화에 집중하려고 노력했다. 스마트폰을 들여다보고 싶다는 욕망에 휩싸여도 절대로 스마트폰을 만지거나 다른 생각에 빠지지 않고 능동적으로 경청했다.

스페인어를 배우면서 민망한 순간을 여러 차례 겪었다. 언어를 배울 때 내게 가장 도움이 됐던 조언은 언어에 유창해지기까지 100만 번의 실수를 경험해야 하는 만큼 가능한 한 빨리 100만 번의 실수를 저질러 버리는 것이 낫다는 말이다. 언어를 배울 때 실수를 저지르는 단계를 건너뛸 수는 없는 노릇이다. 따라서 당황스러운 실수를 하거나 빠른 속도로 진행되는 대화에 멍해질 때면 유창해지기 위해 감내해야 할 실수의 횟수를 하나 지웠다고 생각하려 했다.

내가 너무 우스운 실수를 저지른 나머지 상대가 내 면전 앞에서 정신없이 웃어댄 적도 있었다. 그중 한 예는 미용실에서 벌어졌다. 나는 보통 화장을 하고 미용실을 방문한다. 하루는 화장을 하지 못해 미용사에게 설명할 때 실수를 했다. '화장'maquillaje을 할 시간이 없었다고 설명하려 했지만 '버터'mantequilla를 바르지 못했다고 말해버린 것이다. 내 원래 의도를 알아차린 그녀는 한참을 웃고 난 뒤에야 진정했다. 그때 얼굴이 달아오를 정도로 부끄러웠다는 사실을 숨기진 않겠다. 멍청한 사람이 된 것 같을 때는 마음을 다치기도 한다. 하지만 그런 순간들이 내 목표에 가까워지는 큰 발걸음 또는 실수라고 여기면 금세 회복할 수 있었다.

내 자신을 위해 세운 큰 목표만큼은 늘 실패가 뒤따른다는 생각으로 접근한다. 실패는 목표를 이루는 과정에서 필수적인 부분이다. 백만 번의 단계를 건너뛸 수 없으니 가능한 한 빨리 해치우는 것이 낫다. 내 커리어 발전에서만큼은 이 규칙이 완벽하게 통했다.

속도를 알아야 완주할 수 있다

2020년 초, 나는 마침내 내 성취 목표에 대한 탄탄한 계획을 세웠다고 생각했다. 고객과의 관계에서도 만족도가 높았고 내가 그간 그리워했던 구글 시절의 그 흐름을 다시 되찾았다. 시험대 위에 오른 것 같은 기분이었지만 압도당하지는 않았다. 나와 일하기 위해 기다리는 기업들도 있었고, 근무 시간을 더 늘리지 않으면서도 컨설팅 업무의 규모를 더욱 확장해 더 많은 사람을 도울 방법을 고민하는 시간도 만들 수 있었다. 연사로 참여해야 할 행사 일정은 1년 치가 모두 잡혀 있었고, 내가 따로 준비하는 행사도 몇 개 있었다. 내가 주최한 행사의 주제는 최고경영진 최적화와 기업의 목표 설정에 관한 것이었다. 나는 참석자로 섭외할 만한 사람들에게 연락을 취하기 시작했다. 그러던 중에 코로나 19 팬데믹이 발생했다.

3월 11일, 네 번째로 참석한 SXSW 콘퍼런스 무대에 연사로 오르기 위해 스페인에서 텍사스주 오스틴으로 향했다. 하지만 막판에 콘퍼런스가 취소됐다. 설상가상 미국에 도착하고 난 뒤 스페인의 팬데믹 상황이 갑자기 안 좋아지면서 스페인으로 돌아가는 항공표가 취소되고 국경마저 폐쇄됐다. 갈 곳이 없는 상황이었다. 나는 시애틀에 있는 가족에게 가서 상황이 진정되기를 기다리기로 했다. 마침 시애틀과 스페인이 전세계에서 코로나 확진자가 많이 나오는 지역으로 꼽혔다. 내게 소중한 사람들의 건강과 안전이 무척이나 걱정됐다. 다행히도 가족과 친구들이 건강히 잘 지낸다는 것을 확인했지만 이제는 내 고객들이 걱정되기 시작했다. 아침이면 5시에 일어나 유럽에 있는 고객들의 안위를 확인한 뒤 오후에는 미국에 있는 고객들에게 연락을 취했다. 내가 고등학교 때 쓰던 방에서 말이다.

고객들 모두 생존을 위해 비즈니스 전략, 기업 정책과 비용, 업무 현장 상황을 조정해야 하는 큰 터닝 포인트를 맞고 있었다. 전 세계가 패닉과 혼란에 빠진 순간이었다. 나는 CEO 고객들이 직원들과 유대하고 함께할 뿐만 아니라 상황에 대응하기 급급한 와중에도 직원들에게는 흔들림 없는 리더로 보일 수 있도록 CEO를 위한 시스템을 만드는 데 도움을 줬다.

내 고객들은 인간적 차원의 유대감이 그들의 팀에 가장 필요하다는 것을 깨달았다. 직원들은 현재 상황이 어렵고 혼란스러우며 당황스럽다고 솔직하게 인정하는 모습을 보고 싶어 했다. 리더가 지나치게 완벽하거나 너무 자신감 넘치는 모습을 보이려고 하면 오히려 역효과가 났다.

리더가 고난을 함께하고 인간적인 모습을 나누자 팀도 결속력이 높아졌다. 기업의 투명성과 명확하고 한결같은 메시지를 전달하는 리더의 능력이 무엇보다 중요해졌다. 기업이 힘든 시기를 버텨나가기 위해 직원들에게 임시 휴직이나 해고라는 조치를 취할 때는 더더욱 그랬다.

상황의 종료 시점을 모르는 상황에서는 팀의 동기를 지속적으로 자극하거나 응집력 있는 생존 전략을 세우는 것이 어렵다. 좋은 결과를 도출하기 위한 계획을 알 수 없는 상황에서도 마찬가지다.

내가 꾸준히 해온 스피닝 수업이 떠올랐다. 스피닝 강사 레베카는 수업을 시작하기 전에 힘든 지점이 어디가 될 것인지 명확하게 알려줬다. 새로운 음악이 시작되면 그녀는 30초간 스탠딩 자세에서 전력 질주를 하고 60초간 휴식을 취하는 루틴을 세 번 반복할 거라고 설명했다. 하루는 레베카가 일주일간 휴가로 자리를 비우며 대체 강사와 운동을 한 적이 있었다. 새로운 강사는 수업 구성 면에서 레베카와 비슷했지만 앞으로의 과정을 설명해주지 않았다. 나는 얼마나 우리 자신을 몰아붙여야 하는지, 언제 휴식을 취할 수 있을지 전혀 모른 채 무작정 전력질주를 하거나 경사를 올라야 했다. 심박 모니터를 확인하니 수업 구성이 거의 유사했음에도 레베카와 운동을 할 때보다 칼로리 소모량이 현저히 낮았다. 단 하나의 차이라면, 앞으로 어떤 일이 벌어지고 어떻게 계획을 세워야 하는지 몰랐다는 것이다. 그 때문에 나도 모르게 에너지를 비축하려 했고 충분히 할 수 있음에도 내 자신을 몰아붙이지 않았다.

팬데믹과 마찬가지로 기업을 세울 때 매일 경험하는 난관들은 앞서 이야기한 스피닝과 매우 유사하다. 모든 것들이 정상으로 돌아올 시기와 가능성을 알 수 없기에 기존의 고성과자들은 자기 보호의 일환으로 소극적으로 임하거나 생산성 마비의 상황에 놓일 때가 많다.

나는 방법을 달리하기로 마음먹었다. 이제는 나와 고객이 거대한 변화를 시도할 때면 측정 가능하고 통제된 전력 질주 구간에 대한 예상치를 미리 알려준다. 우선 밑그림을 그린 뒤 고객이 무엇을 기대해야 하고 지금 상황이 얼마나 지속될 것인지를 이해할 수 있도록 돕는다. 이 과정을 통해 결승선까지 걸리는 시간과 명확한 결과물을 모두가 알 수 있다.

이러한 사고 전환 덕분에 전반적인 생산성이 크게 향상됐다. 위험을 감수하고 어려운 일에 도전하는 의지 또한 높아졌다. 우리가 큰 성장 목표에 어떻게 다가가야 하는지를 항상 정확하게 예측할 수 있다고는 생각지 않는다. 하지만 새로운 환경에서 이번 주 그리고 이번 달에 무엇을 해야 하는지에 대해서만큼은 분명하게 도출해낼 수 있다.

전 세계 사람들이 하나같이 자신의 커리어나 기업이 미래에도 유효할 수 있는 방법을 고민할 것이다. 소극적인 태도가 안전하다는 인식은 잘못된 것이다. 나는 평생을 발전과 학습, 개선을 추구해오면서 건강하지 못한 패턴들을 익혔다. 이제는 그 패턴을 따르고 싶은 욕구를 참아내야 한다는 사실을 깨달았다. 과거에는 더 중요한 곳에서, 더욱 큰 곳에서 내 자리를 얻고 싶다고 갈망했다. 내 이름을 알리고 성장 경험을 제공하는 일이라면 무엇이든 나서서 실행했다. 물론 커리어 초기에는 내 성향 덕분에 좋은 기회를 많이 얻었다. 하지만 언제나 부르면 달려가는 사람이 돼서는 안 된다는 점을 깨우쳐야 한다.

나는 나 자신이 없어서는 안 될 인재가 되기 위해 노력하면서 번아웃을 경험하기도 했다. 또 너무 많은 일에 치이다 보니 내가 원하는 수준의 결과물을 내지 못할 때 좌절감을 느끼기도 했다. 조직 심리학자이자 와튼 스쿨 교수인 애덤 그랜트는 일에 대한 지나친 집착이 초래하는 부정적 결과에 대해 설명했다.

"자신의 일을 사랑할 때 주변 사람들은 당신에게 돈도 지불하지 않고 더 많은 일을 요구한다. 심지어 모욕적인 일이나 당신의 업무와 무관한 일을 위해 수면이나 가족과의 시간을 희생하길 바라는 경향이 커진다."

그랜트는 이를 '열정세'passion tax 라고 정의한다. 나는 지나치게 오랫동안 열정세의 자발적 피해자로 살았지만, 이제는 거절을 시작하려 한다.

그동안 더 많은 커리어를 쌓았다면 이제는 과도한 헌신 증후군에 빠져 의도치 않게 내 자신에게 해를 입히는 행동을 하지 않으려 주의를 기울여야 한다. 나는 내 커리어를 장기적으로 바라보려 노력했다. 그 덕분에 전력 질주하듯 에너지를 쏟아내야 하는 프로젝트를 맡을 것인지, 얼마나 그렇게 할 수 있을지에 대해 전략적으로 접근해야 한다는 사실을 깨달았다. 누구에게나 발전하기 위해 전력 질주를 하는 태도가 필요한 시기도 분명 있다. 하지만 꾸준히 달리는 마라톤 페이스로 가능한 빨리 되돌아올 수 있어야 한다. 만약 당신이 계속 자신을 밀어붙이기만 한다면 번아웃을 경험하게 될 것이다. 그 대신 당신이 너무도 바라는 일을 찾길 바란다. 나아가 당신을 끌어당기는 일을 찾길 바란다. 그러면 전력 질주의 가속도는 그대로 유지하면서도 에너지 비용은 훨씬 낮출 수 있을 것이다.

당신에게 가장 귀중한 자산은 바로 당신 자신이다.

당신의 능력을 새롭게 선보일 기회를, 그래서 당신의 영향력 범위를 확장시켜줄 기회를 오늘 찾을 수 있는가? 더 큰 무언가를 해야 할 운명이라고 당신의 직감이 말하고 있는가? 삶과 일에서 당신의 미션은 무엇인가? 무엇을 배우고 무엇을 기여할지, 어디에 당신의 시간을 쓰고 싶은지, 삶의 여정을 누구와 함께하고 싶은지를 정하는 기준인 당신의 정북은 무엇인가? 모험에 도전할 여유와 더욱 만족스러운 페이스를 확보하기 위해 어떠한 원칙을 세울 수 있는가? 더 큰 만족감을 얻고 지속 가능한 페이스를 유지하기 위해 오늘 무엇에 '노'NO라고 말할 수 있는가?

- **인지하라:** 현재의 능력을 향상시키고 새롭게 활용해 당신의 최종 목표에 한 걸음 다가갈 수 있는 방법은 무엇인가? 지금껏 자기 자신을 열정세의 희생자로 만들지 않았는가?
- **당신의 것으로 만들어라:** 오늘 무엇을 해야 당신의 목표를 현실로 만들 수 있는가? 그 시작을 위해 당신의 집중력을 흐리는 방해물 중 무엇을 없앨 수 있는가? 어떠한 권한이 필요한가? 어떠한 일이 당신에게 힘을 북돋워주지 않고 소모시키는가?
- **실행하라:** 추진력을 얻기 위해 오늘 첫 발걸음을 크게 떼어보자!

일과 인생의 기회를
스스로 만드는 8가지 원칙

끝으로 더욱 성장하고 흥미진진한 삶을 살 수 있는 한 가지 간단한 비밀을 알려주고자 한다. 사실 작은 도전보다 불가능해 보일 정도의 큰 도전이 더 쉽다! 진짜다. 6월에 나와 한 주 차이로 태어난 남동생 리드와 여동생 에린의 생일을 축하하기 위해 함께 스카이다이빙을 하러 간 적이 있다. 예전에 번지점프를 했을 땐 일분일초가 끔찍했었다. 나는 너무 겁을 먹은 나머지 혼자서는 발을 뗄 수가 없어 가이드에게 부탁해 번지점프대에서 나를 밀어달라고 했다. 동생들은 번지점프보다 열 배는 더 끔찍하리라 예상되는 일에 나를 데려가고자 한참을 설득했다.

　나는 스카이다이빙을 앞두고 엄청난 공포가 덮칠 거라 예상했다. 하지만 점프슈트를 입고 안전 교육 영상을 본 후, 이제부터 할 일이 나를 사망에 이르게 할 수도 있음을 인지한다는 내용의 서류에 서명을 할 때도 여전히 마음이 편안했다. 비행기를 타고 높이 올라가자 직원들이 문을 열었다. 나랑 같이 다이빙을 하는 가이드는 나를 이끌고 열린 문 앞으로 다가갔다. 내 다리가 비행기 밖 허공에 대롱대롱 나와 있을 때도 그저 신이 날 뿐이었다.

나는 동생들보다 먼저 비행기에서 점프를 했다. 그런데 하늘에서 떨어지는 듯한 기분이 들지 않았다. 마치 하늘을 날고 있는 것 같았다. 하강 중임에도 땅이 까마득하게 멀게 보여 내 두뇌에서는 내가 아주 빠른 속도로 떨어지고 있다는 것을 인지하지 못한 듯했다. 영원히 이어질 것만 같던 자유 낙하를 마친 뒤 첫 번째 낙하산이 펼쳐지자 중력과 비슷한 힘이 나를 잡아당기는 느낌이 들었다. 그제야 비로소 잠깐 두려움이 스쳤지만 이내 다시 짜릿한 기분을 느꼈다.

내 커리어와 인생의 모든 커다란 도전이 스카이다이빙과 비슷했다. 모두 위험성이 크고 속도가 너무 빠르고 실수할 여유가 없어 제대로 판단하기 어려웠다. 그때마다 나는 두려움보다 짜릿함을 느꼈다. 별로 아는 것이 없는 초반에는 딱히 두려움을 느끼지도 못했다. 그래서 용감할 수 있었다. 하지만 스카이다이빙보다 번지점프에 가까운 경험을 하거나 커리어를 쌓으며 도전할 때면 순간적으로 두려움에 빠진다. 다시 하늘을 나는 기분을 느끼기 위해서 역설적이게도 더 큰 도전을 감행하고 더 높은 곳을 목표로 해야 하는 순간이기 때문이다. 나는 두려움을 느끼지 않도록 아주 높은 곳에 있고 싶었다.

•

잘못된 생각이
자신을 가로막도록 두지 말라

나는 문신을 한 적은 없지만 혹시 하게 된다면 '그라다팀 페로키테르' Gradatim Ferociter, 즉 '한 걸음씩 맹렬하게'라는 뜻의 라틴어가 좋을 것 같다고 생각한 적 있다. 베이조스의 우주개발 업체인 블루 오리진의 모토이기도 하다. 꼭 그래서 내가 더욱 뜻깊게 느끼는 것은 아니다. 지금껏 내가 인생을 살아오고 커리어를 쌓아온 행보를, 신중하지만 겁 없는 태도를 완벽하게 담아낸 표현이라고 생각한다.

나는 가끔 예상치 못하게 전개됐던 내 삶을 관통하는 맥락이 무엇일지 떠올린다. 아마도 사소해 보이는 순간 또는 결정이 내가 상상했던 것보다 훨씬 심오한 파급효과를 만들어냈다는 점일 것이다. 만약 내가 수줍어하고, 잘할 수 있는 일만 하며, 나만의 나침반을 따르기보다 다른 사람들의 조언에 따라 삶을 살았다면 내 삶의 가장 위대한 모험들을 놓치고 말았을 것이다.

나는 뻔뻔할 정도로 대담하거나 관습 또는 외부의 의견을 완전히 무시할 수 있는 사람은 아니다. 하지만 외부에 영향을 받지 않고 나 자신을 믿는다면 특별한 일이 벌어질 것 같다는 내면의 목소리에 귀 기울이는 법을 배웠다. 이것이 바로 비결이다. 성취감을 느끼지 못하는 삶과 흥미진진한 삶의 차이다.

나는 누구나 세상에서 자신이 가장 잘하는 일이 분명 있다고 믿는다.

각자 개인만의 고유한 경험과 DNA를 갖고 있기 때문이다. 이 세상에 당신과 똑같은 사람은 없기에 다른 누구도 아닌 당신만이 세상에 무언가를 기여할 수 있는 특별한 기회가 있다.

쓸쓸하게도 자신의 능력으로 성공을 이루지 못할 때가 많다. 마침 그때, 그 위치에 있었다는 이유만으로 성공을 거두는 사람들이 있다. 그저 운이 좋은 사람들도 있다. 하지만 세상에서 가장 큰 성공을 거두고 가장 큰 영향력을 발휘하는 사람들은 공통분모를 갖고 있다. 그들은 노력을 기울였고 불가능해 보이는 꿈을 이루겠다고 결심할 정도로 대담했다. 만약 당신보다 다른 사람들이 더욱 똑똑하고 성공하기에 더욱 좋은 조건에 있는데 당신은 그렇지 못하다는 생각으로 대담한 행보를 꺼리는 것이라면 당장 그 생각을 멈춰야 한다. 그것은 사실이 아니다. 당신의 잘못된 생각이 당신을 가로막도록 두지 말라.

•

꿈꿀 줄 아는 초능력으로
인생을 살아가다

만약 오늘부터 위험을 감수하는 삶을 살기로 결심한다면 어떻게 될까? 어려운 일을 하는 과정에서 즐거움을 찾고 불편한 기분을 편하게 느낄 줄 아는 법을 배우는 것이 당신이 할 수 있는 최선이다. 바로 그러한 능력이 순수한 재능보다 장기적 성공을 예측하는 훨씬 중요한 인자다.

나는 삶과 커리어의 새로운 국면에 접어들면서 내가 문샷 마인드셋이라고 정의한 것을 목표로 삼고 있다. 문샷의 단계에 오르기까지 엄청난 투자와 실험, 자신감이 필요하다. 그 과정에서 두렵기도 하고 도전 의식이 자극되는 한편 짜릿한 흥분도 느낀다. 가끔씩 나는 실리콘밸리 기업인들은 무엇이 다른지를 묻는 질문을 받는다. 나는 결국 '사고방식'이라고 답한다.

나와 함께 일하고 세계를 변화시킨 CEO들은 전부 능력 또는 재능, 잠재력을 고정된 것이 아니라고 믿었다. 그들은 이전까지 해본 적이 없다고 해도 반드시 제대로 일하는 방법을 찾았다. 또한 향후 성공할 수 없는 것은 아니라고 확신했다. 그들은 거의 매일같이 스스로를 개혁하는 데 적극적으로 투자했다.

이것이 바로 뻔뻔한 꿈을 꿀 줄 아는 사람들이 갖고 있는 초능력이다. 아이들은 자연스럽게 타고난 능력이기도 하다. 아이들은 무한한 상상과 즐거움이라는 마법을 마음껏 누리며 살아간다. 어린아이들은 우주 비행사나 수의사나 카우보이가 되고 싶다는 이야기를 말하면서 부끄러워하거나 민망해하지 않는다. 성인과 다르게 자신들이 아는 것 또는 경험한 것으로만 스스로를 정의하지 않기 때문이다. 아이들은 무서운 속도로 배워나가기에 무엇도 해낼 수 있을 것만 같은 존재들이다. 아이들은 어제까지 무엇을 할 수 있었는지에 얽매이지 않고 거의 매일 새로운 사람으로 다시 태어난다.

나는 어린아이들만의 특별한 능력을 잃지 않고 무한한 미래의 가능성을 충만하게 간직하며 살아가는 소수의 성인들에게 매료되고 사로잡힌다. 또한 위대한 몽상가들에 둘러싸여 대단한 영감을 받으며 커리어를 쌓는 특권을 누렸다. 자신의 가능성을 믿는 사람들은 극히 드물지만, 솔직히 말해 이토록 드물어야 할 이유가 없다고 생각한다. 자신이 어느 정도의 위험을 감수할 수 있는지와 관계없이 아주 사소한 일들로 우리 모두 안에 잠들어 있는 이 타고난 능력을 다시금 깨울 수 있다.

당신이 지금껏 인생을 살면서 안전지대에서 보낸 시간은 얼마나 되는가? 정말 계산을 해보자는 말이다. 안전함과 편안함을 느끼고, 뻔히 아는 일을 하고, 문제가 발생하기 전에 미리 예측할 수 있고, 당신이 다른 누구보다 전문가로 존재하는 공간에서 보내는 시간은 하루에 몇 퍼센트 정도인가? 또한 당신이 해본 적 없는 프로젝트나 업무로 도전 의식을 느끼고, 새로운 것들을 굉장히 많이 배우며, 당신의 의견이 가장 영향력을 발휘하지 못하는 공간에서 보내는 시간은 하루에 몇 퍼센트 정도인가?

대부분의 사람은 자신에게 익숙하고 또 자신의 강점과 일치하는 일과 경험으로 채운 삶을 선호한다. 역설적이게도 현실에서 안전지대로 보이는 곳이 정작 모험과 영향력, 성장으로 삶과 커리어를 채우고 싶은 사람에게는 가장 위험한 곳이 된다. 스스로를 가두는 감옥과도 같은 공간이다. 항상 성공적이고 안전하고 싶다는 갈망은 자신이 잘할 수 있다고 여기는 일만 좇도록 스스로를 가둔다. 또한 도전과 고난을 헤쳐나가며 스스로를 개혁시키는 자유와 흥분을 앗아간다. 우리는 도전과 고난을 경험할 때 잠재력을 일깨울 힘을 기를 수 있다. 굉장한 성공을 거둔 사람들은 대부분의 시간을 자신의 전문성이 가진 한계를 넓히는 데 사용하고 실패를 통해 배우고자 하는 태도를 지녔다.

지금껏 나는 삶이나 커리어의 어느 단계에서든 나 스스로 주도권을 갖기 위해 할 수 있는 일들이 있다는 사실을 배웠다. 자신의 환경을 바꿀 수 없다는 무력감보다 우리를 나약하게 만드는 것은 없다. 나도 여러 번 절망감에 빠졌다. 그때마다 나를 끌어올린 것은 내가, 그리고 나만이 나 자신과 내 반응을 통제할 수 있다는 깨달음이었다. 과거에도 지금도 나는 타인의 행동을 통제할 수 없다. 경제 상황이나 팬데믹, 질병, 다른 사람들이 안겨주는 실망감도 통제할 수 없는 일이다. 하지만 이런 일들을 마주하는 내 반응은 내가 통제할 수 있다. 한 치도 예상할 수 없는 상황에서도 당신이, 오직 당신만이 당신 삶의 궤적을 책임진다는 깨달음은 대단한 해방감을 안겨줄 것이다.

•

성공한 삶을 위한 여덟 가지 깨달음

지난 5년간 나를 정의하던 거의 모든 것들이 내 삶에서 사라지고 대체되는 과정을 거치며 마음 깊이 의지하게 된 몇 가지 깨달음이 있다.

1. 자기 자신에게 여유를 허락하라

몇 살 때 무엇을 이뤄야 한다는 식으로 삶의 단계별로 정해진 타임라인은 없다. 학교에 다시 갈 수도 있고, 커리어를 전환할 수도 있고, 자신의 야망을 더욱 크게 키울 수도 있고, 아이를 가지거나 가지지 않기로 결정할 수도 있고, 외국으로 이주하거나 새로운 취미 생활을 시작할 수도 있다. 내면의 나침반을 따르기에 잘못된 때라는 것은 없다.

2. 자신의 인생을 살라

부모님, 친구들 또는 사회 앞에 자랑스러운 사람이 되기 위해 전부 옳은 선택만 하는 사람들이야말로 내가 아는 가장 비참한 사람들이다. 자신이 진정으로 하고 싶고, 되고 싶고, 경험하고 싶은 것이 있다면 과감하게 도전하라. 당신의 선택에 대해서는 당신 자신만 납득하면 된다. 진심으로 하고 싶은 일을 하겠다고 하루빨리 결심하길 바란다.

3. 자신이 사랑하는 일을 더 많이 하라

우리에게 주어진 한 번뿐인 삶은 자신이 기쁨을 느끼고 개인적으로 의미 깊은 일로 가득 채워야 한다. 그 일이 무엇인지는 당신만이 결정할 수 있다. 자신의 가치가 무엇인지 분명히 이해하고 매일 그 가치를 중심으로 한 삶을 살아라.

4. 타인의 평가에 얽매이지 말라

내가 내 커리어 때문에 아이를 포기했다거나 내 야망 때문에 결혼 생활이 파탄 났다고 오해하는 사람들이 많다. 이들은 내 고통을 모른다. 나는 현재의 삶 또는 지금껏 내가 내린 결정에 대해 사과하지 않기로 결심했다. 다른 사람들의 감정까지 책임지고 싶은 마음은 없다(내 감정을 책임지기도 힘들다). 절대 타인의 기준이나 평가에 맞춰 살지 말라.

5. 실패를 새롭게 정의하라

어찌 보면 나는 여러 프로젝트와 연설 무대에서 실패했고 결혼도 한 번 실패했으며 학자로서의 커리어에서도 실패했다. 하지만 그 덕분에 내 강점과 공감 능력을 얻었으니 더욱 나은 사람이 됐다고 생각한다. 과거로 돌아가 모든 것을 다시 돌이킬 수 있다고 해도 다른 선택을 하지 않을 것이다. 나는 나의 모든 실패로부터 배웠고 인생의 전환점을 만들었다.

6. 예상치 못한 일에 열려 있으라

삶은 내게 진정한 행복을 찾고자 한다면 꿈의 직장, 내 집, 내 나라, 내 언어를 떠나고 거의 모든 소유물을 버려야 한다고 요구했다. 나는 완전히 새로운 관점을 얻고 나서야 더욱 충만한 길을 발견할 수 있었다. 신중하게 위험을 감수하고 삶이 힘들어질 때도 잘 헤쳐나갈 수 있다고 스스로를 믿으며 당신만의 길을 가겠다는 용기를 내길 바란다.

7. 현실에 충실하라

평범해 보이는 일상 속 주변 사람들과의 경험, 도전에 한결같이 주의를 기울이지 않았다면 삶의 위대한 교훈들을 무수히 놓치고 살았을 것이다. 영감과 지혜는 항상 속삭임으로 전해지기에 미래나 멀리 있는 무언가에 휩쓸리기보다는 지금의 순간에 온전히 몰입할 줄 알아야 한다. 관찰과 학습은 밀접하게 연결돼 있다.

8. 훌륭한 사람들과 함께하라

당신을 자극하고 끌어올리고 영감을 주고 가치 있게 여기는 사람들을 찾으라. 현재에 안주하면 안 된다. 당신이 함께하는 사람들을 통해 훗날 당신이 어떤 사람이 될 수 있는지를 예측할 수 있다.

한 걸음씩 맹렬하게 나아가는 삶의 여정에 당신도 오르길 바라는 마음이다. 당신 스스로 큰 모험에 도전하라. 세상은 당신을 필요로 하고 있다.

◆ 감사의 글 ◆

내 삶에 큰 영향을 끼치고 더 나은 버전의 나를 완성해준 수많은 사람에게 영원히 감사하는 마음을 가질 것이다.

가장 먼저 아마존과 구글에서 나를 믿어주고 자신의 여정에 함께할 기회와 꿈조차 꿔보지 못했던 일을 경험하게 해준 상사들, 제프 베이조스와 마리사 메이어, 에릭 슈밋에게 감사 인사를 전하고 싶다. 이 책은 세 사람이 내게 가르쳐준 것들, 우리가 함께한 모험, 나란 사람에게 이들이 얼마나 큰 의미를 지니고 있는지 반의반도 담지 못했다.

에릭 슈밋, 일터에서의 나를 당신만큼 잘 아는 사람은 없었다. 내게 보여준 신뢰와 리더십 본보기, 비전 그리고 "가능하면 예스라고 말하라!"라는 가르침 모두 감사하다. 우리가 함께한 일들이 이토록 세계 곳곳에 널리 퍼질 거라고는 전혀 예상하지 못했다. 세계에서 가장 위대한 사람들이 함께한 공간에 나를 초대해주고 내가 앉을 자리까지 마련해줘서 고맙게 생각한다. 당신과 함께한 커리어는 말 그대로 내 인생의 궤적을 바꿔놓았다. 대담함, 호기심, 비전이란 무엇인지 보여줘서 감사하다.

마리사 메이어, 당신 팀의 핵심 멤버로 나를 선택해준 일은 언제나 감사하게 생각할 것이다. 내 주변 사람들에게 투자해야 하고, 완벽하게 할 수 있다는 확신이 들기 전에 우선 도전을 감행하고, 어떻게 해야 세계 수준의 팀을 구축할 수 있는지 알려줘서 감사하다. 당신은 한결같은 우정과 멘토십, 영향력을 나누는 사람이다. 당신의 커리어와 리더십은 지속적으로 내게 영감을 준다. 다만 우리가 좀 더 자주 볼 수 있기만을 바랄 뿐이다! 한결같은 지지와 우정에 감사하다!

제프 베이조스, 당신과 일했던 경험이 내 삶의 경로를 바꾸었다. 내게 영감을 줬을 뿐 아니라 내 운명을 스스로 만들어나가는 법과 말 그대로 저 하늘의 별을 목표로 하는 법을 가르쳐줬다. 스스로 아직 자격이 없다고 느낄 때 빛날 기회를 만들어줘서 감사하다. 당신의 화통한 웃음소리는 언제나 내가 가장 좋아하는 소리 중 하나로 남을 것이다. 분기별로 우리 팀과 캠퍼스를 벗어나 점심을 함께하는 시간을 내줘서 고마웠다. 아마존에서의 가장 소중한 추억과 가장 위대한 비즈니스 교훈은 당신과 진심 어린 마음을 나누었던 그 귀중한 시간에서 탄생했다. 당신을 보며 내 소심한 성격에도 불구하고 목표를 맹렬하게 좇는 법을 배웠다.

당신만이 할 수 있는 일이었다!

존 코너스, 아마존에서 내 관리자 이상의 역할을 해줘서 고마웠다. 당신은 내게 멘토이자 가이드, 소중한 친구가 돼줬다. 커리어를 막 시작한 시기에 당신이 내게 아낌없는 투자와 신뢰를 보여주지 않았다면 나는 실패하고 말았을 것이다. 당신은 내게 동요하지 않고 침착한 태도를 유지하는 법, 겸손한 태도를 유지하는 법과 상황을 예측하고 사랑으로 팀을 이끄는 법을 가르쳐줬다. 당신의 접근법과 태도를 본받아 매일같이 행하고 있다.

팸 쇼어, 훌륭한 관리자이자 치어리더, 수호자이자 구글의 다재다능하면서도 사람들을 보살피고 이끄는 가족이 돼줘서 감사하다! 당신의 팀으로 나를 불러준 것도 고맙다. 한 팀에서 같이 일한 기간은 너무 짧았지만 그보다 긴 세월 우정을 나누는 사이가 돼 정말 기쁘게 생각한다!

구글 가족들, 우리가 함께 지낸 굉장한 시간을 소중히 간직하고 있고, 당신들이 아닌 다른 사람들과 그 여정을 함께하는 것은 상상할 수조차 없다! 이후로도 오랫동안 우정을 쌓을 수 있어서 정말 기쁘다. 무엇보다 내 인생의 멋진 일부가 돼준 영감 넘치고, 재밌는 프로덕트 팀 관리자들에게 고마움을 전한다. 당신들은 내가 이성을 잃지 않도록 지켜주고, 공적인 권력 없이도 팀을 이끄는 법을 가르쳐줬으며 더욱 높은 곳에 도달하도록 내게 영감을 준 진정으로 유일무이한 사람들이다! 당신들과 함께한 시간은 정말 대단한 여정이었다!

이제는 내 환상통이 된 소중한 팀 PED. 킴 쿠퍼, 당신이 내 팀에 합류해주고 CEO가 되고 첫 1년 동안 허우적거리는 나를 홀로 든든하게 지켜준 데 평생 감사한 마음을 가질 것이다. 브라이언 톰슨, 영상 회의 인터뷰만으로도 런던에서 캘리포니아로 기꺼이 찾아오는 모험을 해줘서 고맙다. 서로에 대한 예상이 틀리지 않아서 기뻤다. 킴과 브라이언, 내가 일을 하며 만났던 사람들 중에 당신들만큼 내게 많은 것을 가르쳐준 사람은 없었다. 내가 리더가 되는 법을 배우는 동안 인내심을 발휘해줘서, 그 과정에서 저지른 수많은 실수들을 용서해줘서, 수많은 놀라운 재능을 너그러이 나와 공유해줘서, 힘든 상황에서도 유머 감각을 잃지 않아줘서, 내 삶이 무너질 때에도 침착함을 보여줘서 감사하다. 당신들은 내 평생의 동지다. 또한 제니퍼 바스 베이든, 뉴욕에서 열정적이고 든든한 PED 일원이 되어줘서, 압박 속에서도 우아함과 놀라운 회복력을 발휘해줘서 고맙다. 편집 과정에서 당신의 PED 이야기를 책에서 들어내게 돼 미안한 마음이다. 당신이 없었다면 여정의 초반 그 시절을 누구도 버텨내지 못했을 것이다. 당신은 영원한 PED 팀원이다.

하퍼콜린스 출판사, 내 책을 준비하는 내내 '기존의 출간 방식'이라는 틀에서 기꺼이 벗어나줘서 진심으로 감사하는 마음이다. 나를 믿어줘서 정말 고맙다. 제프 제임스, 새라 켄드릭, 맷 보어와 회의실 화이트보드를 가득 채우며 한 권도 아니고 무려 책 세 권에 해당하는 아이디어를 나눈 첫 만남을 잊지 못할 것이다! 새라, 당신의 통찰력과 지도, 교열에 감사하고, 이 책을 세 번이나 다시 써 내려간 나를 인내해줘서 고맙다. 당신은 나조차도 감을 잡지 못한 내 여정과 내가 전하고 싶은 메시지를 처음부터 이해해준 사람이었다. 시실리 액스턴, 기존과 다른 접근법으로 이 책의 마케팅과 홍보를 진행해줘서 고맙다. 내게는 최고의 출판팀이었다!

내 남편 토니, 늘 나를 자랑스럽게 여겨줘서, 항상 무언가를 더 하고 싶어 하고 다른 무언가가 되고 싶어 하는 내 채워지지 않은 욕심을 응원해줘서, 이 책을 쓰며 우리의 삶을 희생하는 데 단 한 번도 불평하지 않아 줘서 감사하다. 당신은 멋진 남자이자 내 가장 친한 친구이고, 영감을 주는 기업인이다. 당신처럼 이 세상의 아름다움을 볼 줄 알고 또 만들어낼 줄 아는 놀라운 안목과 재능, 직감을 지닌 사람은 처음이었다. 떼 끼에로!

내 부모님 킴과 태미, 노력과 이타심, 큰 꿈을 꾸는 태도를 몸소 보여주고 가르쳐줘서 감사합니다. 내가 공부하는 과정을 응원하고 지원해 줘서, 즐거움과 사랑, 배려가 넘치는 가족을 만들어줘서 고마워요. 내 여섯 형제자매들, 라던, 캔디스, 에린, 리드, 블레이크, 미카일라, 우정, 웃음, 사랑을 느끼기 위해 집이 아닌 다른 곳을 찾을 필요가 없음에 늘 감사하게 생각했다. 일요일의 팝콘과 아이스크림, 차고에서 열리던 연극, 차를 타고 먼 길을 갈 때 했던 소 게임, 외국에 살 때 나눈 편지들, 졸업식과 생일 파티, 스카이다이빙, 새로운 가족과 조카들까지 내 가장 소중한 추억의 중심에는 너희들이 항상 있었다. 멋진 너희들에게 자부심을 느낀다. 너희는 내게 영감을 주는 사람들이다.

앤드루 포스트먼, 이 책 초안의 글쓰기 파트너가 돼줘서, 내 이야기를 어떻게 전달해야 할지 뼈대를 세우는 과정을 도와줘서 감사하다. 당신이 전해준 ROI 아이디어가 이 책 최종 버전의 중심을 잡는 역할을 해 줬다. 갑자기 마음이 달라져 나 혼자 책을 집필하기로 결심했을 때도 조력자이자 동료로 남아줘서 정말 고맙다. 당신이 전해준 수정 아이디어와 깊이 있는 질문이 이 책을 완성하는 과정에 중요한 역할을 했다.

스티븐 레비, 내 커리어 성장 과정에 당신이 지지를 보내줘서 영광스럽게 생각한다. 우리가 구글 APM 출장으로 전 세계를 다닐 때만 해도 훗날 당신이 내 책의 추천사를 써주고 내 팟캐스트에 출연해줄 거라고 생각지 못했다. 당신이 응원해주고 나를 기꺼이 믿어준 모습을 보며 나 또한 다른 기업인들에게 베풀어야겠다는 다짐을 했다.

파블로 로드리게즈, 스페인에 거주하며 실리콘밸리 일을 하던 몇 년간 내가 겪은 어려움을 이해하는 몇 안 되는 사람 중 하나다. 내가 잘해낼 수 있고, 미국과 스페인에서의 삶 모두 잘 즐길 수 있도록 힘이 돼줘서 고맙다. 당신의 추천사가 내게 큰 힘이 됐다. 더 많은 글로벌 프로젝트를 함께할 수 있기를 바란다.

구글 이후에 만난 내 컨설팅 고객들, 내가 실리콘밸리에서 배운 교훈들을 다양한 업계에서 다양한 성장 규모를 보이는 전 세계 기업인들에 맞게 전환하고 소통하는 방법을 배워가는 과정에서 나와 함께 배우고 성장해준 데 감사함을 표한다. 당신들이 상상하는 이상으로 당신들에게서 많은 것을 배웠다.

아르마딜로의 내 소중한 친구들, 크리스, 제임스, 앤디, 당신들이 내게 보여준 신뢰에 굉장한 감사함을 느낀다. 틀에 박힌 사고방식에서 벗어나 이사회에 나를 초대해줘서 정말 고마웠다. 함께 일을 하고 우정을 나누며 정말 많은 것을 배웠다. 함께 더 많은 협업을 하고 더 많은 것들을 이뤄나가길 기대한다.

마지막으로 내 첫 직원 레베카 홉우드에게 감사 인사를 전한다. 베키, 위험을 감수하고 내 스타트업에 첫 직원으로 합류해줘서 감사하다. 이 책과 내 회사, 스페인에서의 성과는 당신이 없었다면 불가능한 일이었다. 정신없는 스타트업 삶에 적극 뛰어들어줘서, 회사의 체계와 구조를 세웠을 뿐만 아니라 아름다움과 즐거움도 심어줘서 고맙다. 당신은 놀라운 재능을 가진 사람일 뿐만 아니라 당신만큼 함께 일하기 즐거웠던 사람이 없었다! 당신은 내가 일해본 사람 중에 가장 재능 있는 사람이다. 이 책을 수백만 번은 읽었으니 당신은 내가 재능에 대해 얼마나 높은 기준을 갖고 있는지 알 것이다. 당신은 진정 특별한 사람이고, 당신과 이 여정을 함께할 수 있어 얼마나 영광스럽게 생각하는지 모른다.

BET ON YOURSELF